第2版

运动生理学应用指南

动作训练与营养表现的科学原理

[英]　鲍勃·默里（Bob Murray）
　　　W.拉里·肯尼（W. Larry Kenney）　著

马新东　译

人民邮电出版社

北　京

图书在版编目（CIP）数据

运动生理学应用指南：动作训练与营养表现的科学
原理：第2版 / （英）鲍勃·默里（Bob Murray），（英）
W.拉里·肯尼（W. Larry Kenney）著；马新东译. ——
北京：人民邮电出版社，2022.5
ISBN 978-7-115-57829-7

Ⅰ. ①运… Ⅱ. ①鲍… ②W… ③马… Ⅲ. ①运动生
理学—指南 Ⅳ. ①G804.2-62

中国版本图书馆CIP数据核字(2021)第227074号

版权声明

免责声明

本书内容旨在为大众提供有用的信息。所有材料（包括文本、图形和图像）仅供参考，不
能用于对特定疾病或症状的医疗诊断、建议或治疗。所有读者在针对任何一般性或特定的健康
问题开始某项锻炼之前，均应向专业的医疗保健机构或医生进行咨询。作者和出版商都已尽可
能确保本书技术上的准确性以及合理性，且并不特别推崇任何治疗方法、方案、建议或本书中
的其他信息，并特别声明，不会承担由于使用本出版物中的材料而遭受的任何损伤所直接或间
接产生的与个人或团体相关的一切责任、损失或风险。

内 容 提 要

本书提供了简单、有效的方法，帮助读者回顾运动生理学的基本原则，并提供了一些运动
生理学的新知识，使读者快速了解身体如何对锻炼和训练做出反应。

本书分为 3 个部分。第 1 部分讲解了运动生理学的基础理论，涵盖肌肉、心脏、呼吸系统
和神经系统对训练的反应，疲劳在适应训练中所起的作用等内容。第 2 部分着重于科学设计训
练计划，通过回顾每个训练计划应该遵循的基本原则，突出讲解了特定训练的设计特点，以增
强力量，合理减重，有效提高速度和爆发力，并最大限度地提高有氧耐力。第 3 部分专门考虑
了一些特殊因素，如在高温、寒冷和高海拔的严峻环境下如何训练，也涵盖了儿童、孕妇和老
年人等特殊人群科学锻炼的指导方针。

本书旨在帮助体育科研工作者、专业教练员、运动员和健身爱好者了解运动生理学的相关
知识，并运用这些知识更好地指导科学训练。

◆ 著　　　　［英］鲍勃·默里（Bob Murray）
　　　　　　　W.拉里·肯尼（W. Larry Kenney）

　　译　　　　马新东

　　责任编辑　刘日红

　　责任印制　马振武

◆ 人民邮电出版社出版发行　　北京市丰台区成寿寺路 11 号
　　邮编 100164　　电子邮件 315@ptpress.com.cn
　　网址 https://www.ptpress.com.cn
　　固安县铭成印刷有限公司印刷

◆ 开本：700×1000　1/16
　　印张：13.75　　　　　　　　2022 年 5 月第 1 版
　　字数：295 千字　　　　　　2025 年 9 月河北第 9 次印刷
　　著作权合同登记号　图字：01-2021-0640 号

定价：128.00 元
读者服务热线：(010)81055296　印装质量热线：(010)81055316
反盗版热线：(010)81055315

|目录

前言　v
致谢　vii

第1部分　热身运动：生理学知识

第1章　运动在于肌肉 　　　　　3
肌肉如何工作　4
肌肉如何适应训练　13
肌肉如何变得更大、更强壮　20

第2章　食物就是能量 　　　　　25
从食物中获取能量　26
营养物质如何为肌肉提供能量　29
维生素和矿物质如何参与能量代谢　42
水也是一种营养物质　45

第3章　肌肉需要氧气 　　　　　49
氧气是如何进入肌肉的　50
氧气的消耗与新陈代谢率有什么关系　53
训练如何帮助身体使用更多的氧气　58
氧气供应和表现提升　62

第4章　疲劳：疲劳的益处 　　　　65
什么导致了疲劳　66
疲劳和过度训练有什么区别　78
疲劳在适应训练中起什么作用　80

第2部分　科学设计训练计划

第5章　训练计划设计原则 　　　　85
训练计划设计的基础是什么　86
什么是有效的训练计划　92
训练术语　98

第6章　通过训练增加力量和肌肉量 　　101
如何增加力量和肌肉量　102
增加力量和肌肉量的最佳方法是什么　105

营养的作用是什么　115

停止训练和再训练　116

第7章　减肥训练　119

减肥就是要保持能量负平衡　120

为什么有些人减肥很困难　130

既能减脂又能保持肌肉量的最佳方法是什么　132

第8章　速度和爆发力训练　137

什么是速度和爆发力　138

提高速度和爆发力需要做什么样的适应性训练　140

什么样的训练可以提高速度和爆发力　141

速度和爆发力训练课程是什么样的　149

第9章　有氧耐力训练　153

有氧训练主要的适应性是什么　154

增强有氧耐力的最佳方法　162

耐力运动员应该进行力量训练吗　165

为什么耐力对短跑运动员和团体赛运动员很重要　166

第3部分　特殊注意事项

第10章　高温、寒冷和高海拔环境　171

环境温度太高会影响表现　172

冷应激会影响表现　179

在高海拔地区运动　181

第11章　儿童和孕妇训练　187

儿童对运动训练有不同的反应吗　188

儿童能通过训练增强力量吗　191

女性在怀孕期间应该进行训练吗　196

第12章　老年人训练　197

随着年龄的增长，训练会有什么变化　198

运动训练对老年人有何益处　200

老年人的训练应该考虑哪些因素　204

读者常见问题　207

作者简介　211

译者简介　212

如果你打算阅读这本书，你可能坚信定期进行体育锻炼会带来好处，并有兴趣了解更多关于身体如何对锻炼和训练做出反应的知识。在追求知识的过程中，你应该意识到，有许多出色的运动生理学教科书可供选择。事实上，肯尼（Kenney）博士正是 *Physiology of Sport and Exercise*, Seventh Edition（Kenney, Wilmore and Costill, 2020）的作者，而此书是十分畅销的本科生运动生理学教科书之一。

我们决定编写一本不同的运动生理学教科书——一本强调插图而不是文字的教科书，因为我们知道，学生和忙碌的运动健身专业人员需要快速便捷地获得准确和最新的科学信息。这本书适合的人群包括想要学习运动生理学基础知识的新手，过去参加过运动生理学课程并获得证书，但需要快速更新运动和体育科学基础知识的专业人士。

这本书提供了一种简单、直接的方法帮助你回顾运动生理学的基本原则，以及一些可立即使用的新知识。这本书还可以帮助你改进或制订训练计划，并指导你如何将人体对定期体育运动做出的反应和适应能力方面的知识传授给他人。无论你的运动目标是减肥，还是提高力量、速度或耐力，人体对运动压力的生理反应是所有健身专业人士应该掌握的基本知识。

这本书的组织结构

这本书分为3个部分。第1部分介绍了肌肉、心脏、肺部和神经系统如何对运动和训练做出反应，食物和饮品如何转化为能量，人体如何利用氧气将食物分解转化为能量，以及疲劳如何限制运动能力，又如何作为一个重要的信号，用于更好地健身和保持健康所需的适应性。第2部分着重于训练计划的设计，回顾了作为每个训练计划基础的5个原则，然后重点介绍了为增加肌肉量和肌肉力量、减轻体重、提高速度和爆发力，并最大限度提高有氧耐力而量身定做的特定设计功能。第3部分主要介绍了特殊环境下的运动注意事项，例如运动员及其他有需求的人员在高温、寒冷和高海拔等严峻环境下进行适应性训练的注意事项。这本书还提供了一些以科学为基础的指导方针，帮助你指导儿童、孕妇和老年人的训练。

特殊知识板块

除了大量的照片和详细的插图，这本书还包含一些特殊知识板块，使科学知识以更加生动的形式呈现出来。

- 使用日常语言定义和解释了科学术语和概念。
- 根据最近的研究增加了一些新内容，还提供了关于老年人训练的内容。
- 提供了许多示例，它们可以帮助你应用运动和营养学知识，指导客户和运动员实现其目标。
- 将新的艺术作品和照片与内容相结合，为你提供一个高度可视化的阅读体验。
- 总结了运动生理学中的一些重要主题和常见问题。
- 每一章的"运动表现营养要点"知识板块，提供了如何利用营养学知识来增强适应能力和提升表现的建议。
- 一些有趣的事实增加了这本书的趣味性。
- 每一章结尾的本章小结和复习题有助于突出重要信息。
- 读者常见问题索引可提供参考，以帮助你为不可避免的问题做好准备。

如果你几乎没有运动科学的学习背景，这本书可以帮助你开始运动科学的学习之旅。如果你曾经学习过运动生理学课程，这本书将帮助你迅速更新有关生理学、新陈代谢和营养学的基本概念和实际应用技巧。我们希望这本书中的信息能让科学以易懂和有用的方式变得生动起来。

| 致谢

写书在很大程度上是一种团队合作活动。开始编写相关内容之前，我们花费了大量的时间编辑、整理、阅读、提取和交叉引用所需的参考资料，出版方面的专业团队也已经率先开展幕后工作，最终完成了从形成一个简单的想法，到生产和营销最终产品所需的所有步骤，实现了本书的创作。考虑到这一背景，我们要感谢艾米·托科（Amy Tocco）和 Human Kinetics 出版社的工作人员，感谢他们帮助完成本书的出版。还要感谢家属们给予的支持和理解，为了赶在截止日期前交稿，我们可能偶尔会出现暴躁情绪，而她们对此非常理解。非常感谢琳达（Linda）和帕蒂（Patti）在确保我们有写书所需要的时间和灵活安排方面提供的所有帮助。

鲍勃·默里（Bob Murray）

W.拉里·肯尼（W. Larry Kenney）

第1部分

热身运动：
生理学知识

运动在于肌肉

学习目标

- 了解肌肉运作的基本原理。
- 了解肌肉如何对运动做出反应，以及如何适应训练。
- 探索基因在训练和表现能力方面的作用。

运动生理学是一门研究身体如何对运动做出反应并适应体育训练的学科。因此，了解骨骼肌细胞有助于你更好地阅读本书。骨骼肌细胞类似于微观引擎，它们通过一些协调的工作将化学能量转化为运动。在体育活动中，肌肉起主导作用。你还会意识到，在心率加快、呼吸变得更加沉重时，最能体会到肌肉的作用。毕竟，运动训练的目标之一就是改变肌肉：让它们变得更强壮，反应更快，更有力量，更能抵抗疲劳。通过适当的训练，肌肉各个方面的功能都有可能得到改善。但肌肉不是独立起作用的，当你训练肌肉的时候，也在训练神经系统、心脏、肺部、血管、肝脏、肾脏，以及许多其他器官和组织。制订一个有效的训练计划需要考虑整个身体，而不是仅考虑肌肉。

但是因为肌肉是所有运动的基础，所以回顾一下与肌肉相关的基础生理学知识是一个不错的起点。

肌肉如何工作

快速浏览一下图1.1。许多教科书中都出现过类似的图，因为识别骨骼肌的某些基本结构很重要。谈到肌肉时，你很可能会想到骨骼肌，因为骨骼肌是一种参与运动的肌肉，它会让你感觉到正在工作、疲劳和疼痛。但是，心脏中的心肌、血管和胃肠道中的平滑肌也与身体的运动能力息息相关。与骨骼肌细胞相比，心肌细胞和平滑肌细胞的结构是不同的，但这三类肌细胞的功能都是收缩和舒张。现在，我们将重点关注骨骼肌，骨骼肌是主导身体运动的肌肉。

当运动神经受到刺激时，它支配的所有肌细胞会一起收缩。

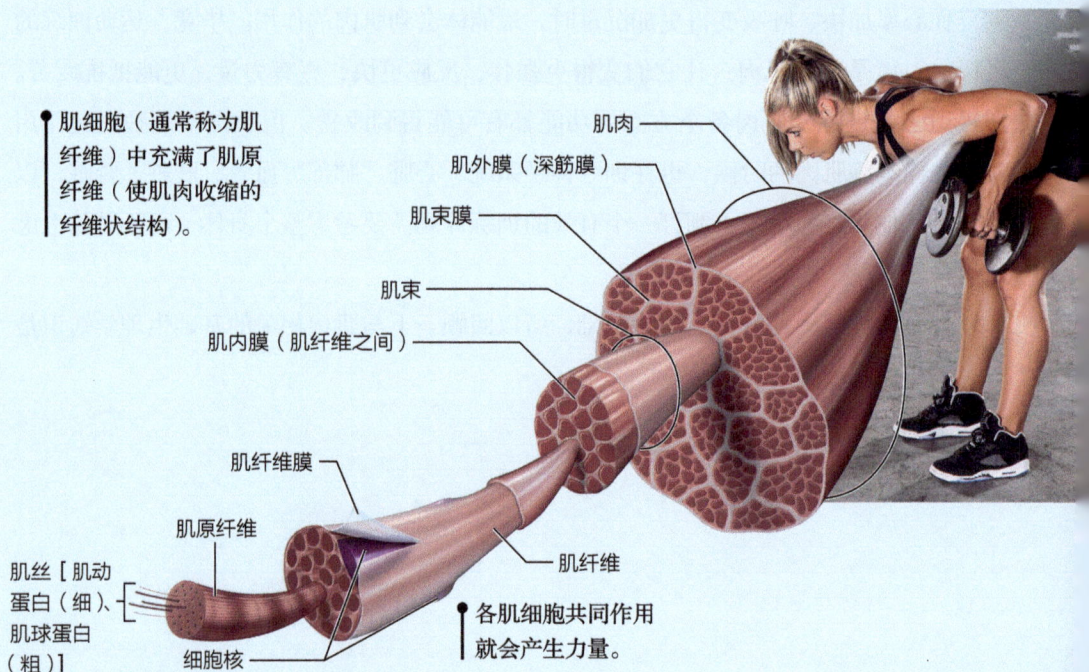

肌细胞（通常称为肌纤维）中充满了肌原纤维（使肌肉收缩的纤维状结构）。

肌肉

肌外膜（深筋膜）

肌束膜

肌束

肌内膜（肌纤维之间）

肌纤维膜

肌原纤维

肌丝〔肌动蛋白（细）、肌球蛋白（粗）〕

细胞核

肌纤维

各肌细胞共同作用就会产生力量。

▌图1.1　肌肉的结构

　　尽管骨骼肌有多种形状和大小，但它们都有共同的内部结构。骨骼肌是由单独神经（运动神经元，参见图1.2）控制的由单独肌细胞排列成组（运动单位）形成的束（称为肌束），因此该组中的所有细胞可以一起收缩。每个肌细胞都充满了收缩蛋白（肌动蛋白和肌球蛋白）、酶（帮助加速反应）、细胞核（产生蛋白质）、线粒体（产生能量）、糖原分子（细胞用来储存能量的结构）和肌质网（帮助收缩和舒张）。每个细胞的内部由蛋白质框架支撑。外部由各种类型的结缔组织支撑。这些结缔组织支撑单个细胞、肌束和整个肌肉，包括肌内膜、肌束膜和肌外膜等。

　　肌肉的基本作用是让骨骼围绕关节运动。无论是举起重物、短距离冲刺，还是长距离骑行，都要求肌肉进行收缩，从而有足够的力量完成关节运动。

● 运动神经元是一种特殊的神经细胞，它向肌细胞发出收缩信号。每个运动神经元包括一个胞体（位于脊髓内）、许多从胞体延伸出来以接收来自其他神经元神经冲动的树突，以及连接神经元和肌细胞的长轴突。

一些 α 运动神经元可能超过3英尺（1英尺≈0.3米）长。

树突

胞体

轴突

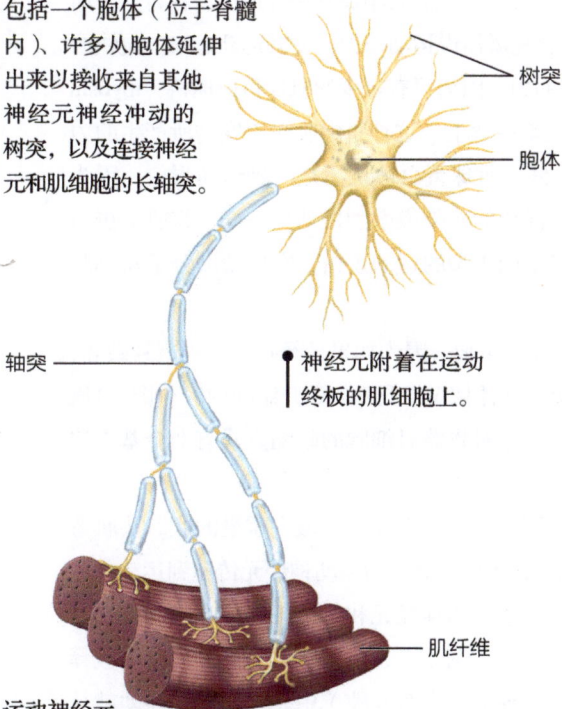

● 神经元附着在运动终板的肌细胞上。

肌纤维

● 运动神经元被激活时，运动单位中的所有肌细胞都会最大限度地收缩。

■ 图1.2　一个运动单位由运动神经元及其支配的肌纤维组成

电耦连

　　骨骼肌纤维自身不会收缩，通常需要来自大脑的神经输入（尽管一些快速反射运动只涉及脊髓神经和肌肉）。图1.2是连接三个肌细胞的一条神经（运动神经元）的简单示意。运动神经元及其附着的肌细胞被称为运动单位。根据肌肉的大小和功能，一个运动神经元可能连接（或支配）数十个、数百个，甚至数千个单独的肌细胞。当运动神经元被激活时，该运动单位中的所有肌细胞就会一起收缩。对于需要较少力量的动作，例如拿起一把叉子，只有少量的运动单位被激活。对于需要最大力量的运动，会激活最大数量的可用运动单位，并且这些运动单位会被迅速激活，这种反应称为发放率编码。当一个未经训练的人开始进行力量训练时，最初几个月肌肉力量的改善大部分是由于中枢神经系统所调用的运动单位增加了，这是肌肉与其他器官系统共同运作的一个很好的示例。

　　运动单位被激活的顺序部分取决于神经的大小及其传导速度。在每一个动作中（包括全力以赴的动作）都会先激活慢运动单位，使其运动起来。更快的收缩速度实际上意味着产生更少的力，因为只有较少的肌球蛋白横桥（myosin cross bridges）有时间附着到肌动蛋白丝上。这种肌肉收缩速度与所产生的力之间的反比关系称为力–速度曲线。肌球蛋白被认为是一种运动蛋白，因为附着在肌动蛋白丝上的肌球蛋白横桥的头部像微型发动机一样，将肌动蛋白拉向肌节的中心。细胞含有许多不同类型的运动蛋白，它们帮助分子从细胞的一个部位移动到另一个部位。

　　了解神经如何引起肌肉收缩非常重要，因为如果神经收缩过程遭到破坏，力量就会受损，就可能发生痉挛，具体情况参见第4章介绍的内容。图1.3概述了肌肉收缩所需的各个步骤，让你对骨骼肌细胞的收缩方式有一个基本的了解（或回顾）。

　　以下是对肌肉收缩过程的简短描述：如果你决定做大重量的肱二头肌弯举，神经冲动会从大脑传递到脊柱，然后从脊柱的运动神经元传递到运动单位内的肱二头肌细胞。当神经冲动到达运动神经元和每个肌细胞之间的连接处（称为运动终板或神经肌肉接点）时，一种名为乙酰胆碱的神经递质就会被释放到神经和肌肉之间的空间（称为突触或突触间隙）中。这样神经冲动就从运动神经元传递到由运动神经元支配的所有肌细胞，使这些细胞一起收缩。但在细胞收缩之前，神经冲动必须首先穿过整个肌细胞膜（肌膜或质膜），通过横小管（横管）瞬间进入每个细胞的内部。每一次神经冲动都会导致钙离

运动神经元

轴突末端

囊泡

突触间隙

ACh受体

ACh

质膜

肌纤维

1 当运动神经元被激活时，含有乙酰胆碱（ACh）的小囊泡就会与运动神经元末端（轴突末端）融合，ACh进入突触间隙。当足够多的ACh与肌细胞上的受体结合时，肌细胞膜（质膜或肌膜）就会去极化。

终池

横小管

钙离子

肌质网

2 这种神经冲动沿着质膜扩散，向下穿过横小管，导致钙离子从肌质网中被释放出来。

钙离子

肌钙蛋白

原肌球蛋白

肌动蛋白

肌动蛋白上的活性位点

肌球蛋白的头部与活性位点结合

肌节

肌球蛋白丝　　肌动蛋白丝

舒张

收缩

3 这些钙离子迅速附着到位于原肌球蛋白链上的肌钙蛋白分子上。然后，原肌球蛋白链的位置稍微改变，使肌动蛋白上的活性位点暴露于肌球蛋白的头部。在三磷酸腺苷（ATP）分子中储存的能量的帮助下，肌球蛋白头部弯曲，肌动蛋白丝被拉过肌球蛋白丝，使肌细胞缩短。

4 这幅图展示了肌动蛋白丝和肌球蛋白丝在肌细胞受到刺激时如何一起滑动。肌动蛋白丝和肌球蛋白丝的重叠是肌肉收缩膨胀的原因。长度－张力曲线描述了肌肉达到或接近正常长度时，肌肉产生的力是最大的。肌节拉伸过长或压缩过短都无法产生最佳的力。

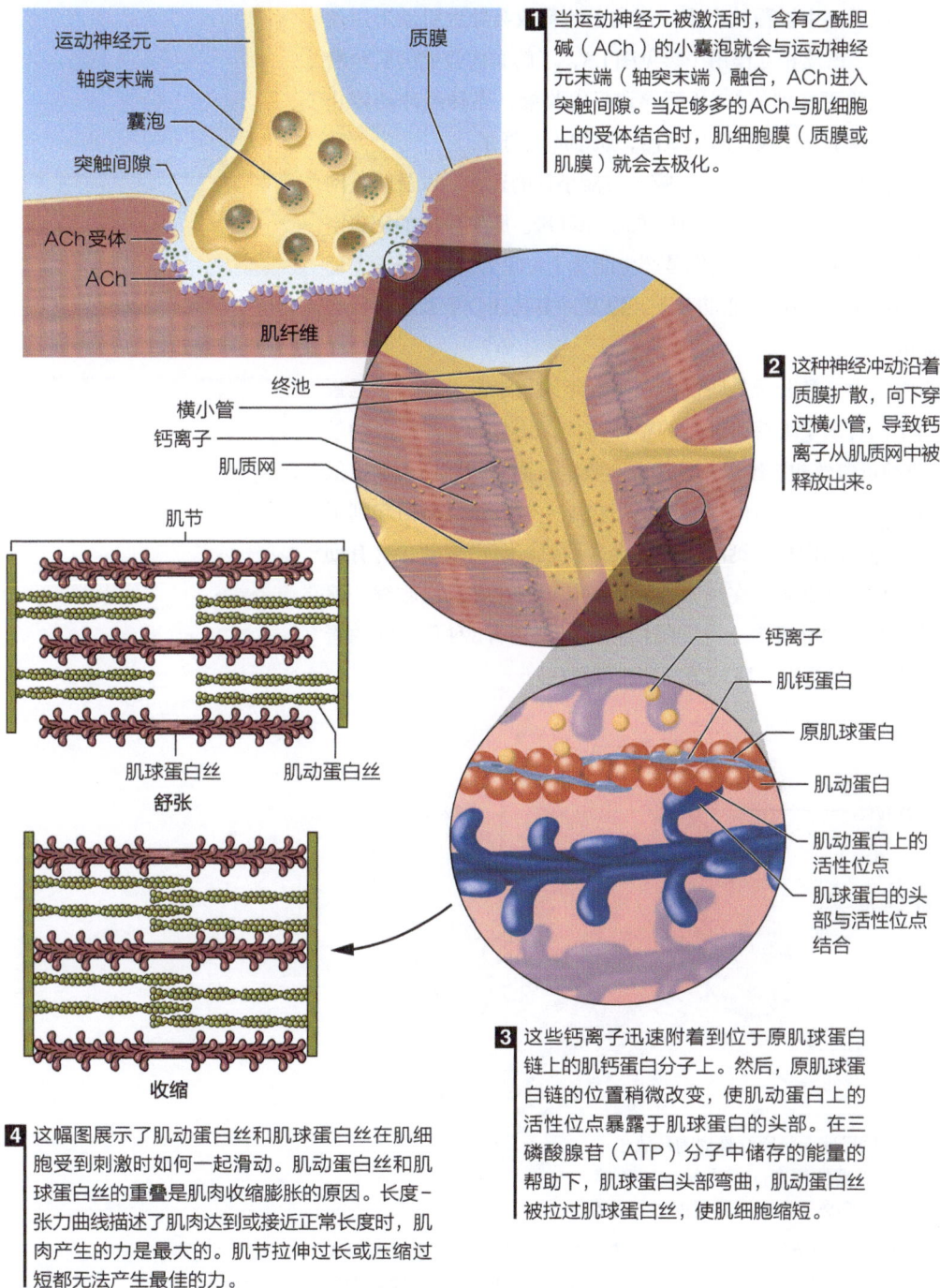

图1.3　引起肌细胞收缩的一系列事件

子从肌质网中被释放出来，钙离子的释放会导致肌动蛋白丝和肌球蛋白丝相互作用（参见图1.3，了解肌肉收缩的肌丝滑行理论的更多细节），从而导致肌肉收缩。当神经冲动停止时，钙离子立即被泵回肌质网，肌细胞会舒张。

图1.4显示了质膜（肌膜）与横小管的连接，以及肌质网（SR）如何包围单个肌细胞中的肌原纤维。肌细胞内的密集空间里塞满了各种酶，它们是产生能量（ATP）、糖原分子（葡萄糖的储存形式）、脂肪分子，以及许多其他分子和结构所必需的。

其中一种分子是肌巨蛋白。近年来科学家发现，肌巨蛋白不仅有助于维持肌纤维的整体结构，还有助于保持滑动丝（肌动蛋白丝和肌球蛋白丝）一起收缩，而且对肌肉力量也很重要。特别是在肌肉拉长（离心收缩）时，肌巨蛋白起到了分子弹簧的作用。钙离子似乎会导致肌巨蛋白变硬，这有助于解释为什么肌肉在离心收缩（拉长）时比在向心收缩（缩短）时要强壮得多。也许肌细胞实际上含有3种可收缩的蛋白质：肌动蛋白、肌球蛋白和肌巨蛋白。

肌球蛋白只是众多运动蛋白中的一种。

肌巨蛋白是目前已知最大的蛋白质之一。

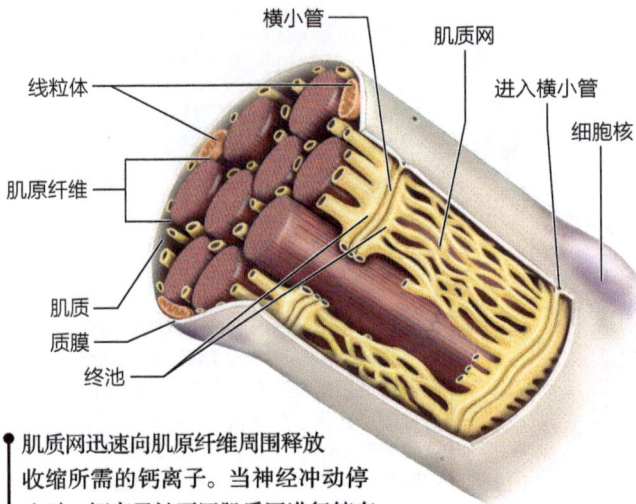

横小管
肌质网
进入横小管
细胞核
线粒体
肌原纤维
肌质
质膜
终池

● 肌质网迅速向肌原纤维周围释放
收缩所需的钙离子。当神经冲动停
止时，钙离子被泵回肌质网进行储存。

图1.4　肌细胞内的空间非常拥挤。肌细胞的作用就是支持肌肉收缩——从单一的、全力以赴的、最大强度的收缩到持续耐力运动所需的反复收缩

不同类型的细胞完成不同的工作

不同类型的肌细胞使人类既能够进行短时间的爆发性运动，也能完成长时间的耐力运动，这并不令人感到吃惊。肌纤维（肌细胞）的类型可以简单地分为Ⅰ型（慢缩型）和Ⅱ型（快缩型）纤维。Ⅰ型纤维更适合耐力运动，而Ⅱ型纤维更适合短跑或其他短而有力的运动。图1.5显示了染色后的不同纤维类型的肌肉横截面。有趣的是，运动单位只包含一种纤维类型。支配Ⅰ型运动单位的运动神经元的直径比支配Ⅱ型运动单位的运动神经元的直径要小。除此之外，Ⅰ型运动单位比Ⅱ型运动单位含有更少的纤维。因此，在激活Ⅱ型运动单位时，会产生更大的力。

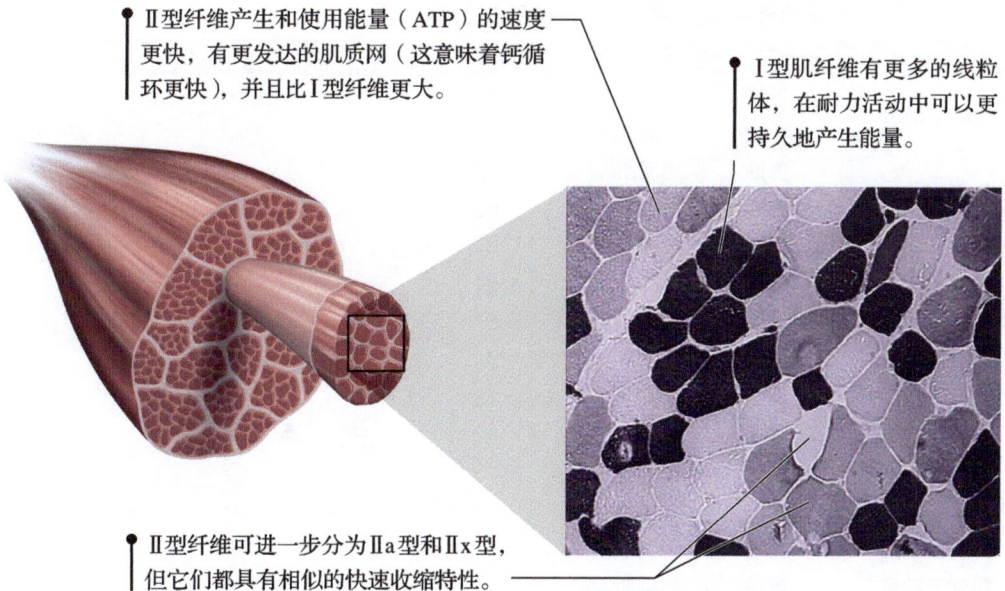

Ⅱ型纤维产生和使用能量（ATP）的速度更快，有更发达的肌质网（这意味着钙循环更快），并且比Ⅰ型纤维更大。

Ⅰ型肌纤维有更多的线粒体，在耐力活动中可以更持久地产生能量。

Ⅱ型纤维可进一步分为Ⅱa型和Ⅱx型，但它们都具有相似的快速收缩特性。

图1.5 肌细胞可完成各种任务，所以具有不同的功能也就不足为奇了

显微照片源自：W.L. Kenney, J.H. Wilmore, and D.L. Costill, 2020, *Physiology of Sport and Exercise*, 7th ed. (Champaign, IL: Human Kinetics), 41. By permission of D.L. Costill.

肌肉生理学的一个基本概念是，小的运动单位先于大的运动单位被募集，这一概念的正式名称是亨尼曼大小原理（Henneman's size principle），以美国科学家埃尔伍德·亨尼曼（Elwood Henneman）的名字命名。亨尼曼在20世纪60年代描述了这一概念。无论使用的力有多大，较小的Ⅰ型运动单位会先于较大的Ⅱ型运动单位被募集。换句话说，即使是在全力冲刺或爆发性运动（例如跳跃或奥运举重）中，混合使用各种运动单位也有助于完成这些任务。

大多数肌肉中约50%是快缩型肌纤维（Ⅱ型纤维），约50%是慢缩型肌纤维（Ⅰ型纤维），但对于不同专项的运动员这一比例可能有很大差异，如表1.1所示。在一些优秀长跑运动员的腿部肌肉中，超过90%的肌纤维是慢缩型肌纤维（Ⅰ型纤维），而一些优秀的短跑运动员则正好相反。虽然肌纤维类型的比例是由基因决定的，但适当的训练可以改善肌细胞的功能，这是获得更强的适应性和表现能力的基础。

胳膊和腿上的Ⅰ型纤维和Ⅱ型纤维的比例是相似的，虽然这些比例会因人而异。

表1.1 男女运动员肌肉中Ⅰ型纤维和Ⅱ型纤维所占的百分比

运动员类型	性别	肌肉	Ⅰ型纤维所占的百分比	Ⅱ型纤维所占的百分比
短跑运动员	男性	腓肠肌	24	76
	女性	腓肠肌	27	73
长跑运动员	男性	腓肠肌	79	21
	女性	腓肠肌	69	31
自行车运动员	男性	股外侧肌	57	43
	女性	股外侧肌	51	49
游泳运动员	男性	三角肌后束	67	33
举重运动员	男性	腓肠肌	44	56
	男性	三角肌	53	47
铁人三项运动员	男性	三角肌后束	60	40
	男性	股外侧肌	63	37
	男性	腓肠肌	59	41
划艇运动员	男性	三角肌后束	71	29
铅球运动员	男性	腓肠肌	38	62
非专业运动员	男性	股外侧肌	47	53
	女性	腓肠肌	52	48

经许可源自：W.L. Kenney, J.H. Wilmore, and D.L. Costill, *Physiology of Sport and Exercise*, 7th ed. (Champaign, IL: Human Kinetics, 2020), 47.

拉伸肌肉时会发生什么

为什么拉伸肌肉时会感到肌肉紧绷？例如，当你试着在锁定膝盖的情况下触摸脚趾时会拉伸腘绳肌，你就能有那种紧绷感。但到底是什么导致紧绷感呢？几十年来的流行理论认为，肌肉拉伸时产生的被动张力是肌肉周围结缔组织的张力增加所致。事实证明，这些结缔组织可能与肌肉拉伸时产生的张力无关。肌肉离心收缩会拉伸肌细胞，减少肌动蛋白和肌球蛋白相互作用的机会。然而，离心收缩产生的力量非常强大。最近的研究表明，结构性肌巨蛋白在肌肉离心收缩产生力量的过程中起着重要的作用。肌巨蛋白是一种巨大的蛋白质，在每个骨骼肌细胞中起着弹簧的作用。拉伸肌肉时，肌细胞内的肌巨蛋白也会被拉伸。就像拉伸橡皮筋会增加其张力一样，拉伸肌巨蛋白也会增加肌动蛋白和肌球蛋白产生的力量。因此，肌巨蛋白被认为是肌细胞中的第三种收缩蛋白。

肌肉痉挛时会发生什么，如何避免痉挛

你可能遇到过这样或那样的肌肉痉挛。通常这些痉挛只是暂时的，或者在最坏的情况下会导致停训一天。肌肉痉挛是一个很好的示例，可说明肌肉功能是如何与中枢神经系统的活动和营养相互结合的。

先从科学家所知道的关于肌肉痉挛的三件事说起：①并非所有的肌肉痉挛都是一样的；②肌肉痉挛的原因不是单一的；③出于这些原因，没有一种方法可以预防所有肌肉痉挛。

最常见的肌肉痉挛发生在单个肌群收缩并持续收缩时会立即引起局部疼痛。例如，跑步者或骑自行车者的小腿肌肉痉挛，足球运动员的腘绳肌痉挛，游泳运动员的脚部肌肉痉挛，睡眠期间腿部肌肉痉挛（通常发生在老年人中）。有些痉挛似乎是肌肉的神经输入过度刺激引起的。其他痉挛则可能是脱水或脱水加上汗液中盐分流失的共同作用引起的。一些游泳者的脚痉挛似乎是游泳时绷直脚尖引起的局部疲劳造成的。睡眠中和其他非运动场合中的痉挛可能是神经-肌肉不平衡造成的（稍后详细介绍）。全身肌肉痉挛有时被称为"热痉挛"，是所有痉挛中最严重的一种，全身肌肉痉挛被认为是在高强度或长时间运动中严重脱水和盐分流失造成的。

肌肉痉挛的本质表明，运动神经和肌肉之间正常的相互作用存在不平衡。肌肉通常只在有神经输入时才会收缩，因此持续性痉挛就是控制肌肉的神经持续异常输入的证据。

1878年，有医生注意到内华达州的金矿矿工容易发生全身肌肉痉挛。胡佛水坝上的工人和蒸汽船机舱内的铲煤工也是如此。在所有这些情况下，当工作人员增加液体和盐的摄入量时，痉挛就不会发生了。保持摄入充足的水分、充足的能量（碳水化合物）和盐分（电解质），可以防止脱水、疲劳和盐分流失引起的肌肉痉挛。

一旦痉挛发作，除了停止锻炼，做伸展运动（或被动拉伸）之外，别无他法。严重的全身肌肉痉挛通常需要静脉注射生理盐水和处方药物肌肉松弛剂。其他治疗痉挛的方法包括：喝少量泡菜汁或香料混合物，例如辣椒素、生姜和肉桂的混合物；吃芥末；吃香蕉或橙子；注射葡萄糖酸钙或硫酸镁。在这些疗法中，只有泡菜汁和香料混合物有一些科学证据来支持它们的使用。研究人员认为，泡菜汁和香料混合物中的醋酸（醋）会刺激口腔、喉咙和食管的受体，通过口-脑-肌肉的连接，帮助减少进入痉挛肌肉的神经输入。

是什么决定了比赛中的成功

为什么有些人擅长运动，而有些人却不擅长？观察任何运动项目的任何团队，你会发现他们的体能水平、运动技能和竞技成绩都有很大差异，即使团队成员都接受过类似的训练也是如此。为什么相似的刺激会导致不同程度的适应呢？图1.6提供了一些见解，并反映了本书内容的一些重要方面。

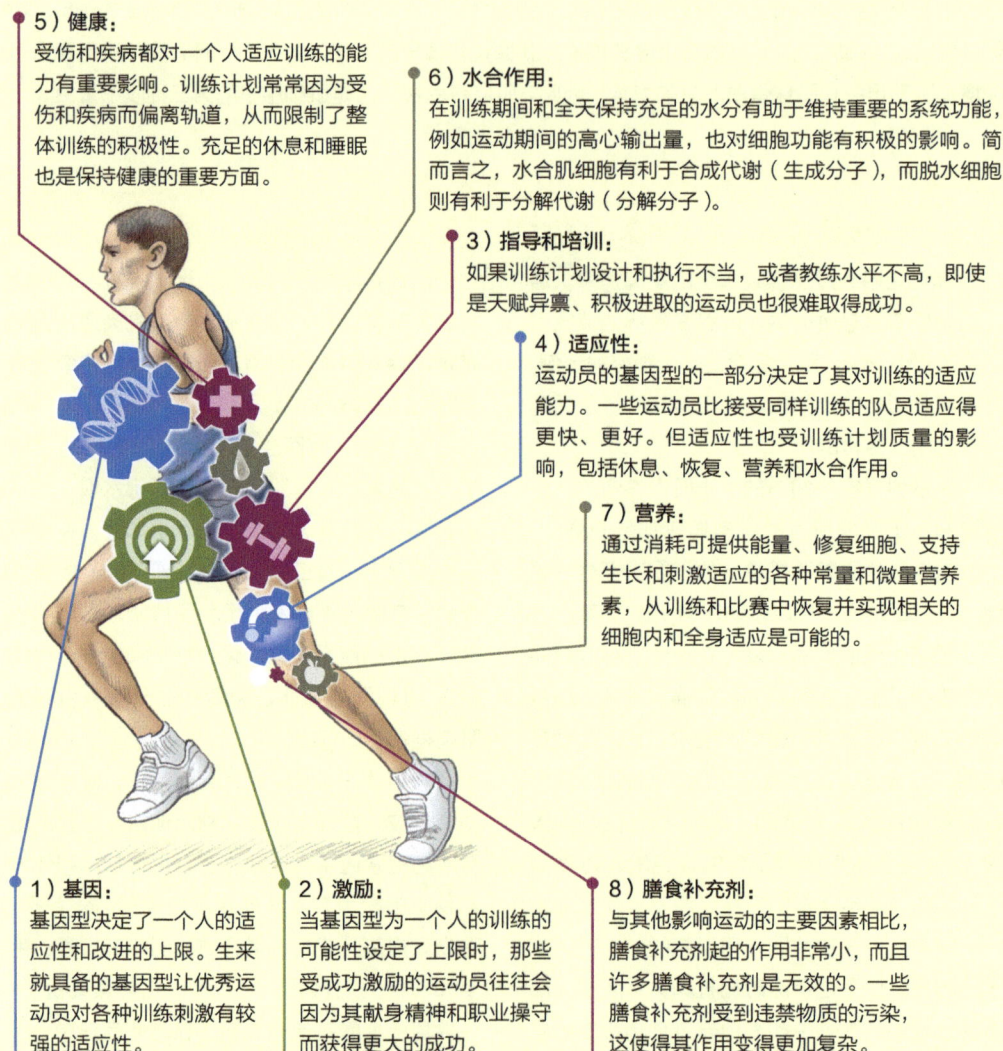

5）健康：
受伤和疾病都对一个人适应训练的能力有重要影响。训练计划常常因为受伤和疾病而偏离轨道，从而限制了整体训练的积极性。充足的休息和睡眠也是保持健康的重要方面。

6）水合作用：
在训练期间和全天保持充足的水分有助于维持重要的系统功能，例如运动期间的高心输出量，也对细胞功能有积极的影响。简而言之，水合肌细胞有利于合成代谢（生成分子），而脱水细胞则有利于分解代谢（分解分子）。

3）指导和培训：
如果训练计划设计和执行不当，或者教练水平不高，即使是天赋异禀、积极进取的运动员也很难取得成功。

4）适应性：
运动员的基因型的一部分决定了其对训练的适应能力。一些运动员比接受同样训练的队员适应得更快、更好。但适应性也受训练计划质量的影响，包括休息、恢复、营养和水合作用。

7）营养：
通过消耗可提供能量、修复细胞、支持生长和刺激适应的各种常量和微量营养素，从训练和比赛中恢复并实现相关的细胞内和全身适应是可能的。

1）基因：
基因型决定了一个人的适应性和改进的上限。生来就具备的基因型让优秀运动员对各种训练刺激有较强的适应性。

2）激励：
当基因型为一个人的训练的可能性设定了上限时，那些受成功激励的运动员往往会因为其献身精神和职业操守而获得更大的成功。

8）膳食补充剂：
与其他影响运动的主要因素相比，膳食补充剂起的作用非常小，而且许多膳食补充剂是无效的。一些膳食补充剂受到违禁物质的污染，这使得其作用变得更加复杂。

图1.6 影响一个人在体育方面获得成功的因素有许多。有些在运动员的控制范围内，有些则不然

感谢苏格兰圣安德鲁斯大学的罗纳德·J.莫恩（Ronald J. Maughan）博士，他最初的设想激发了这幅图的创作灵感。

肌肉如何适应训练

简单地说,当肌肉在运动中受到压力时,它们处理压力的能力会逐渐增强。例如,肌肉通过增加举重过程中募集的运动单位数量和产生更多的肌原纤维蛋白(肌动蛋白、肌球蛋白和其他与肌肉收缩有关的蛋白)来适应力量训练。这些变化会导致力量增加,通常还会使肌肉增大。通过耐力训练,肌肉可以通过增加产生能量的线粒体的数量和大小、酶的数量来适应训练,这些酶用于分解糖原、葡萄糖和脂肪酸,以产生能量。

出现这些适应性是因为定期训练会使每个肌细胞中包含的细胞核发生变化。每个肌细胞的细胞核中的DNA都含有基因,这些基因是肌细胞中每种蛋白质的"蓝图",例如收缩蛋白、结构蛋白、调节蛋白、线粒体蛋白、运动蛋白和酶。通过训练,细胞中基因表达的改变导致产生更多的功能性蛋白。

训练的刺激最终会引发预期的反应,如图1.7所示。这些适应性是各种促进因子造成的。例如,如果患者或运动员经常脱水、饮食不良、没有得到足够的休息,对训练的反应就不那么理想。神经系统、免疫系统和激素(内分泌)系统的适应性使得对训练出现最佳反应成为可能,而所有这些系统都会因缺乏水分、营养和休息而受到干扰。换句话说,为了达到最佳反应,一个好的训练计划必须辅之以适当的补水、营养和休息。

骨骼肌中大约75%是水。换句话说,如果你增加了10磅(1磅≈0.45千克)肌肉,实际上增加了7.5磅的水和2.5磅的收缩蛋白,以及其他细胞成分。

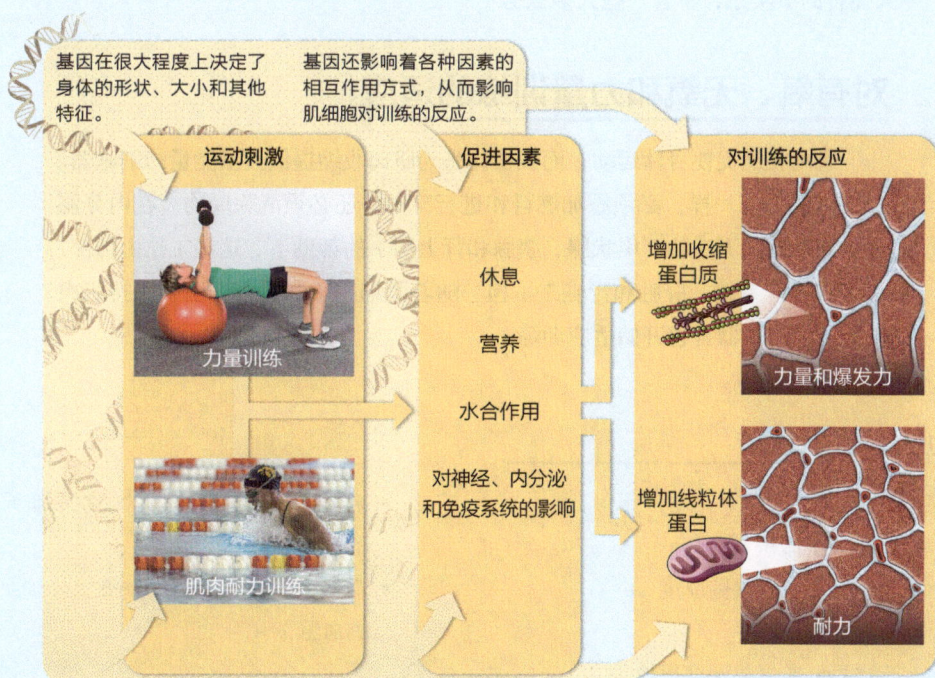

基因在很大程度上决定了身体的形状、大小和其他特征。

基因还影响着各种因素的相互作用方式,从而影响肌细胞对训练的反应。

运动刺激

力量训练

肌肉耐力训练

促进因素

休息

营养

水合作用

对神经、内分泌和免疫系统的影响

对训练的反应

增加收缩蛋白质

力量和爆发力

增加线粒体蛋白

耐力

图1.7 肌细胞以增强肌肉运动能力的方式适应训练的压力

基因在训练的适应性方面也起着重要作用。每个人对运动训练的适应方式都是独一无二的，因为每个人都有独特的基因组成。你的基因决定了你对训练的反应速度和强度。即使每个运动员都以完全相同的力量和体能特征开始训练计划，有些人也会比其他人更快地适应训练，在力量、速度和耐力方面取得更大的进步。换句话说，有些人是高反应者，有些人是低反应者。性别对训练适应能力也有一定的影响。例如，由于男性体内的睾酮含量更高一些，在进行力量训练后，男性的肌肉通常会更大一些。你会在本书后面的章节中对此有更多的了解。

基因在适应性训练中起着重要作用，因为基因组成决定了力量、速度和耐力的上限。例如，研究表明最大摄氧量（VO_{2max}）的改善有25%~50%是由基因决定的。

令人痛苦的事实是，不管一些人多么努力地训练，他们所能达到的最大摄氧量可能仍会比一些没有受过训练的人还低，因为那些人有高摄氧量的遗传因素。同样的道理也适用于力量、速度、灵敏性、柔韧性和其他运动特征。

如果基因只决定了训练适应能力的一部分，那么是什么决定了另一部分呢？那就是职业操守、奉献精神、休息、营养和补水。要想对运动训练产生适应性，需要数月的持续努力。肌细胞的定期超负荷，加上充足的休息，适当的补水和充足的营养，创造并支持细胞内环境，以优化所有功能性蛋白的生产，这些功能性蛋白是增强力量、速度和耐力所必需的。

基因决定了力量、速度、爆发力和耐力的上限。

对有氧、无氧和力量训练的适应

肌肉收缩促使身体运动，而线粒体是为肌肉收缩提供大量能量的细胞器。肌细胞像引擎一样，必须添加燃料和进行冷却，还必须清除废物。在内分泌腺（如垂体、下丘脑、甲状腺、胰腺和肾上腺）的帮助下，这些工作由肺部、心脏、脉管系统、肝脏和肾脏来承担。随着肌细胞逐渐适应训练，支持肌肉功能的组织和器官也开始适应训练。

适应有氧训练

心脏方面

- 增大心脏体积
- 增加心脏左心室壁厚度
- 降低静息心率
- 运动后心率恢复速度更快
- 增加每搏输出量（每次心跳心脏泵出的血量）
- 增加最大心输出量（心脏每分钟泵出的血量）

肌肉方面

- 增加最大摄氧量
- 提升耐力
- 通过活跃的肌肉从血液中摄取更多的氧气
- 增加将碳水化合物和脂肪转化为能量所需的酶
- 增加肌糖原和肝糖原含量
- 增大I型纤维的横截面积
- 增加肌肉肌红蛋白含量
- 增加肌细胞线粒体的数量和大小
- 提升乳酸阈
- 增加最大乳酸产量
- 增加次最大强度下对脂肪酸（获得能量）的依赖

下面列举了组织和器官等在有氧（耐力）训练过程中产生的许多适应性变化，这些适应性变化都有助于在耐力训练中支持骨骼肌的持续收缩。这个长长的清单证明，运动在促进健康改善和表现提升方面非常有效。

循环方面

- 增加血浆（血液的液体部分）容量
- 增加红细胞（RBC）容量
- 增加血容量（血浆容量+RBC容量）
- 降低高血压患者的静息血压
- 提高最大血压（收缩压）
- 降低次最大运动期间的血压
- 增加活跃肌肉和皮肤的血流量
- 更好地将血液从不活跃的组织重新分配到活跃的肌肉和皮肤
- 增加肌肉血流量（增加毛细血管数量和更好地激活现有的毛细血管）

肺部方面

- 增加最大肺通气量［更大的潮气量（平静呼吸时每次吸入或呼出的气量）和更高的呼吸频率］
- 增加肺部氧气和二氧化碳的扩散

骨骼方面

- 增大骨密度、峰值骨量和骨骼强度
- 降低骨密度随年龄的下降率
- 增强韧带和肌腱的强度
- 降低跌倒和骨折的风险

　　短跑和爆发力项目，例如游泳、足球、篮球、摔跤、排球、拳击、曲棍球和橄榄球，会让肌肉和骨骼等产生一些与耐力训练相同的适应性变化，但其他适应性变化的出现更能满足在短时间内全面活动的要求。以下列举了肌肉和骨骼等因无氧训练计划而产生的适应性变化。

　　无氧训练计划也可以有效地改善有氧能力和表现。这并不是说耐力运动员应该改变训练计划，强调无氧训练（例如高强度间歇训练，即HIIT），但耐力运动员可以在不牺牲有氧健身时间的情况下提高速度和爆发力。进行短

适应无氧训练

无氧训练主要包括高强度间歇训练（HIIT）。

肌肉方面

- 增强无氧爆发力和能力
- 增强有氧爆发力和能力
- 增强肌肉力量
- 增大Ⅱ型纤维
- 增大Ⅰ型纤维，但其小于Ⅱ型纤维
- 略微增加Ⅱ型纤维所占的比例
- 增强三磷酸腺苷-磷酸肌酸（ATP-PCr）酶的活性
- 增强糖酵解酶的活性
- 增加参与有氧呼吸（克雷布斯循环）的酶的数量

骨骼方面

- 增大骨密度、峰值骨量和骨骼强度
- 降低骨密度随年龄的下降率
- 增强韧带和肌腱的强度
- 降低跌倒和骨折的风险

时间的无氧训练（例如，进行10分钟的热身运动，然后进行6次30秒冲刺，两次冲刺之间休息3分钟）的另一个实际好处，是可以通过很少的运动时间来实现无氧和有氧能力的提升。对于那些很难为每天的锻炼留出一两个小时的人来说，这是一个真正的好处。我们将在第8章中再次讨论这个话题。

力量训练可让你产生所期待的适应性变化。如本章前面所述，训练之初，力量增强很大程度上是由于中枢神经系统的变化促进了运动单位的增加。在随后的数周或数月里，肌肉会产生更多的收缩蛋白，力量和肌肉量会随之增加。大多数类型的训练对骨骼和韧带也很有好处，尤其是那些需要身体承受重量或反复承受高强度冲击的活动，因为这些活动会快速地对骨骼形成压力，这是促使骨骼更强壮的关键因素。跑步、体操、力量训练和爆发力训练都是很好的示例。骑自行车、游泳和其他对骨骼压力较小的运动实际上可能会使骨密度和骨骼强度减小，这是交叉训练可能有益的另一个原因。

适应力量训练

肌肉方面

- 募集更多运动单位
- 更高的运动单位刺激频率
- 同步募集更多的运动单位
- 减少对运动单位的抑制
- 增加肌细胞的大小（增肌）
- 可能造成肌细胞数量小幅增加
（增生）

骨骼方面

- 增大骨密度、峰值骨量和骨骼强度
- 降低骨密度随年龄的下降率
- 增强韧带和肌腱的强度
- 降低跌倒和骨折的风险

最大限度增强适应性是否会有损害

　　肌纤维的轻微损伤似乎与对运动的积极适应有关，以下背景信息有助于你正确认识该情况。虽然"没有付出，就没有收获"这句话不是一个好的建议，可能还会导致受伤或更糟的情况，但有证据表明，周期性的肌肉损伤可以刺激肌肉产生更多的收缩蛋白和更大的力量。几乎每个人都经历过剧烈运动（尤其是高强度运动）带来的急性肌肉灼烧和酸痛，但这些不适感往往在运动后几分钟内就会消失。运动后或运动后一两天出现的肌肉酸痛被称为延迟性肌肉酸痛（DOMS），这种酸痛表明存在肌肉受损的情况。

　　延迟性肌肉酸痛是由肌肉离心收缩引起的，例如下坡跑，放下重物，或者反复从平台上跳下。延迟性肌肉酸痛也可能发生在任何新的和不同的活动之后，因为几乎所有运动都涉及肌肉的离心收缩。当肌肉抵抗时间延长时，肌细胞的细胞膜会破裂并且收缩蛋白排列会中断，如图1.8所示。水肿（损伤部位的肿胀）和炎症也是延迟性肌肉酸痛的特征，因为液体和免疫细胞会从血管进入肌肉，清理损伤并为新的蛋白质的形成创造条件。

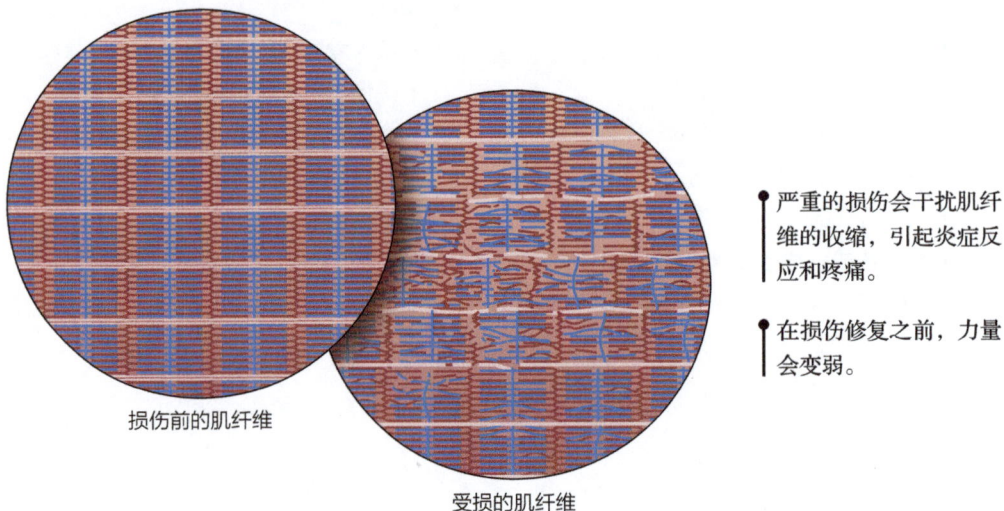

损伤前的肌纤维

受损的肌纤维

严重的损伤会干扰肌纤维的收缩，引起炎症反应和疼痛。

在损伤修复之前，力量会变弱。

图1.8 运动会导致肌肉损伤，包括从无关紧要到使人衰弱的损伤

产生延迟性肌肉酸痛时，收缩蛋白的损伤暂时削弱了肌肉力量，并且在损伤修复之前削弱了肌肉合成肌糖原的能力。但周期性延迟性肌肉酸痛真的有助于促进肌肉变大吗？肌肉变大、变强壮的方式有很多，肌肉损伤可能会刺激这些适应性变化的产生。研究表明，与向心训练相比，离心训练对肌肉变大的影响更大。有趣的是，据报道，可能是因为肌肉损伤更大，快速离心训练对肌肉肥大的影响更大。这一发现并不意味着离心训练应该是力量训练的唯一途径，但这项研究确实强调了在需要增加肌肉量和力量时，定期进行离心训练（产生延迟性肌肉酸痛）的重要性。但是据报道，使用不会引起肌肉损伤的训练计划也能实现类似的效果。

运动表现营养要点

适当的营养有助于适应训练。饮食中的水、碳水化合物、蛋白质、脂肪、维生素、矿物质和其他化合物都对肌细胞内发生的许多适应性变化极为重要。

肌肉如何变得更大、更强壮

所有类型的运动都会引起肌细胞内外的即时变化，可以将这些变化视为新功能性蛋白产生的信号。作为对有氧训练的反应，肌细胞内产生的各种信号导致更多的酶参与有氧呼吸，更多的线粒体产生能量，以及导致慢收缩特征的肌球蛋白纤维增多。除了增加运动单位的募集和减少对其他运动单位的正常抑制，力量训练还向肌细胞内的细胞核发出信号（每个骨骼肌细胞都包含许多细胞核），以产生更多的收缩蛋白，并唤醒一些通常处于休眠状态的卫星细胞。据报道，在极端力量训练下，肌细胞会分裂成两个，但细胞分裂并不是训练的常见反应。

在休息时，尤其是在运动期间休息时，肌肉会定期分泌数百个被称为肌肉因子的小分子，这些小分子在血液中流动，并附着在其他组织和器官细胞膜的受体上。据说肌肉因子对器官和组织等的功能有影响，例如骨骼、肝脏、大脑和脂肪细胞。肌肉因子还被认为是活跃肌肉与远端组织"交流"的一种方式，在运动中、运动后的恢复和适应运动的过程中提醒它们肌细胞的需求。包括肌细胞在内的所有细胞内的分子钟都控制着肌肉因子和类似分子的分泌，这种功能被认为有助于保持健康，还有助于促进健康地变老。

人们相信肌细胞的总数在出生时就固定了。

肌肉变大（肥大）的原因

- 更多的收缩蛋白（肌动蛋白和肌球蛋白）
- 更多的肌质
- 更多的肌原纤维单元
- 更多的结缔组织
- 更多的细胞内液

什么是卫星细胞

所有骨骼肌细胞都有附着在其细胞膜（质膜或肌膜）上的微小卫星细胞。卫星细胞一直处于不活跃状态，直到被力量训练、肌肉损伤或疾病激活。在需要的时候，卫星细胞会迅速行动，迅速生长，并与邻近的肌细胞相融合，同时留下一些卫星细胞来满足未来的需要（参见图1.9）。大部分发生在儿童早期、青春期的肌肉生长是通过卫星细胞的增殖完成的。卫星细胞增殖是训练的结果，也是对肌肉损伤的反应。

卫星细胞能增加肌细胞中收缩蛋白的含量和细胞核的数量。肌细胞是大细胞，因此需要许多细胞核来满足细胞对新蛋白质的持续需求。身体越健康，越强壮，肌细胞中的细胞核就越多。随着年龄的增长，这可能是一件好事，因为这些细胞核会随着时间的推移保持不变。这些额外的细胞核可以部分解释为什么恢复训练且以前健康的锻炼者比没有经验的锻炼者进步更快。

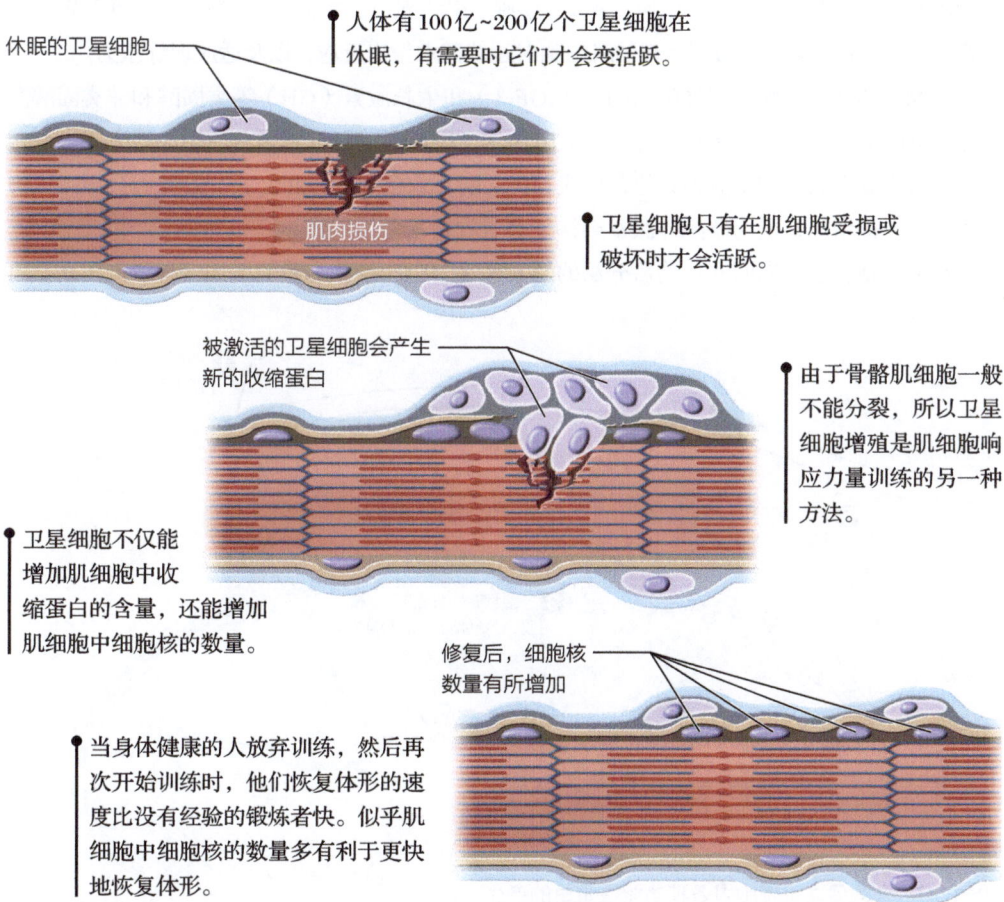

休眠的卫星细胞

人体有100亿~200亿个卫星细胞在休眠，有需要时它们才会变活跃。

肌肉损伤

卫星细胞只有在肌细胞受损或破坏时才会活跃。

被激活的卫星细胞会产生新的收缩蛋白

由于骨骼肌细胞一般不能分裂，所以卫星细胞增殖是肌细胞响应力量训练的另一种方法。

卫星细胞不仅能增加肌细胞中收缩蛋白的含量，还能增加肌细胞中细胞核的数量。

修复后，细胞核数量有所增加

当身体健康的人放弃训练，然后再次开始训练时，他们恢复体形的速度比没有经验的锻炼者快。似乎肌细胞中细胞核的数量多有利于更快地恢复体形。

图1.9 卫星细胞开始发挥作用，以修复损伤，并促进肌肉肥大

运动表现营养要点

运动员明白，摄入蛋白质对增加力量和肌肉量非常重要。大多数运动员的蛋白质需求可以通过正常的饮食来轻松满足：饮食中应含有足够的热量来防止体重下降，并含有多种蛋白质（富含蛋白质的食物，如肉类、鱼类、蛋类、奶制品、坚果、豆类和全谷物），换句话说，就是健康均衡的饮食。即使在高强度的力量训练期间，多余的膳食蛋白质也会被分解，而不会促进肌肉量的增加。美国运动医学会（American College of Sports Medicine，ACSM）建议运动员每天每千克体重摄入1.2~2.0克蛋白质。换句话说，建议一个重68千克的运动员每天摄入81.6~136克蛋白质。

激素的作用是什么

当身体活跃时，大脑和活跃的肌细胞发出的信号会激活内分泌系统分泌激素，帮助支持和维持运动。内分泌系统包括下丘脑、垂体、胰腺、甲状腺、睾丸和卵巢、肾上腺，甚至胃肠道等腺体，这些腺体都分泌激素，帮助肌细胞对运动需求做出反应，以及适应训练压力。

睾酮、胰岛素、胰岛素样生长因子（IGF-1）和生长激素（GH）等类固醇和非类固醇激素可促进肌细胞中功能性蛋白增加。图1.10显示了睾酮影响肌细胞蛋白质生成的方式。使用大剂量的违禁药品，如睾酮和其他合成代谢类固醇（包括激素原和合成类固醇）会导致肌肉量和力量大幅增加，因为睾酮等激素会持续刺激收缩蛋白的生成。

有趣的是，运动期间和运动后分泌的激素似乎与肌肉量和力量的增加没有多大关系。肌

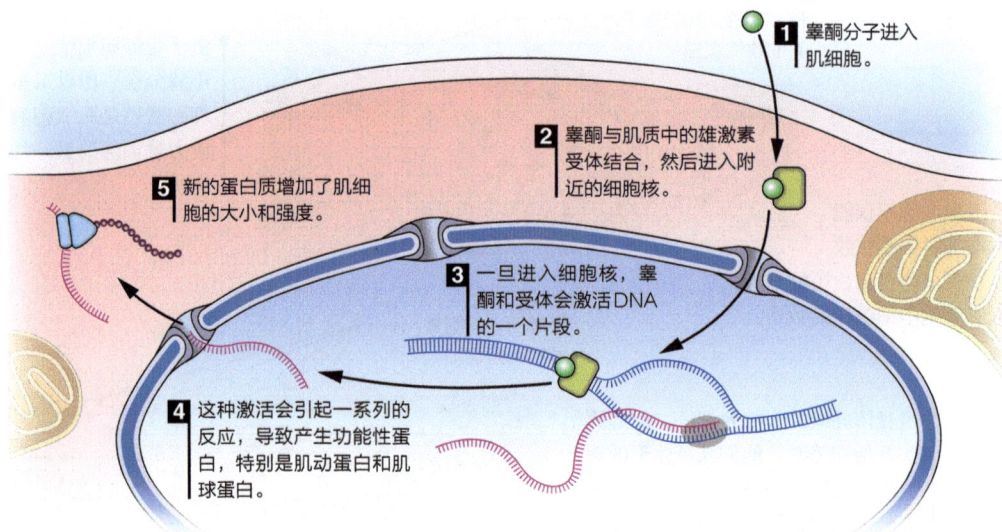

1 睾酮分子进入肌细胞。

2 睾酮与肌质中的雄激素受体结合，然后进入附近的细胞核。

5 新的蛋白质增加了肌细胞的大小和强度。

3 一旦进入细胞核，睾酮和受体会激活DNA的一个片段。

4 这种激活会引起一系列的反应，导致产生功能性蛋白，特别是肌动蛋白和肌球蛋白。

图1.10 睾酮促进肌细胞内各种功能性蛋白的产生

细胞中有更多雄激素受体的人在训练中最有可能出现肌肉肥大，因为受体越多，意味着对促进肌肉肥大的同化激素的敏感性越高。

本章小结

- 当运动神经刺激肌细胞群收缩时，骨骼肌就会收缩（运动神经＋肌细胞＝运动单位）。
- 用最大的力量时需要激活尽可能多的运动单位。
- 肌丝滑行理论解释了当肌动蛋白丝和肌球蛋白丝滑过彼此时，神经输入是如何使肌肉产生力量的。
- 肌细胞中的其他蛋白（如肌巨蛋白）也有助于力量的产生。
- 向心收缩、离心收缩和等长收缩都会产生力量，但方式不同。
- 骨骼肌是快、慢运动单位的混合体，其比例由基因决定。
- 肌肉通过适应它们所遇到的特定压力来对训练做出反应。例如，力量训练增加了肌细胞内收缩蛋白的数量，而耐力训练增加了线粒体蛋白的数量。
- 基因决定了力量、速度、爆发力和耐力的上限。
- 同化激素（如睾酮和生长激素）会影响肌肉力量和质量的增加，作为对训练的反应，虽然这些激素在训练后或睡眠期间的增加似乎在训练反应中没有发挥主要作用。

复习题

1. 描述肌肉是如何通过适当的训练而变得更强壮的。
2. 简要解释基因在肌肉量和力量改善方面的作用。
3. 定义一个运动单位的组成部分。
4. 训练之初，肌肉力量增强的原因是什么？
5. 请描述Ⅰ型和Ⅱ型纤维的主要区别。

食物就是能量

学习目标

- 了解食物和液体的摄入如何影响运动表现、恢复和适应性。
- 了解食物中的营养物质是如何为肌肉收缩提供能量的，以及如何为细胞结构提供能量。
- 了解肌细胞如何调节其能量生产，以满足不同运动强度的需求。

　　每次肌肉收缩的能量都来自太阳，因为地球上的生物能量都源于太阳。阳光中所含的能量被陆地和水中的植物吸收，并通过光合作用转化为碳水化合物、蛋白质和脂肪等。动物吃植物（有时也互相消耗），从含有其生长和日常运动所需的碳水化合物、蛋白质和脂肪的植物中获取能量。人类食用植物和动物是为了获取碳水化合物、蛋白质和脂肪等，这些是人类生长和日常运动所需的。

从食物中获取能量

碳水化合物、脂肪和蛋白质为所有新陈代谢过程（包括肌肉收缩）提供能量。通过分解这些来自食物的物质，细胞产生了一种可用的能量形式，一种被称为三磷酸腺苷（ATP）的分子（参见图2.1）。

尽管在任何给定的时间内，人体内ATP的总量只有100克，但每天人体产生和消耗的ATP大约相当于其体重的一半。这个有趣的事实清楚地证明，即使不运动，人体也需要大量的ATP。这些ATP是如何被消耗的？

在运动过程中，产生的ATP会明显增加。运动强度越大，维持肌肉收缩所需的ATP就越多。事实上，当肌细胞不能以足够快的速度产生ATP来促进肌肉收缩时，身体就会感到疲劳。除了肌肉收缩，身体的代谢过程也需要ATP（参见边栏），但在运动过程中，肌细胞是ATP的主要消耗者。

为什么不摄入ATP来最大限度地为肌肉运动提供所需的能量呢？因为，尽管ATP是一个很小的分子，但它仍然太大，无法穿过细胞膜。这实际上是一件好事，如果ATP

你吃什么就会补充什么，因为你吃掉的任何东西都会暂时成为你身体的一部分。

每个肌细胞含有大约10亿个ATP分子，所有这些分子每两分钟就会被使用和替换一次。

ATP由一个腺苷和3个无机磷酸盐组成。无机磷酸盐之间的高能键储存了大量能量。

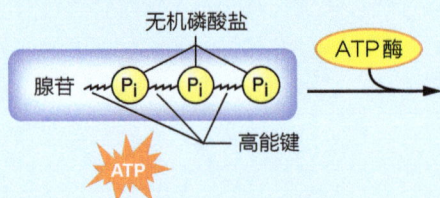

细胞需要能量时，在ATP酶的催化下，ATP分解释放出能量供细胞使用，一个ADP（二磷酸腺苷）和一个无机磷酸盐被剩下。

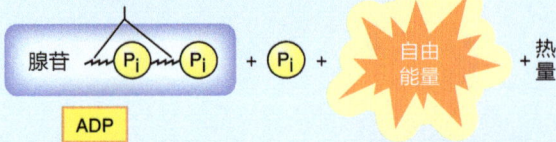

图2.1 三磷酸腺苷（ATP）分子

用于肌肉收缩和其他新陈代谢过程。

能够穿过细胞膜，肌细胞在运动中产生的ATP就会从细胞中泄漏出来，用于肌肉收缩的能量可能不足。摄取ATP的另一个问题是，大部分ATP会在胃和小肠中被消化，所以只有一小部分ATP会被吸收。顺便说一下，摄入产生ATP所必需的酶也存在同样的限制：酶是一种蛋白质，在被小肠细胞吸收进入血液之前，它会被消化成基本的氨基酸。

涉及ATP的代谢过程示例

- 碳水化合物和脂肪分解（氧化）产生ATP
- ATP分解产生能量和热量
- 神经传导
- 肌肉收缩
- 营养吸收
- 糖原的合成和分解
- 脂肪沉积和氧化
- 蛋白质合成和分解
- 免疫防御
- 激素合成和释放
- 组织修复
- 细胞信号传导（细胞内和细胞间）

虽然常量营养素（碳水化合物、脂肪和蛋白质）可以分解形成ATP，但它们也被身体以其他方式利用。每天消耗的所有常量营养素都会遇到以下情况之一。

- 以**葡萄糖**的形式存在的碳水化合物：在细胞内分解（氧化）产生ATP；在细胞内以糖原形式存储，以满足未来的能量需求；在血液中循环，确保细胞有稳定的能量供应；或作为其他分子结构（例如，DNA、RNA、糖蛋白和糖脂）的一部分。

- **脂肪**（准确地说是脂肪酸）：可以在细胞内分解产生ATP；以甘油三酯的形式储存在脂肪细胞和其他细胞内；或者以各种结构性方式被使用，通常是细胞膜的主要组成部分。

- **蛋白质**（实际上是构成蛋白质的氨基酸）：主要用于在体内形成各种类型的蛋白质。但在某些情况下，蛋白质也可以分解产生ATP，或转化为脂肪酸或葡萄糖。由于蛋白质是一种宝贵的资源，人体对其的设定为：尽量减少将蛋白质作为能量或将其转化为脂肪酸或葡萄糖。与脂肪和葡萄糖不同，多余的蛋白质不会储存在体内，所以体内的蛋白质含量是被保护不受影响的。

营养物质如何为肌肉提供能量

肌细胞维持收缩和同时执行许多其他功能所需的ATP有以下3个来源，所有这些来源都在不断地产生ATP（参见图2.2）。

1. 磷酸肌酸（PCr）的分解。
2. 碳水化合物（葡萄糖）的分解。
3. 脂肪（脂肪酸）的分解。

蛋白质不是ATP的主要来源，这是一件好事！如果蛋白质被用来产生ATP，肌细胞就会不断分解结构蛋白和收缩蛋白来产生ATP。幸运的是，肌细胞能够很好地分解（氧化）碳水化合物和脂肪来产生ATP，从而保留对细胞内的其他功能非常重要的蛋白质。

人体含有20万种不同的蛋白质。

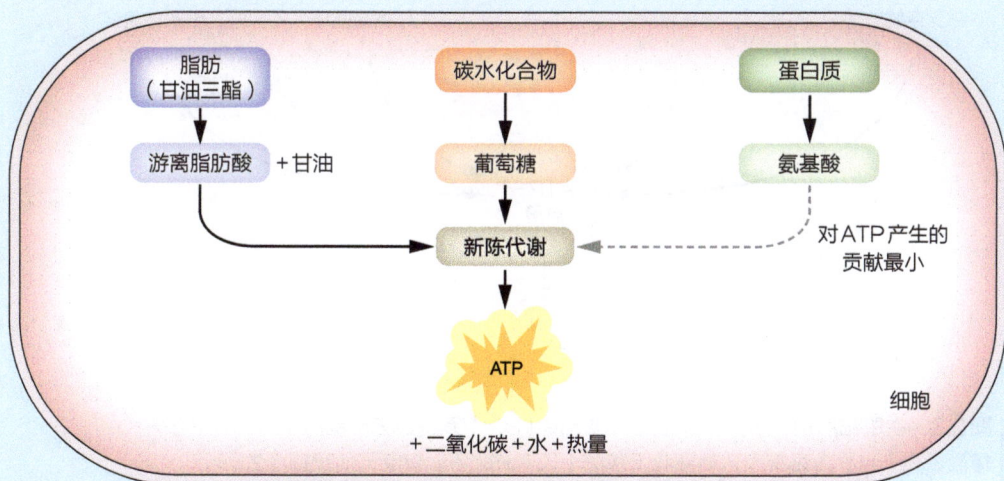

图2.2 碳水化合物、脂肪和蛋白质的分解

能量途径

　　肌细胞可以通过3种方式（3种系统或途径）产生肌肉收缩所需的ATP（参见图2.3）。重要的是要记住，这些能量途径一直在不断产生ATP。运动的强度决定了在任何时候哪一种能量途径产生的ATP最多。

肌细胞具有代谢灵活性，因为它们能够即时改变能量途径的活动方式，以确保ATP供应能够满足ATP需求。

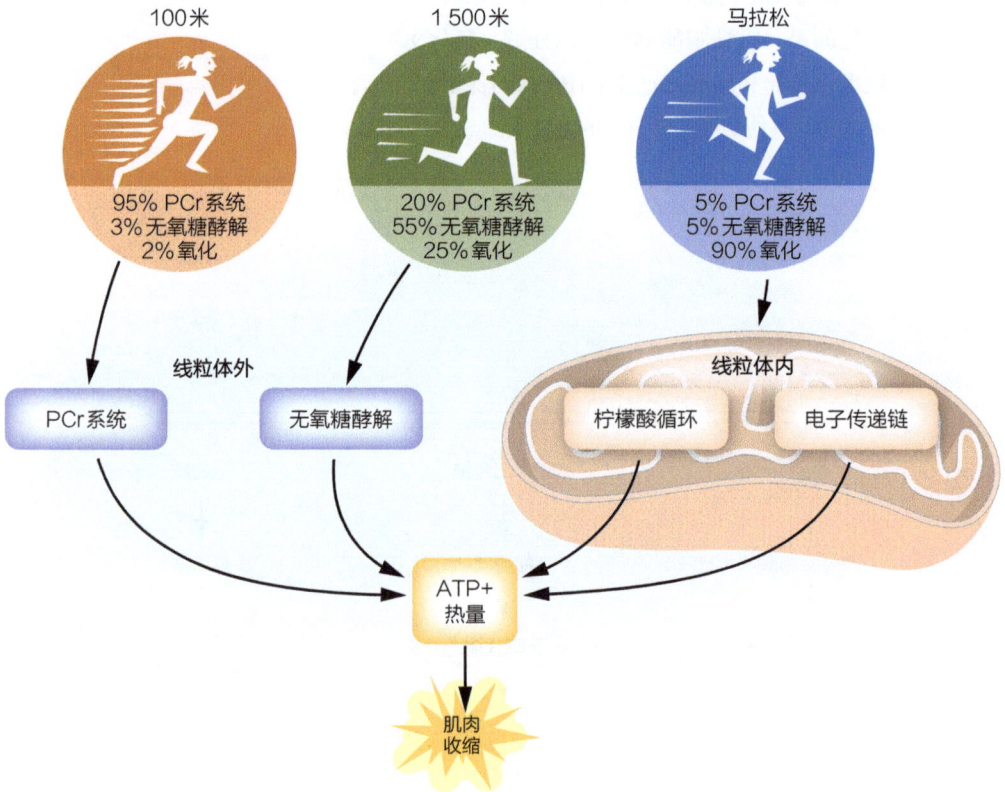

图2.3 在肌细胞中，ATP可以通过磷酸肌酸（PCr）系统、无氧糖酵解、柠檬酸循环［也称为克雷布斯循环或三羧酸（TCA）循环］和电子传递链产生。所有这些产生能量的系统同时工作，相互协调

例如，在短时间的爆发性运动（如100米短跑）中，大部分ATP是由PCr系统产生的，而碳水化合物和脂肪的分解只贡献了相对较少的ATP。PCr的分解是一个简单的反应，只需要很短的步骤就可以产生ATP。不幸的是，肌肉中的PCr含量相当少，所以PCr系统只能在短时间内（几秒）产生ATP，然后PCr含量就会下降到很低的水平。

无氧糖酵解也可以通过分解血液和肌糖原中的葡萄糖快速产生ATP。（糖原只是葡萄糖的一种储存形式，它能使细胞随时保持碳水化合物的能量供应。）使用无氧这个术语是因为这个过程不需要氧气。糖酵解发生在肌质（细胞质）中，因此产生的ATP可以很容易地用于肌肉收缩。糖原沉积物也位于附近。糖酵解是一系列将葡萄糖分子分解，以ATP的形式储存释放的大部分能量的反应。将葡萄糖分解的结果是产生两个丙酮酸分子（也称为丙酮酸）。在剧烈运动中，丙酮酸分子可以迅速转化为乳酸分子，或者进入线粒体，并促进柠檬酸循环中ATP的生成。

产生ATP的有氧代谢发生在肌细胞的许多线粒体中。柠檬酸循环（也称为克雷布斯循环或三羧酸循环）分解丙酮酸分子，产生ATP、二氧化碳（CO_2）和氢离子（H^+）。ATP从线粒体中被运输出来，为肌肉收缩提供能量。二氧化碳从肌细胞扩散到血液中，然后被运输到肺部，随着每次呼吸而呼出，这个过程将在第3章详细介绍。氢离子在电子传递链中被用来产生大量的ATP、水和热量。电子传递链是肌细胞使用氧气（O_2）的地方，也是两个H^+和氧结合形成水的地方。通过糖酵解完全氧化，然后经过柠檬酸循环和电子传递链，葡萄糖会产生32或33个ATP（取决于最初的来源是肌糖原还是血糖）。

肌细胞也能利用脂肪产生ATP。脂肪以肌内甘油三酯的形式少量储存在肌细胞内，大量储存在脂

维生素和矿物质在产生ATP的所有代谢过程中发挥着重要作用。

运动表现营养要点

肌酸负荷可增加肌细胞中磷酸肌酸的含量，提升团队运动训练中常见的重复性、短时间爆发性动作的表现。通常的肌酸负荷方法是每天摄入25克肌酸（或每天每千克体重0.3克），持续一周，然后在整个训练季中每天摄入5克肌酸。

肪细胞中。甘油三酯可分解成三种脂肪酸和一种甘油分子，这些脂肪酸可以在血液中被运输到肌肉和其他细胞，产生ATP。脂肪酸是由许多碳、氢、氧原子组成的长链分子。脂肪酸可分解成乙酰CoA（乙酰辅酶A），这些小分子会像丙酮酸分子一样进入柠檬酸循环。由于脂肪酸比葡萄糖或丙酮酸要大得多，每种脂肪酸产生的ATP几乎是后者的4倍。例如，一种被称为棕榈酸酯的16碳脂肪酸分子氧化会产生129个ATP。不幸的是，脂肪酸不能很快分解。因此，从脂肪中产生ATP在耐力运动中（和休息时）很重要，但在短时间、高强度运动（需要快速产生ATP）中就不那么重要了。然而，在高强度运动中，脂肪酸仍然会被分解，并为肌肉的强力收缩提供少量ATP。

葡萄糖：人体最重要的能量来源

　　磷酸肌酸储存量有限，脂肪酸氧化缓慢，而碳水化合物（葡萄糖）可以通过无氧糖酵解和有氧柠檬酸循环快速氧化，以满足持续时间超过10秒的所有运动对ATP的需求。因此，碳水化合物是肌细胞最重要的能量来源。

　　碳水化合物是一个包罗万象的术语，指的是大量具有类似特征的分子，包括从葡萄糖（血糖）、果糖（水果糖）、乳糖（奶糖）、蔗糖等单糖，到淀粉和纤维素等较复杂的碳水化合物。

　　葡萄糖是一种单糖，细胞每天的每一分钟都依赖它来产生ATP。事实上，在正常情况下，大脑和神经只使用葡萄糖作为能量来源来产生ATP，这种依赖性在血糖水平过低时变得明显。图2.4显示了葡萄糖和其他一些形式的简单碳水化合物的结构。

　　两个单糖结合形成一个双糖，例如，1分子葡萄糖+1分子果糖=1分子蔗糖。当单糖的分子链长度超过双糖时，所产生的分子称为寡糖。运动食品和饮品中常用的寡糖是麦芽糖糊精，一种由3~10个葡萄糖分子聚合形成的短链分子。双糖和寡糖在口腔和小肠内在消化酶

大脑仅仅依靠葡萄糖提供能量。大脑每天大约消耗130克（520千卡）葡萄糖。

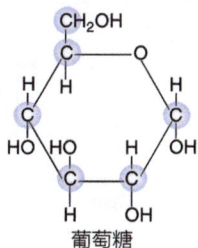

葡萄糖是人体用来
产生能量的单糖。

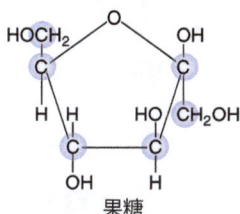

葡萄糖

果糖是另一种
单糖。

果糖

蔗糖是构成食糖（一种双糖）的碳水化合物，由
果糖和葡萄糖结合在一起形成。同样，乳糖是一
种存在于牛奶中的糖，当葡萄糖和半乳糖共用一
个键时就会形成乳糖。麦芽糖是两个葡萄糖分子
的结合体。

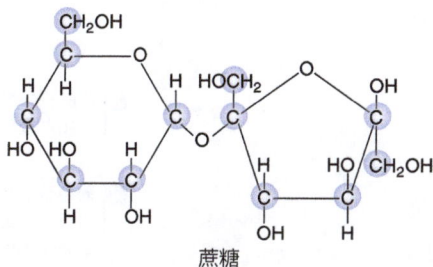

在剧烈运动中，肌肉每
分钟可以消耗2克以上
的葡萄糖。其中大约一
半来自运动过程中摄入
的葡萄糖。

蔗糖

图2.4 所有的单糖都有相同的化学组成，即$C_6H_{12}O_6$，但是分子结构略有不同

的作用下迅速被消化成单糖。由此产生的葡萄糖、果糖和半乳糖被小肠细胞吸
收并释放到血液中。因为很少有细胞拥有使用果糖和半乳糖所需的酶，所以肝
脏将这两种糖转化为葡萄糖，然后将其转化为糖原，或释放到血液中，以维持
血糖水平。淀粉和纤维素（和糖原）是由数千个葡萄糖分子聚合形成的多糖。
淀粉可以通过消化过程被分解成葡萄糖，这个过程从口腔中开始，在小肠中结
束。这些部位的酶将大的淀粉分子分解成小块，小块的淀粉可以被其他酶进
一步分解成单糖。对于纤维素这样的多糖，其葡萄糖分子之间的化学键是不
能分解的，因此，纤维素无法被消化和吸收。有趣的是，许多生活在大肠中的
细菌（这些菌落通常被称为微生物群）可以利用纤维素来产生它们生存所需
的ATP。这些细菌的活动，以及它们产生的分子，有助于人体保持健康。

请记住，不管你摄入的碳水化合物是什么形式的，葡萄糖都是你身体所需要的糖（参见图2.5）。例如，如果你吃了一顿包含橙汁、谷物和全麦面包的早餐，这些食物中的单糖、双糖、寡糖和多糖，最终都会成为你体内的单一葡萄糖分子。

碳水化合物进入血液并被肌肉和其他组织吸收的速度取决于一顿饭或零食离开胃进入小肠的速度，小肠是消化和吸收食物的地方。摄入的热量越多，食物进入小肠的速度就越慢。

当你在运动中饮用运动饮品，吃碳水化合物凝胶和能量棒时，碳水化合物会被迅速吸收并转化为葡萄糖，肌细胞可以从血液中提取并代谢ATP。事实上，在剧烈运动中，肌肉每分钟可以摄取超过1克的碳水化合物。这种额外的能量来源有助于肌肉保持高碳水化合物氧化率，提升运动表现能力。

脂肪和蛋白质

运动表现饮食包括多种食物，因此也包括多种碳水化合物、脂肪和蛋白质。图2.6列出了一些脂肪类型。脂肪可以单独的脂肪酸或甘油三酯（三个脂肪酸连接一个甘油分子）的形式被消耗。小肠中的酶可以分解甘油三酯，使一些脂肪酸可以被吸收，并通过血液运输到全身的细胞中（参见图2.7）。细胞吸收脂肪酸作为细胞膜的一部分，或作为其他分子的组成部分，或分解形成ATP。

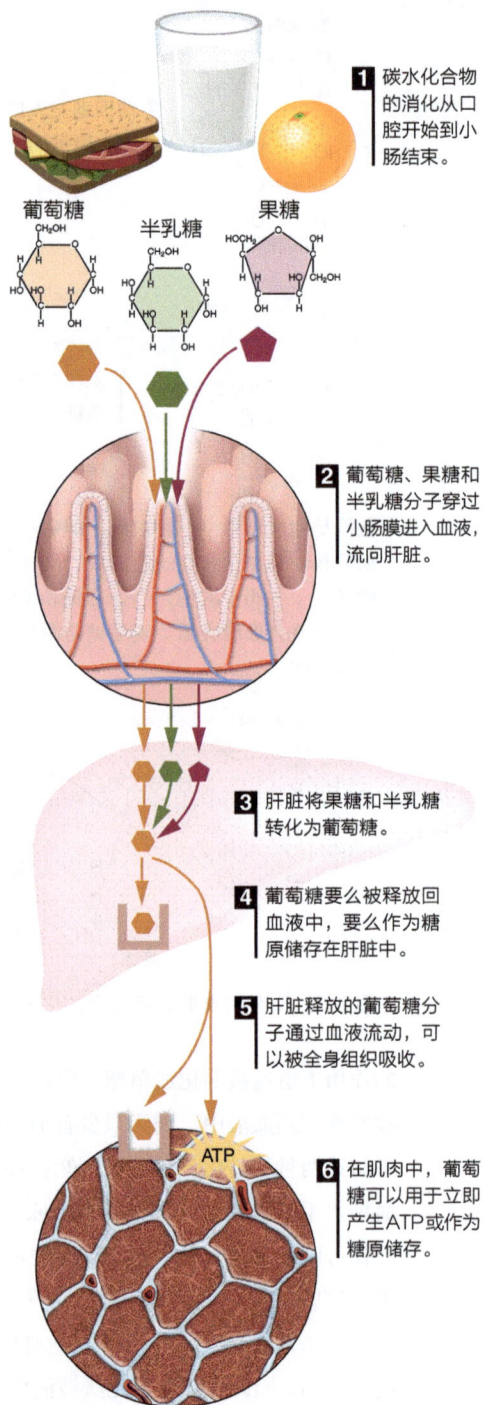

1 碳水化合物的消化从口腔开始到小肠结束。

葡萄糖　半乳糖　果糖

2 葡萄糖、果糖和半乳糖分子穿过小肠膜进入血液，流向肝脏。

3 肝脏将果糖和半乳糖转化为葡萄糖。

4 葡萄糖要么被释放回血液中，要么作为糖原储存在肝脏中。

5 肝脏释放的葡萄糖分子通过血液流动，可以被全身组织吸收。

6 在肌肉中，葡萄糖可以用于立即产生ATP或作为糖原储存。

图2.5 碳水化合物是如何被人体消化、吸收和利用的

食物中的脂肪以甘油三酯的形式存在，甘油三酯是由三个脂肪酸和一个甘油分子连接而成。甘油三酯是动植物（包括人类）储存脂肪的一种形式。

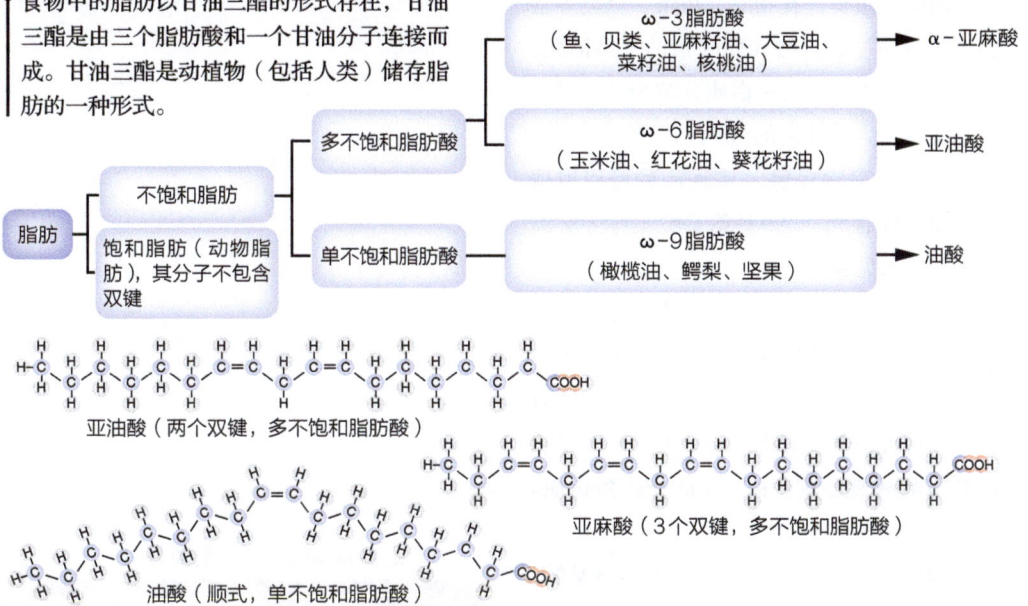

ω-3脂肪酸
（鱼、贝类、亚麻籽油、大豆油、菜籽油、核桃油）　→　α-亚麻酸

ω-6脂肪酸
（玉米油、红花油、葵花籽油）　→　亚油酸

ω-9脂肪酸
（橄榄油、鳄梨、坚果）　→　油酸

多不饱和脂肪酸

单不饱和脂肪酸

脂肪 — 不饱和脂肪 / 饱和脂肪（动物脂肪），其分子不包含双键

亚油酸（两个双键，多不饱和脂肪酸）

亚麻酸（3个双键，多不饱和脂肪酸）

油酸（顺式，单不饱和脂肪酸）

图2.6　有许多种类的脂肪酸，它们的碳链长度是4~28个碳原子（偶数），氧原子和氢原子的数量也不同。肌肉可以分解所有脂肪酸来产生ATP

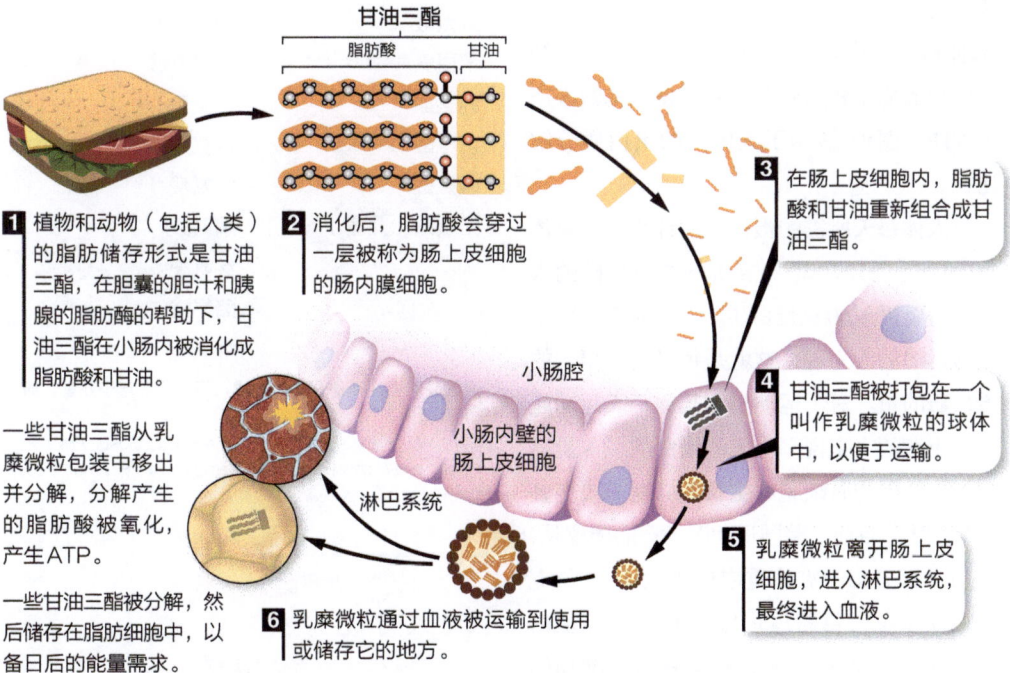

甘油三酯
脂肪酸　甘油

1 植物和动物（包括人类）的脂肪储存形式是甘油三酯，在胆囊的胆汁和胰腺的脂肪酶的帮助下，甘油三酯在小肠内被消化成脂肪酸和甘油。

一些甘油三酯从乳糜微粒包装中移出并分解，分解产生的脂肪酸被氧化，产生ATP。

一些甘油三酯被分解，然后储存在脂肪细胞中，以备日后的能量需求。

2 消化后，脂肪酸会穿过一层被称为肠上皮细胞的肠内膜细胞。

3 在肠上皮细胞内，脂肪酸和甘油重新组合成甘油三酯。

4 甘油三酯被打包在一个叫作乳糜微粒的球体中，以便于运输。

5 乳糜微粒离开肠上皮细胞，进入淋巴系统，最终进入血液。

6 乳糜微粒通过血液被运输到使用或储存它的地方。

小肠腔
小肠内壁的肠上皮细胞
淋巴系统

图2.7　脂肪在小肠中被分解，进入血液中，作为能量使用或被储存起来

肉类、鱼类、乳制品、蔬菜、豆类等食物中的蛋白质在胃酸和酶的帮助下被消化，小肠中的酶则完成将蛋白质分解为单个氨基酸的工作。人体使用的20种氨基酸中，有9种必须通过食物提供，其他11种可以根据需要由人体合成。这9种氨基酸被称为必需氨基酸（参见表2.1）。

说到塑造和修复肌肉，必需氨基酸是必不可少的。这并不意味着必需氨基酸是唯一可用来塑造和修复肌肉的氨基酸，因为所有氨基酸均可用来创造蛋白质。但这确实意味着必需氨基酸必须存在，才能产生蛋白质。如果没有摄入足够的必需氨基酸，身体会通过分解现有的蛋白质来产生所需的氨基酸，这是我们需要避免的。

在肌细胞内产生ATP时，氨基酸是最后选择的能量来源。毕竟，细胞为什么要分解自己的蛋白质来制造ATP呢？这样做会破坏细胞的结构和内部功能。这就是为什么细胞依赖葡萄糖和脂肪酸，而不是氨基酸来产生ATP。图2.8显示了人体内的蛋白质分解途径。

人体每天所需的蛋白质估计为每千克体重0.8克（每磅体重0.4克），体重150磅的人每天需要摄入60克蛋白质。至少对于那些不经常运动的人来说，这就是每日所需摄入的蛋白质的量。对于运动员和其他每天运动超过一小时的人来说，每天的蛋白质摄入量需要增加，因为肌细胞的生长和修复需要更多的蛋白质。目前，美国运动医学会的建议是，运动员每天每千克体重应该摄入1.1~2.0克蛋白质（每天每磅体重摄入0.5~0.9克蛋白质），以满足肌肉生长、修复和适应增加的需求。按照这个算法，一个体重100磅（45

表2.1　**必需氨基酸和非必需氨基酸**

必需	非必需
异亮氨酸	丙氨酸
亮氨酸	精氨酸
赖氨酸	天冬酰胺
蛋氨酸	天冬氨酸
苯丙氨酸	半胱氨酸
苏氨酸	谷氨酸
色氨酸	谷氨酰胺
缬氨酸	甘氨酸
组氨酸（儿童）*	脯氨酸
	丝氨酸
	酪氨酸
	组氨酸（成人）*

*组氨酸不会在婴幼儿体内合成，因此只适用于儿童，而不适用于成人。

源自：W.L. Kenney, J.H. Wilmore, and D.L. Costill, *Physiology of Sport and Exercise*, 7th ed. (Champaign, IL: Human Kinetics, 2020), 393.

人体内的每个细胞都含有大约1亿个蛋白质分子。这些分子至少代表了2万种不同类型的蛋白质。

千克）的运动员每天应该摄入 50~90 克的蛋白质。即使是体重 300 磅（136 千克）的运动员，每天也只需摄入 150~270 克蛋白质。为了保持客观，一块 10 盎司（1 盎司 ≈ 28.35 克）的牛排含有大约 75 克的蛋白质。摄入推荐量的蛋白质对于任何保持均衡饮食的运动员来说都很容易，对于素食甚至纯素食运动员也是如此。换句话说，通常不需要使用蛋白粉和氨基酸补充剂。然而，对于受伤的运动员，有饮食限制（低热量或低碳水化合物饮食）或有不良的饮食习惯的运动员，补充蛋白质或奶昔可以帮助其摄入足够的蛋白质，而不会对健康造成危害。

　　研究表明，运动后食用高蛋白食物可以促进肌肉蛋白的合成，让运动员的肌肉快速生长和恢复。同样有趣且具有很大实用价值的是，这不需要太多的蛋白质。只需摄入 20 克优质蛋白，即可最大限度地促进肌肉蛋白的合成。此外，每天每隔几小时吃一些高蛋白的小零食，可以进一步促进肌肉蛋白的合成。乳制品似乎在促进肌肉蛋白的合成方面特别有效，因为乳制品中含有大量必需氨基酸，尤其是亮氨酸。这就是许多运动营养专家建议运动员在刻苦锻炼后喝一大杯巧克力牛奶的原因，牛奶每 30 毫升含有 1 克蛋白质，巧克力中的糖有助于补充肌糖原。

1 食物和人体内的所有蛋白质都是由必需氨基酸和非必需氨基酸组成的。一些蛋白质的结构简单，含有相对较少的氨基酸，而另一些蛋白质结构复杂，含有数千个氨基酸。

蛋白质

氨基酸

2 在摄入蛋白质时，将其消化成氨基酸的过程从胃开始，在小肠中结束。

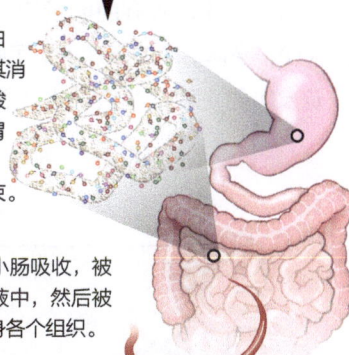

3 氨基酸被小肠吸收，被释放到血液中，然后被运输到全身各个组织。

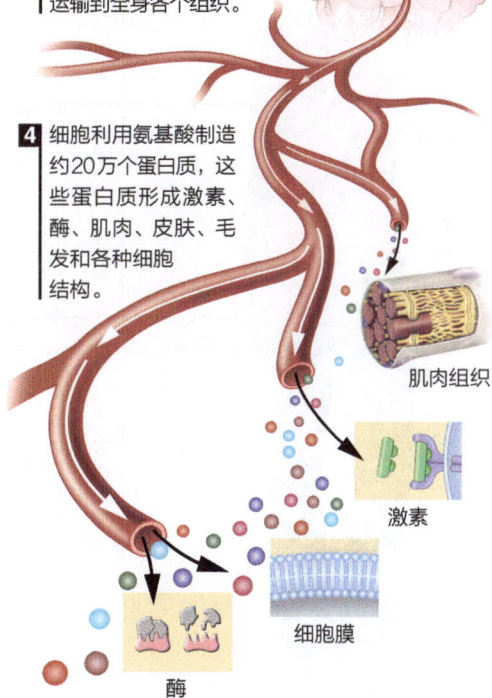

4 细胞利用氨基酸制造约 20 万个蛋白质，这些蛋白质形成激素、酶、肌肉、皮肤、毛发和各种细胞结构。

肌肉组织

激素

酶

细胞膜

图 2.8 受损或不需要的蛋白质被分解成氨基酸，并在体内发挥各种作用

知识汇总

图2.9总结了饮食中碳水化合物、脂肪和蛋白质的"命运"，表2.2列出了常量营养素的热量值。食物中的碳水化合物、蛋白质和脂肪提供了所有细胞所需的ATP，用于修复、替换和添加新的细胞结构，例如食物蛋白质中的氨基酸用于生成新的肌肉蛋白。

如前所述，所有的能量途径都在不断产生ATP。身体活动的强度决定了哪一种能量途径是ATP的主要产生者。在正常情况下，人

表2.2 **常量营养素的热量值**

营养素	提供的能源
碳水化合物	4千卡/克
脂肪	9千卡/克
蛋白质	4千卡/克
酒精（乙醇）	7千卡/克

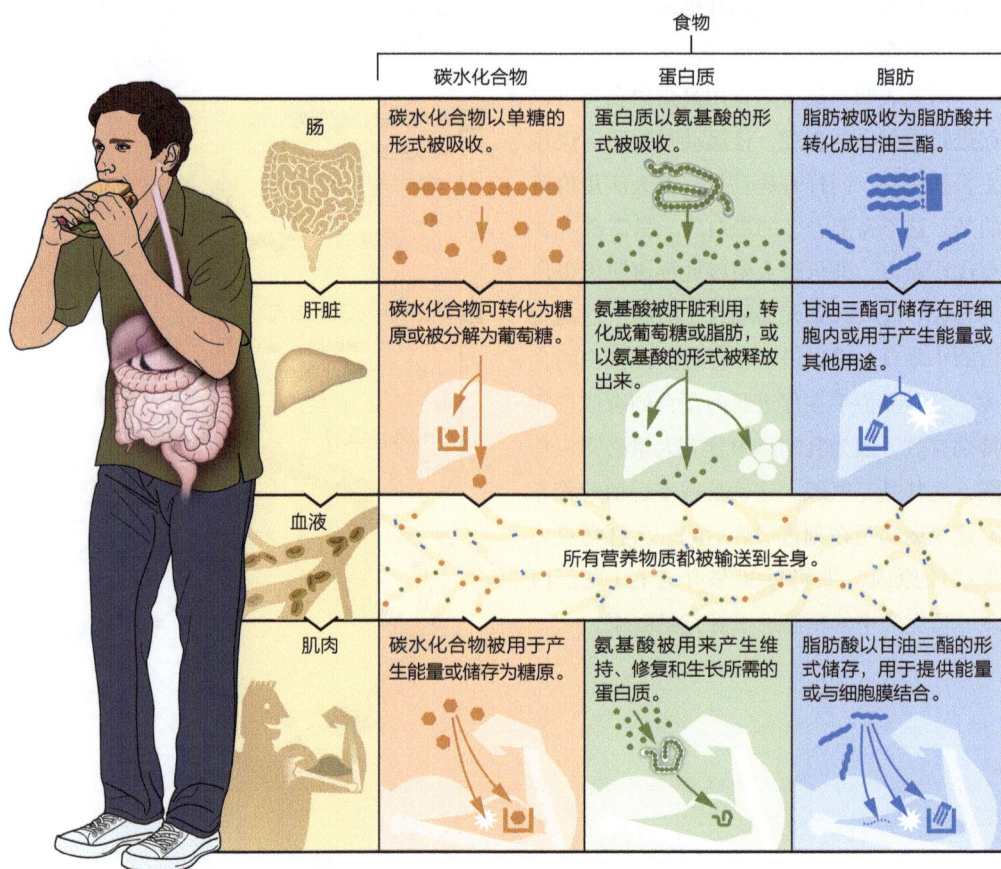

图2.9 饮食中的碳水化合物、脂肪和蛋白质首先在胃和小肠中被消化，然后被吸收到血液中，在血液中循环，作为可用的"底物池"用于新陈代谢，或被储存起来供以后使用

体会在脂肪、肝脏和肌细胞中储存大量可用的能量。图2.10是一个描述了人体内能量储存情况的饼状图。

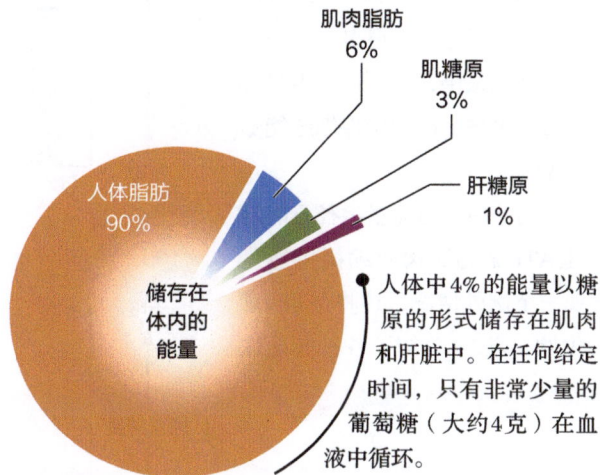

肌肉脂肪 6%

肌糖原 3%

肝糖原 1%

人体脂肪 90%

储存在体内的能量

人体中4%的能量以糖原的形式储存在肌肉和肝脏中。在任何给定时间，只有非常少量的葡萄糖（大约4克）在血液中循环。

在所有储存的能量中，96%的能量储存在脂肪细胞和肌细胞中。

图2.10　人体将来自脂肪和碳水化合物的能量储存在脂肪、肝脏和肌细胞中

在讨论这些数字之前，先做个简单的解释：在科学文献中，1Calorie（大卡，英文首字母大写）等于1千卡（kcal），而从技术上讲，1千卡等于1 000卡（卡的英文小写）。然而，大多数人在食物中提到的卡路里实际上是1千卡。在本书中，我们将在科学背景下使用千卡（大卡）。

你可以储存超过2 000千卡（有关食物和饮品的能量含量的更多信息，请参见第3章）的来自肌糖原的能量，脂肪储存的能量超过75 000千卡［一个重140磅（63.5千克）的人，体内脂肪含量为12%］，所以只要能够摄取足够的碳水化合物来维持血糖浓度，你就可以进行低强度运动。在马拉松、铁人三项和超耐力比赛等长时间耐力项目中，脂肪酸可以提供大量所需能量，降低人体对血糖和肌糖原的需求。通过摄入运动饮品和富含碳水化合物的零食（如能量棒、碳水化合物凝胶、椒盐脆饼、水果）来维持血糖，能够确保大脑和神经持续从血液中获得葡萄糖。

快速浏览图2.11，你会发现每种能量途径产生ATP的速度差别很大，每种途径产生ATP的数量也是如此。PCr系统可以快速产生ATP，但不能产生很多。脂肪氧化产生ATP的速度很慢，但可以产生很长时间。不同的ATP产生能力确保细胞能够获得所需的ATP。

在高强度运动中，当能量途径不能足够快地产生ATP来为肌肉收缩提供能量时，会出现一个例外情况，这将是第4章所讨论的主题。表2.3总结了各种能量途径的特点。

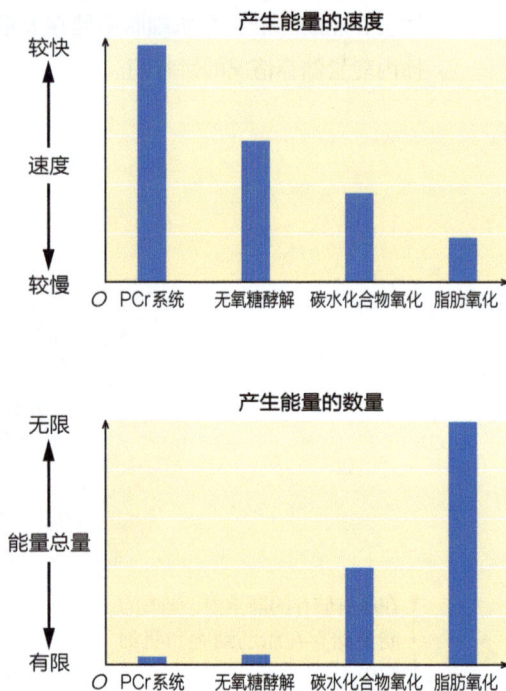

图2.11 产生能量的速度和可以产生的能量的数量成反比

经许可改编自：W.L. Kenney, J.H. Wilmore, and D.L. Costill, *Physiology of Sport and Exercise*, 7th ed. (Champaign, IL: Human Kinetics, 2020), 69.

咖啡因能提供能量吗

能量饮品和类似的补充剂是很受欢迎的产品，因为使人白天感觉更有活力是很有吸引力的，尤其是在训练或比赛的时候。大多数能量饮品和运动前补充剂都含有碳水化合物形式的能量来源，但它们也含有不同数量的咖啡因（一种中枢神经系统兴奋剂）。虽然咖啡因不能像碳水化合物和脂肪那样为新陈代谢提供能量，但摄入咖啡因确实能提高警觉性和精神专注度，并能提升运动表现。能量饮品通常在16盎司（1盎司≈28克）中含有160~260毫克的咖啡因。相比之下，16盎司的咖啡含有200~300毫克的咖啡因，可乐每16盎司含有70~120毫克的咖啡因。和饮食中的其他东西一样，适量摄入咖啡因也是安全的。对于那些想用咖啡因来提升耐力、力量或爆发力表现的运动员来说，在训练或比赛前45~60分钟摄入100~200毫克的咖啡因就足够了。

有规律的体育锻炼可以提升肌肉利用脂肪和碳水化合物产生ATP的能力，因为锻炼可以促使肌肉增加信号通路、酶和负责ATP产生的线粒体。适当的饮食，包括运动前、运动中、运动后的适当补水，可提供所有细胞所需的常量和微量营养素（维生素和矿物质），从而产生维持细胞功能，细胞修复和生长所需的ATP。科学家们正在更多地了解在植物食品（植物营养素）和动物食品（动物营养素）中发现的许多其他化合物的作用，这些化合物有助于保持健康、适应训练和提升运动表现。例如，从水果和蔬菜中提取的类胡萝卜素、类黄酮、白藜芦醇，还有肉碱、辅酶Q10，以及从各种肉类中提取的肌酸。

表2.3　各种能量途径的特点

能量途径	是否需要氧气	整体的化学反应	每秒形成ATP的相对速率	每个底物分子形成的ATP	可用能力
ATP-PCr	不需要	从PCr转化为Cr	10	1	小于15秒
无氧糖酵解	不需要	从葡萄糖或糖原转化为丙酮酸	5	2~3	约1分钟
碳水化合物的氧化作用	需要	从葡萄糖或糖原转化为二氧化碳和水	2.5	36~39	约90分钟
脂肪的氧化作用	需要	从游离脂肪酸或甘油三酯转化为二氧化碳和水	1.5	大于100	数天

感谢加拿大安大略省汉密尔顿市麦克马斯特大学马丁·吉巴拉（Martin Gibala）博士的贡献。

运动表现营养要点

运动后立即摄入20~40克的优质蛋白（如乳制品、蛋类、肉类、鱼类、豆类），可促进肌肉蛋白的合成。只要坚持练习，这种做法可以提升肌肉的力量和质量。一个有趣的小提示是：食用全脂牛奶比食用脱脂牛奶会导致更多的肌肉蛋白合成；同样，食用整蛋要比只吃蛋白好。科学家们不太确定为什么会这样，但实际的意义是，运动员应该努力通过纯天然食物，而不是营养补充剂摄入每天所需的大部分热量。

维生素和矿物质如何参与能量代谢

维生素是人体不能合成的基本营养物质，因此，你需要每天摄入维生素，以确保所有细胞都能得到新陈代谢（不仅是能量代谢，还有各种各样的其他新陈代谢）所需的物质。尽管人体含有大约100万亿个细胞，但每个细胞只需要极少量的维生素就能有效运作。摄取的维生素如果超过一个细胞所能使用的量，就好像锤子的数量超过建筑工地上工人使用的数量一样。多余的维生素对身体没什么好处。

有些维生素可溶于水，有些可溶于脂肪。这个区别很重要，因为脂溶性维生素（维生素A、维生素D、维生素E、维生素K）的储存和使用发生在肝脏和脂肪细胞中，而水溶性维生素（维生素B、维生素C）则用于肌肉和其他细胞中的水样环境。所有维生素都是维持细胞功能所需的少量物质。图2.12是维生素和矿物质的一些功能的概述。

维生素在能量代谢中起着重要作用。维生素B尤其如此，因为它们在各种酶促反应中起辅助因子的作用，辅助细胞分解葡萄糖和脂肪酸生成ATP。一旦每个肌细胞都有足够的维生素作为辅助因子，身体就别无选择，只能将多余的维生素从尿液中排

有些酶每秒可以参与1 000次功能执行。

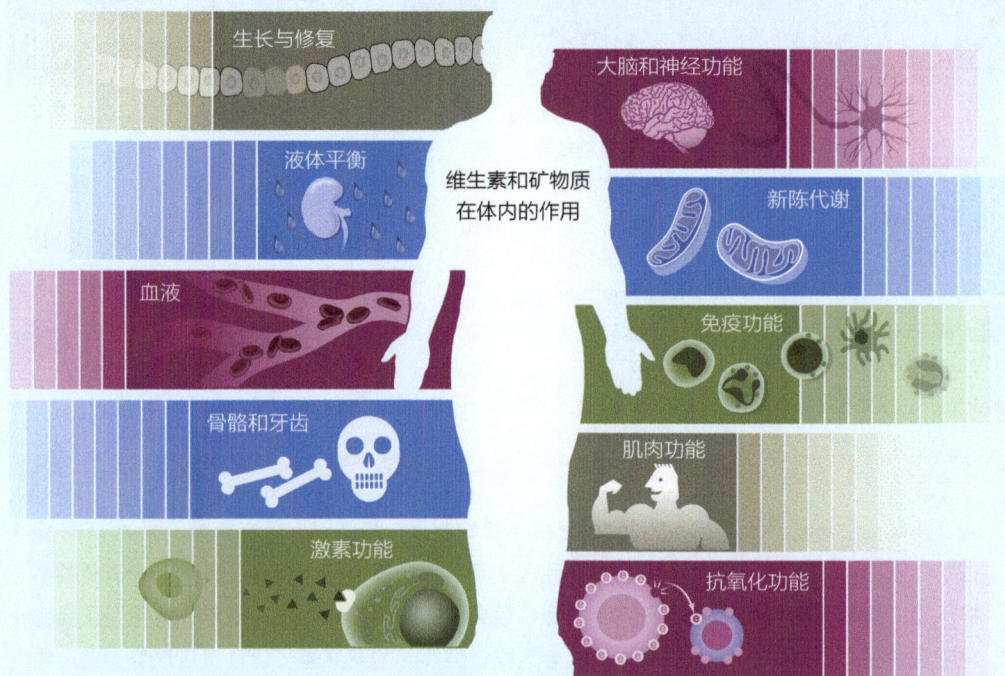

图2.12 维生素和矿物质在体内的一些功能

生长与修复

大脑和神经功能

液体平衡

维生素和矿物质在体内的作用

新陈代谢

血液

免疫功能

骨骼和牙齿

肌肉功能

激素功能

抗氧化功能

出。由于酶像身体里的所有其他蛋白质一样会不断分解并被替换，所以每天需要消耗少量的维生素，以确保细胞有稳定的供应。表2.4列出了重要维生素和矿物质的每日建议摄入量。保持均衡饮食可轻易达到每日建议摄入量。但是，像蛋白质需求一样，如果运动员有不良的饮食习惯或饮食限制，低剂量的多种维生素和矿物质补充剂可能是确保有足够摄入量的一种低成本、低风险的方式。

　　和维生素一样，人体每天需要少量的矿物质，因为矿物质会在尿液和汗液中丢失。矿物质在人体中发挥着多种作用（参见图2.12）。一些矿物质参与ATP的生成，而另一些则参与神经传导、骨骼形成、红细胞的生成等。虽然所有细胞都需要矿物质，但其每日的需求却很小，而且可通过保持均衡饮食轻松满足，尤其是在不经常运动的情况下。表2.4给出了矿物质的每日建议摄入量，但在饮食中摄入所需的矿物质的数量差别很大，因为矿物质的使用和损失在每天和每个人之间都有很大差异。每当出汗时，矿物质流失就会增加，因为汗液中含有钠、氯、钾、钙和镁等矿物质。（矿物质也被称为电解质或离子，因为每种矿物质都带正电荷或负电荷。）

　　有些运动员每天的流汗量可能超过8升，所以每天的矿物质流失量也会很大。在大多数情况下，摄入足够的食物可以提供足够的矿物质来弥补汗液中矿物质的流失，因此，矿物质缺乏的情况非常罕见。此说法的一个可能的例外是女运动员的钙需求。因为许多女性没有摄入足够的富含钙的食物来满足每日建议的1 000毫克的摄入量，而且钙会从汗液中流失，所以应该对女运动员进行有关每天摄取足够钙的重要性的教育。

表2.4　维生素和矿物质的每日建议摄入量

维生素或矿物质	每日建议摄入量
维生素	
A	5 000国际单位
B₁（硫胺素）	1.5毫克
B₂（核黄素）	1.7毫克
B₃（烟酸）	女性：14毫克　男性：16毫克
B₆（吡哆醇）	2毫克
B₁₂（钴胺素）	6微克
C（抗坏血酸）	60毫克
D₃（胆钙化醇）	400国际单位
E（生育三烯酚）	30国际单位
K₁（叶绿醌）	80微克
生物素	30微克
叶酸	400微克
泛酸	10毫克
矿物质	
钙	1 000毫克
氯化物	3 400毫克
铬	120微克
铜	2毫克
碘	150微克
铁	18毫克
镁	400毫克
锰	2毫克
钼	75微克
磷	1 000毫克
钾	3 500毫克
硒	70微克
钠	2 400毫克
锌	15毫克

周期性营养策略

改变食物摄取的组成和时间可以增强人体对训练的适应性。例如，通过改变训练的强度和持续时间，以及在训练期间摄入（或不摄入）碳水化合物来有目的地改变肌糖原的含量，可以增强肌细胞内的新陈代谢信号，从而提升对训练的适应能力。（我们尚不清楚的是，这些策略是否能持续提升运动表现。）这些策略显示出，当摄入足够的碳水化合物时，可以刺激肌细胞迅速恢复糖原，产生更多的线粒体，促进脂肪氧化，并刺激肌肉中的血管生成（生成新毛细血管）。以下是周期性营养策略的一些示例。

- 高强度训练，高强度比赛。在训练前、训练中、训练后，应摄入高碳水化合物饮食，并摄取额外的碳水化合物，以确保肌糖原和肝糖原含量保持在高水平，同时使肌肉（和胃肠道）习惯于处理训练中摄入的碳水化合物。

- 低强度训练，高强度比赛。在训练前、训练中和训练后的7~10天，都要保持低碳水化合物饮食，除了比赛前三天，不要在饮食中过于重视碳水化合物。

- 低质量康复，低质量睡眠。在训练前、训练中、训练后，尤其是在下午或晚上的艰苦锻炼后，避免摄入碳水化合物。睡眠时肌糖原和肝糖原含量低，当有更多的碳水化合物可用时，细胞会发出储存糖原的信号。

- 低质量睡眠，低强度训练。完成一下午或一晚上的艰苦训练来降低肌糖原的含量，限制碳水化合物的摄入以确保在睡觉时肌糖原含量较低，然后在摄入碳水化合物之前完成一上午的训练，以进一步减少肌糖原。训练结束后恢复碳水化合物的摄入。

周期性营养策略可以与周期性训练策略（请参阅第5章）一起使用，以优化训练适应性。例如，在赛季初期的训练中，许多运动员可能试图减少体脂，减少能量（热量）摄入和增加蛋白质摄入可能会有所帮助。在赛季中期的训练中，在保持能量摄入的同时定期限制碳水化合物的摄入将增强训练反应。在重要比赛前，减少训练量应与高碳水化合物饮食结合起来，以最大限度地储存能量。

水也是一种营养物质

对于所有经常运动的人来说，水无疑是最重要的营养物质。水不仅是人体内最具生物活性的分子，还是每天损失最多的营养物质。人大约65%的体重来自普通的水（随着身体脂肪的增加而减少），这一数字本身就能说明水分子对身体功能的重要性（参见图2.13）。

即使没有流一滴汗，你仍然需要喝至少2升的液体。事实上，美国医学研究所建议女性每天摄入2.7升液体，男性每天摄入3.7升液体。这些数值只是美国成年人每天应该摄入的液体量的估计值，对于任何一个容易出汗的人来说，液体需求量可能会更高。例如，大多数人每小时运动很容易流出500~1000毫升的汗液。对于一名进行了2小时高强度锻炼并流出1.5升汗液的女性，每天所需摄入的液体可能超过4升（约1.1加仑）（1加仑≈3.79升）。那是非常多的液体量！

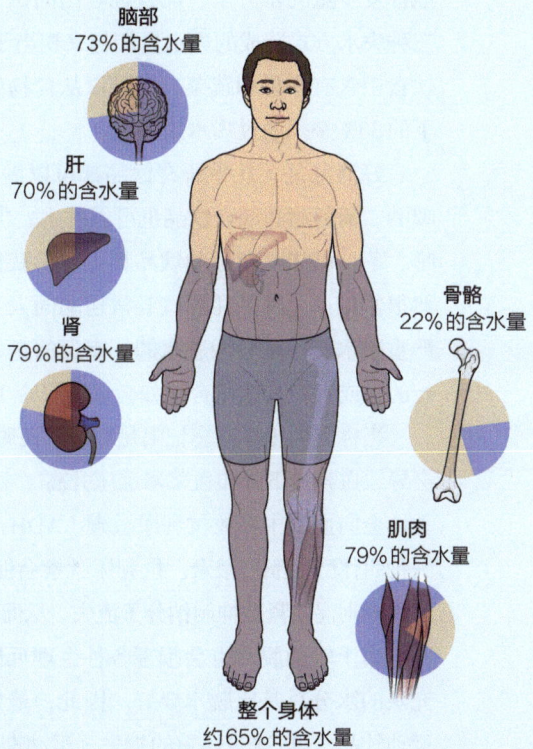

脑部
73%的含水量

肝
70%的含水量

肾
79%的含水量

骨骼
22%的含水量

肌肉
79%的含水量

整个身体
约65%的含水量

图2.13　人体约65%的重量来自水，但有些组织的含水量更高

通过喝水来补充水分

女性

每天90盎司=每天2.7升。

20%来自食物=18盎司（0.5升）。

80%通过喝水获得=72盎司（2.1升）。

每餐至少喝16盎司（0.45升）的水。

两餐之间至少喝8盎司（0.2升）的水。

喝水可以弥补出汗损失的水。

男性

每天125盎司=每天3.7升。

20%来自食物=25盎司（0.7升）。

80%通过喝水获得=100盎司（3.0升）。

每餐至少喝24盎司（0.7升）的水。

两餐之间至少喝10盎司（0.3升）的水。

喝水可以弥补出汗损失的水。

注：1盎司≈28毫升，括注的换算值多为约值。

人体的液体调节机制在休息时能很好地保持适当的水合水平，这样在每天结束时，体内的水含量就和一天开始时差不多。这可不是一件小事，因为在不断流失体液时，你只能定期喝水来补水。肾脏不断产生尿液，皮肤不断地挥发少量的水分子，而且你呼出的每一口气都含有来自肺部的水分子。这三种失水方式造成的失水量加起来相当于每天推荐的2.7~3.7升补水量。如果饮食中含有水果和蔬菜，则可以从食物中摄入大约20%的每日所需水分，剩下的80%必须通过喝水来补充。

好消息是，几乎所有饮品都可以满足日常补水需求（含咖啡因的饮品、啤酒、葡萄酒和混合饮品也可以补水，但酒精不可以）。水、牛奶、果汁、咖啡、茶、调味水和运动饮品都很容易获得，补充水分并不难。然而，脱水仍然很常见，尤其是在那些经常运动的人当中。这是因为口渴机制是用来防止严重脱水而不是轻微脱水的。幸运的是，大多数液体摄入是在吃饭时自发进行的，或者在其他场合（如会议或聚会）中，没有感到口渴也会喝水。

当你因为出汗或忘记喝足够的水而脱水时，有两种激素就会起作用。脱水会导致血容量下降和血浆渗透压升高（主要反映血液中的钠浓度）。作为响应，垂体会向血液中释放抗利尿激素（ADH，也叫血管升压素），肾上腺会释放另一种叫作醛固酮的激素。抗利尿激素会促进口渴，并减少肾脏产生的尿液，而醛固酮则促使肾脏抑制钠分子流失，从而进一步减少尿液中的水分流失。

由于轻微脱水也会损害各种生理反应以及身体甚至精神表现，所以保持充足的水分总是比脱水要好。因此，最好在运动期间补充足够的液体（水或运动饮品），以减少体重的损失。运动期间的减重实际上几乎全是汗液流失的结果，因此喝足够的水来最大限度地减少水分流失可以保持良好的水合作用，并提供维持血容量所需的液体。在脱水时，血容量就会减少，流向肌肉和皮肤的血液也会减少（因为热量流失），并引起其他负面的生理反应。简单的解决方法就是喝足够的水来保持身体水分充足（最大限度地减轻体重损失）。这就是在锻炼前后定期称重非常重要的原因，这样做可以查看你的补水习惯是否与流汗有关。

体内水分在休息时也会不断流失

- 肾脏不断产生尿液。
- 水分子不断通过皮肤渗出。
- 每次呼出的气体中都充满了水分子。
- 每天都会有几盎司的水分从粪便中流失。

　　每天对水的需求不仅在人与人之间存在很大差异，同一个人每天对水的需求也大不相同。一个生活在凉爽环境中的身材矮小、久坐不动的人比生活在温暖环境中的身材高大、积极锻炼的人需要的水分少。不锻炼的时候需要的水分比锻炼的时候少。身体主要通过改变口渴的感觉和肾脏产生的尿液来调节液体的摄入。如果摄入过多的液体，口渴的感觉就会减弱，肾脏就会增加尿液的分泌。如果没有喝足够的水，口渴的感觉会增强，肾脏会减少尿液的分泌。

　　我们每天消耗的液体大部分来自饮品，只有一小部分（20%）来自食物。美国医学研究所估计，成年男性每天应该摄入3.7升的水（80%来自饮品，20%来自食物）。成年女性每天的摄入量则下降到2.7升，80%来自饮品，20%来自食物。这些数值只是大多数成年人每日需求量的估计值。运动员、工人、士兵等（所有流汗的人）每日对水的需求会有所增加，可能会超过上述这些值。事实上，有些人每天可能因为出汗过多而需要喝2加仑（7.6升）或更多的水。

　　当排汗量极高时，例如在超级马拉松、铁人三项和每天两次的练习中，人体会流失大量的钠。在这种情况下，大量饮用白水会导致血液中的钠含量低于正常水平，这种情况被称为低钠血症。如果某人在休息时快速喝大量的水，也会出现同样的情况。因为喝水的速度快于肾脏产生尿液的速度，会造成血液中的钠含量暂时降低。通常这不是问题，随着多余的水分被肾脏排泄，血液中的钠含量会逐渐恢复正常。但是，当血液中的钠含量大幅下降时，就会发生脑水肿，这种状况可能导致癫痫发作、昏迷和死亡。与运动相关的低钠血症并不常见，但所有的运动健康专业人士都应该意识到这种可能性，并

脱水消极反应

- 血容量减少
- 每搏输出量减少
- 心率增加
- 心输出量减少
- 肌肉血流量减少
- 皮肤血流量减少
- 血浆渗透压升高
- 出汗率降低
- 体温升高
- 注意力和精神集中程度降低
- 运动表现受影响

建议那些经常锻炼的人喝足够的液体以减少体重的减轻，同时避免过度饮酒。

运动表现营养要点

有些运动员不仅在运动中，而且整天都会出现胃肠道症状，如腹胀、打嗝和胃肠发出咕咕声。如果这些症状持续存在，最好咨询医生。此外，运动员可以尝试限制摄入某些食物，看看症状是否会消退。有些人已经通过减少或不食用小麦制品（限制谷蛋白摄入）取得了成功。另一些人则通过限制食用含有可发酵（不易吸收）碳水化合物（FODMAP）的食品来缓解这种情况，FODMAP 是可发酵寡糖、双糖和单糖以及多元醇（糖醇，如山梨醇、甘露醇和木糖醇）的缩写。常见的含 FODMAP 的食物有芦笋、花椰菜、西蓝花、黑豆、芸豆、洋葱、豌豆和蘑菇。

本章小结

- 食物中所含的营养物质和能量（热量）是人生长发育、进行身体活动和适应这些活动所必需的。
- 碳水化合物、蛋白质和脂肪是为活跃的肌肉和所有其他细胞提供能量的常量营养素，细胞需要这些营养素来执行许多对生命至关重要的功能。
- 维生素和矿物质是维持多种细胞功能所必需的微量营养素。
- 植物营养素和动物营养素的作用尚不完全清楚，但在整体营养中似乎很重要。
- 碳水化合物和脂肪的新陈代谢提供了肌肉收缩和其他细胞功能所需的 ATP。
- 食物蛋白质提供了修复和重建全身肌肉和其他结构所需的氨基酸。
- 无氧和有氧能量途径为肌细胞提供了 ATP。
- 葡萄糖是肌肉和大脑最重要的能量来源。
- 多样化、均衡的饮食可以提供运动员运动、恢复和适应所需的所有营养。
- 防止脱水是维持表现能力的关键。

复习题

1. 描述在运动中利用碳水化合物和利用脂肪产生 ATP 的区别。
2. 解释为什么我们不能简单地通过吃含有 ATP 的膳食补充剂来获得更多的能量。
3. 解释葡萄糖是人体最重要的能量来源的原因。
4. 列举三个碳水化合物分子。
5. 解释为什么必需氨基酸被称为必需氨基酸。

肌肉需要氧气

学习目标

- 了解心脏、肺部、血液和血管系统是如何向细胞输送氧气的。
- 了解你呼吸的空气中的氧气是如何被用于产生ATP的。
- 了解有规律的体育锻炼如何增强心血管系统的能力，以改善运动表现。

氧是宇宙中第三丰富的元素（氢和氦分别是第一和第二）。事实上，氧元素的质量占了身体质量的很大比例，因为人体主要成分是水（H_2O），而且氧分子也是人体中蛋白质、脂肪、碳水化合物和许多其他分子的一部分。

细胞依靠氧气产生ATP，这是维持细胞功能（包括肌肉收缩）所必需的。作为光合作用的副产品，植物释放出的氧气不断向空气中补充氧气，而植物利用这些过程来产生ATP。

你呼吸的空气中含有21%的氧气（O_2），确切地说是20.93%。空气中大部分是氮气（N_2，78%），少量为氩气（0.9%）和二氧化碳（CO_2，0.04%）。在海平面高度，大气压确保人每次吸入空气时肺部能接触到足够的氧气分子，这会使呼吸感觉轻松，尤其是在安静状态下。在高海拔地区，例如攀登珠穆朗玛峰时，由于海拔高度限制了输送到肌肉的氧气量，空气中较低的氧分压会降低人的耐力表现。珠穆朗玛峰上的大气压力只有海平面的33%，氧气稀薄，使人即使在休息的时候，呼吸也很困难。珠穆朗玛峰峰顶的空气中仍然含有21%的氧气，但是由于在29 028英尺（8 848米）的高度下，可以产生压力的空气较少，大气压力很低。因此，呼吸必须非常急促，才能将足够的氧气吸入肺部，满足安静状态下的低代谢需求。这个简单的事实就能解释大多数登山者在高海拔地区需要补充氧气的原因。

氧气是如何进入肌肉的

　　人体显然具备从吸入的空气中提取氧气，并将这些氧气输送到体内所有细胞（包括非常活跃的肌细胞）的能力。这个过程在概念上其实非常简单，但在细节上非常复杂。

　　肺部允许吸入的空气中的氧气穿过肺部深处非常薄的膜并进入血液。与此同时，肌肉和其他细胞产生的二氧化碳会通过气血屏障并从体内呼出，从而离开血液。这种交换如图3.1所示。

　　吸入的空气中只有一部分氧气通过肺部进入血液。与此同时，二氧化碳从血液中被释放出来，进入肺部，然后被呼出。氧气和二氧化碳这两种气体的运动取决于它们的浓度和扩散系数。扩散系数是衡量一种物质穿过细胞膜（如肺泡内壁）的移动速度的指标。例如，尽管在流经肺部的血液中二氧化碳浓度较低，但由于二氧化碳的扩散系数很高，它很容易从血液进入肺部（速度比氧气快20倍）。

氧气对生存至关重要，所以体内所有有核细胞都有感知氧气的能力。

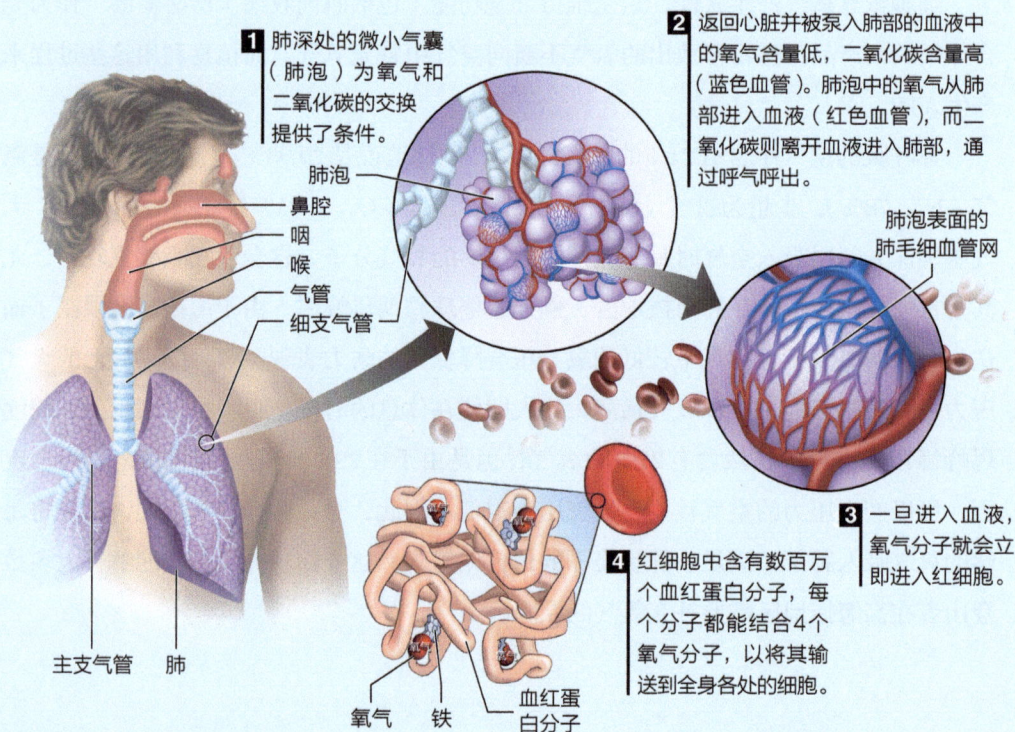

1 肺深处的微小气囊（肺泡）为氧气和二氧化碳的交换提供了条件。

肺泡
鼻腔
咽
喉
气管
细支气管

2 返回心脏并被泵入肺部的血液中的氧气含量低，二氧化碳含量高（蓝色血管）。肺泡中的氧气从肺部进入血液（红色血管），而二氧化碳则离开血液进入肺部，通过呼气呼出。

肺泡表面的肺毛细血管网

3 一旦进入血液，氧气分子就会立即进入红细胞。

4 红细胞中含有数百万个血红蛋白分子，每个分子都能结合4个氧气分子，以将其输送到全身各处的细胞。

主支气管　肺

氧气　铁　血红蛋白分子

图3.1 氧气和二氧化碳在肺部的交换。氧气和血液中的血红蛋白结合。铁是每个血红蛋白分子的重要组成部分

当含氧血液到达肌细胞时，氧气分子和血红蛋白分子之间的结合会因为各种原因而松动，这里就不赘述了。当红细胞排成一排经过围绕在肌细胞周围的毛细血管时（参见图3.2），氧气分子从血红蛋白中被释放出来，并扩散到肌细胞中。肌细胞产生的二氧化碳扩散到血液的过程中，不是以二氧化碳的形式运输的，而是以碳酸氢根离子（HCO_3^-）的形式运输的，然后又转化为二氧化碳并被呼出。少量的氧气溶解在血浆中，但那只是血红蛋白所运输的氧气的一小部分。氧气进入肌细胞后，可以与肌红蛋白（一种类似于血红蛋白的蛋白质，使肌细胞可以储存少量的氧气）结合，也可以进入线粒体，以吸收电子传递链中碳水化合物和脂肪氧化产生的氢离子。在与氧结合形成水之前，氢离子用于线粒体的电子传递链中，以产生ATP。碳水化合物和脂肪完全氧化会产生同样的产物：ATP、水、二氧化碳和热量。

碳水化合物和脂肪氧化产生ATP的过程被称为内呼吸，因为它发生在细胞内部。从肺部向细胞输送氧气的过程被称为外呼吸。

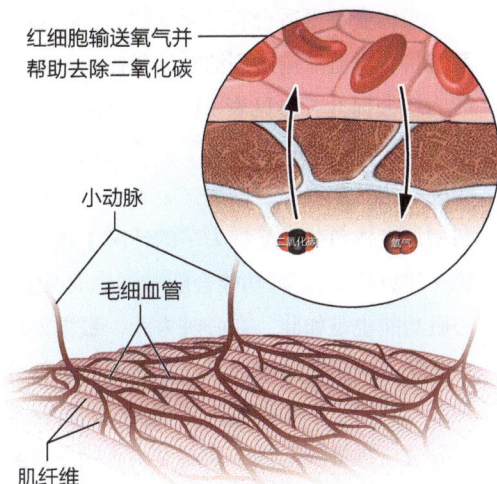

图3.2　肌细胞由微小的毛细血管输送氧气和营养物质，并清除二氧化碳和乳酸等废物

铁在氧气运输中的作用

虽然人体只含有3~4克的铁，但这少量的铁却发挥着多种重要作用。每个血红蛋白分子中的铁结合氧，对其进行运输。事实上，血液的红色部分就归因于铁。肌细胞中的肌红蛋白也含有铁。肌红蛋白是氧气分子从红细胞进入线粒体的短暂旅程中的一个中转站。此外，铁对许多酶的功能也很重要。

铁是一种矿物质，人体每天需要少量（每天18毫克）这种物质。红肉、豆类、鱼类和多叶蔬菜都是很好的铁元素来源。由于月经期间铁的流失，以及饮食中铁的摄入量少，一些女运动员容易缺铁。如果铁缺乏症变得很严重，就会导致真正的贫血（异常低的血红蛋白水平）。铁缺乏症和贫血在女性中比在男性中更常见。

测量血液中的铁含量对确定一个人的铁含量没有帮助，但是其他的测量方法［如测量血浆铁蛋白（铁的一种储存形式）］可以用来确定某人是否缺铁。如果体内的铁含量过低，骨髓就很难正常地生成血红蛋白，而且有可能导致缺铁性贫血。运动员有可能会患上缺铁性贫血。据估计，20%~25%的女性运动员会缺铁（血浆铁蛋白水平低于正常水平）。缺铁是否会对运动表现产生不利影响尚有争议，但毫无疑问，缺铁是一种异常现象，应该通过改变饮食习惯或每天补充铁来解决。

参考资料：Rowland, T. (2012). Iron deficiency in athletes. *American Journal of Lifestyle Medicine*, 6(4): 319-327.

图中标注：
红细胞输送氧气并帮助去除二氧化碳
小动脉
毛细血管
肌纤维

当你变得更适合有氧运动时，你的心肺系统将含氧血液输送到活跃的骨骼肌细胞的能力就会提升（参见表3.1）。这种改善被认为是因为最大摄氧量增加了，这是通过一项实验室测试测得的。该测试要求参与者在不断增加工作负荷到筋疲力尽的情况下进行锻炼（详见后文）。肺功能会随着训练而改变，心脏功能也是如此。在心脏方面，最重要的变化是心输出量的增加，这意味着心脏每分钟能够泵出更多的血液。健康状况的改善也会导致血容量的增加，从而支持心输出量的增加。此外，肌细胞使用氧气的能力也增强了。所有这些变化使最大摄氧量增加了，并提升了有氧表现。图3.3概述了肺、心脏、血液和血管系统如何协同工作，输送氧气并清除所有细胞中的二氧化碳。

人体实际上有两个泵，它们将血液输入心脏，并使血液从心脏中流出。心脏本身是最明显的泵，但骨骼肌是第二个泵，其收缩可确保血液回流到心脏。

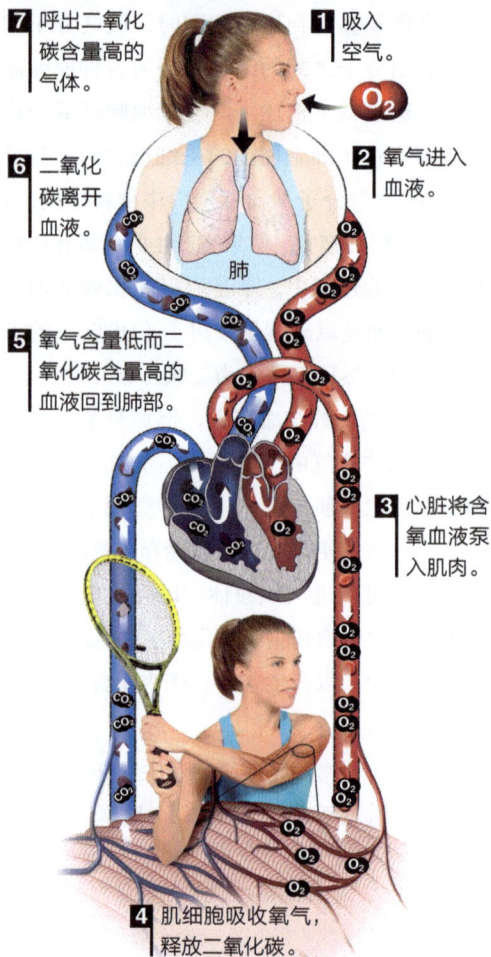

7 呼出二氧化碳含量高的气体。
1 吸入空气。
2 氧气进入血液。
6 二氧化碳离开血液。
5 氧气含量低而二氧化碳含量高的血液回到肺部。
肺
3 心脏将含氧血液泵入肌肉。
4 肌细胞吸收氧气，释放二氧化碳。

图3.3　所有类型的运动都依赖于产生ATP的有氧代谢。心脏、肺、血液和血管系统共同作用，以输送氧气并清除二氧化碳

表3.1　心肺适应训练

心脏和肺部（心肺系统）适应训练的结果是产生以下这些变化	肌肉血液流动的改善很大程度上是由于以下这些变化
最大和次最大肺通气量（通过肺部的空气量）增加	更大的血容量
从心脏流向肺部的血液增加	更多的小动脉（动脉生成）
流向肺上部的血液增加	毛细血管增多（毛细血管新生）
左心室的大小和体积增加	募集休眠毛细血管
每搏输出量增加	将血液更有效地分配到活跃的肌细胞
心输出量增加	更好地将血液从活动较少的组织重新分配到活跃的肌细胞

氧气的消耗与新陈代谢率有什么关系

身体的耗氧能力是衡量健康和身体状况的标准。优秀的耐力运动员有很强的耗氧能力，这体现在他们非常高的最大摄氧量（也称最大耗氧量）指标上。另一个极端是那些身体素质差，最大摄氧量很低的人。

耗氧量测试用于确定一个人在休息时以及在各种类型、强度和持续时间的运动中每分钟消耗的氧气量。最大摄氧量不仅是有氧运动的一个指标，在一项活动中测量的耗氧量可以让科学家计算出该活动的能量成本（热量成本），这就是耗氧量测试也被称为间接测热法的原因。能量成本（也称为能量消耗）的单位是千卡（kcal）。例如，对于一个体重154磅（70千克）的人来说，以每小时7.5英里（1英里≈1.61千米）的速度跑步所消耗的能量大约是每分钟14千卡，该值由耗氧量测试确定。分配给不同活动（如做家务、散步、打网球和骑自行车）的热量值是通过测量耗氧量来确定的。

休息和运动时的新陈代谢率

你可能听过有人说："她很瘦，所以她的新陈代谢率一定很高。"新陈代谢率（简称"代谢率"）就是身体消耗能量的速率。换句话说，可以认为代谢率、能量消耗和氧气消耗是同义词。你还会听到其他术语，例如静息代谢率（resting metabolic rate，RMR）和基础代谢率（basal metabolic rate，BMR），它们反映的是静息能量消耗。RMR和BMR的测量方法略有不同，但测量值是相似的。在这两种情况下，都可以使用耗氧量来估计RMR。

例如，以一个体重128磅（58千克），体脂率为24%的女性的RMR为例。具有这种身材和身体成分的人在休息时每分钟消耗约0.25升的氧气。一天有1 440分钟，所以她每天的氧气消耗量是0.25升/分钟×1 440分钟，也就是说，每天消耗360升氧气。这360升氧气如何转化为热量呢？为了实现这个转化，你需要知道，消耗每升氧气会产生4.8千卡热量（在这种情况下）。在这一点上，数学运算很简单：这位女性每天的RMR估计为360升×4.8千卡，即每天消耗1 728千卡热量。现在，你知道该女性必须消耗多少千卡热量才能保持她现在的体重。如果她参加体育锻炼，则应将她日常活动的能量成本添加到其RMR中，以估算她的总能量（热量）需求。

当身体需要更多的氧气来满足新陈代谢的需要时，耗氧量（$\dot{V}O_2$）就会增加。休息时的耗氧量比任何类型的体育活动中的耗氧量都要低。休息时的耗氧量主要取决于一个人的体型（具体来说，取决于无脂肪的体重和体表面积）。换句话说，体型较大的人的静息耗氧量比体型较小的人高，因为体型较大的人有更多的细胞，所有这些细胞都需要氧气才能发挥作用。一旦我们变得活跃，活动越激烈，耗氧量就越高。毫无疑问，心率越高，耗氧量就越高。

运动表现营养要点

对训练最重要的适应性变化之一是血容量增加，这有助于将氧气输送到活跃的肌肉。脱水会大大减少血容量，会有效地抵消训练的重要益处。

你可能听过用来表示运动强度水平的术语MET（训练中的代谢当量）。1个MET大约相当于安静坐着所消耗的能量（氧气），即每小时每千克体重消耗1千卡［1千卡/（千克·小时）；约3.5毫升/（千克·分）］。所以，一项需要5个MET的活动需要5倍于安静坐着的能量。请参阅"影响RMR的因素"，了解RMR与建立1个MET所用的1千卡/（千克·小时）有何不同。

最大摄氧量及其含义

最大摄氧量（$\dot{V}O_{2max}$）是衡量人体最大耗氧能力的指标。它以每分钟每千克体重所用氧气的毫升数来衡量，非常不健康的人的最大摄氧量少于20毫升/（千克·分），一些优秀的男性耐力运动员的最大摄氧量超过90毫升/（千克·分）。在最大运动测试中，当被测试者的耗氧量没有随着运动强度的增加

而进一步增加时，就会出现最大摄氧量。当你变得更适应有氧运动时，肌肉使用氧气的能力也会增强。这种改变可以让你在更高强度的锻炼下不会感到疲劳。图3.4中给出的示例展示了一个人如何通过训练使最大摄氧量增加30%，从44毫升/（千克·分）增加到57毫升/（千克·分）。最大摄氧量这种幅度的增长是相当典型的，通常发生在12~18个月的适当训练之后。经过一年左右的训练，最大摄氧量达到稳定，不会再进一步增加。但是，耐力表现可以继续提升，因为通过训练，可以提高最大摄氧量的百分比。想象一下，一个跑步者能够以最大摄氧量的80%跑一小时。经过适当的训练，该跑步者可以以最大摄氧量的86%跑一小时，即使她的最大摄氧量没有增加，她也能以更快的速度跑步。

影响 RMR 的因素

日常能量（热量）需求的最大部分是静息代谢所需的能量。换句话说，如果整天躺在床上，体内的所有细胞仍然会分解葡萄糖和脂肪酸，产生满足每个细胞静息代谢所需的ATP。体型较大的身体通常比体型较小的身体需要更多的能量，所以体型较大的人的RMR比体型较小的人高。

根据几项研究，成年男性的RMR为0.892千卡/（千克·小时）；对于女性，这个值是0.839千卡/（千克·小时）。请记住，这些数值只是根据大量研究得出的，而且只考虑了体重。同样的研究表明，RMR随着年龄的增长、肌肉量的减少、脂肪量的增加而下降，同时肝脏和肾脏等器官的代谢率也随之逐渐下降。超重和肥胖人群的RMR低于正常体重人群。脂肪是一个低代谢率的组织，而肌肉具有相对较高的RMR。仅仅因为这个原因，增加肌肉和减少脂肪都会增加RMR。

总之，随着年龄的增长，能否保持较高的RMR在很大程度上取决于能否保持肌肉量和体脂率处于正常水平。令人高兴的是，这两个目标都可以通过定期的锻炼来实现。

参考资料：McMurray, R.G., et al. (2014). Examining variations of resting metabolic rate of adults. *Medicine and Science in Sports and Exercise*, 46(7):1352-1358.

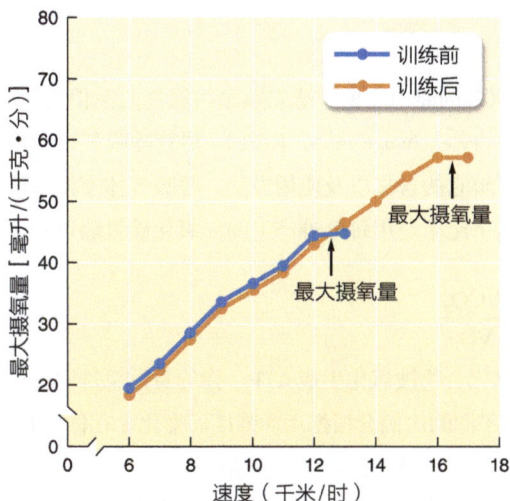

图3.4 通过适当的训练，最大摄氧量会增加。经过12~18个月的训练，大多数人的最大摄氧量不会再进一步增加

源自：W.L. Kenney, J.H. Wilmore, and D.L. Costill, *Physiology of Sport and Exercise*, 7th ed. (Champaign, IL: Human Kinetics, 2020), 269.

许多优秀的耐力运动员都有很高的最大摄氧量：对于女性，最大摄氧量大于70毫升/(千克·分)；对于男性，最大摄氧量大于85毫升/(千克·分)。

毫无疑问，十分健康的人有高于平均值的最大摄氧量。但是用最大摄氧量并不能很好地预测耐力表现。对于表现很重要的是，随着时间的流逝，最大摄氧量的百分比可以保持不变，如图3.4所示。这种程度的努力通常被称为乳酸阈。

乳酸阈是指在血液中没有乳酸积累的情况下所能维持的最高运动强度。即使没有测量最大摄氧量和乳酸阈所需的实验室程序，有经验的运动员也知道如何把控运动强度，并在运动变得不可持续之前降低运动强度。

除了乳酸阈，其他用来描述最高水平的可持续运动的术语包括无氧阈、通气阈、气体交换阈值、功能性阈值功率和临界功率。这些术语的定义各不相同，但都可用于区分中度、重度和超强运动强度。

测量最大摄氧量需要特殊设备和有经验的工作人员，因此，大多数运动员不得不依靠训练和比赛的改进来证明他们的有氧能力或乳酸阈已得到提升。毕竟，运动员的运动表现比训练后最大摄氧量增加了多少更为重要。为了估算最大摄氧量，人们开发了各种有氧健身试验。例如，1.0或1.5英里的跑道跑步测试，以及跑步机和自行车测力计测试可以用来估算最大摄氧量和评估有氧健身。

运动表现营养要点

向肌肉输送的氧气量很大程度上取决于血红蛋白的量。因为氧气与血红蛋白中的铁相结合，所以从饮食中摄入足够的铁来弥补日常的铁损失非常重要，尤其是对女运动员而言。你吃的食物含有两种形式的铁：血红素铁和非血红素铁。动物肉类含有这两种形式的铁的组合，而乳制品、鸡蛋和蔬菜含有非血红素铁。人体对血红素铁的吸收效率比非血红素铁更高。女运动员、纯素食或素食运动员，以及在高海拔地区待的时间较长的运动员，应该确保饮食的多样化，从而确保摄入足够的铁。他们还应该考虑每天服用铁补充剂，以及服用维生素C和维生素B_{12}来帮助铁的吸收。

你应该知道的其他术语

在将注意力转移到训练如何影响人体使用氧气的能力之前，请先熟悉与氧气消耗相关的 4 个术语。第一个术语是呼吸气体交换率（respiratory exchange ratio，RER）。尽管呼吸气体交换率在实验室之外没有什么实用价值，但你应该了解它的含义以及使用方法。呼吸气体交换率就是氧气使用量与二氧化碳排放量之间的比率，这个比率是用每分钟产生的二氧化碳量除以每分钟消耗的氧气量来计算的：

$$RER = \frac{\dot{V}CO_2}{\dot{V}O_2}$$

呼吸气体交换率用于估算有多少脂肪和碳水化合物被氧化生成 ATP。你的身体总是同时使用碳水化合物和脂肪来产生 ATP，但这两种能量来源的比例会根据运动强度而变化。在休息时，当对氧气的需求水平较低并且脂肪被氧化生成 ATP 时，呼吸气体交换率就很低，这反映了人体对氧化脂肪生成 ATP 的依赖。在剧烈运动中，当肌肉主要依靠氧化碳水化合物来产生 ATP 时，呼吸气体交换率会变得更高。呼吸气体交换率只反映了脂肪和碳水化合物的氧化量之间的比率。

为什么最大心率会随着年龄的增长而下降

随着年龄的增长而发生的生理变化之一就是最大心率的下降。事实上，最大心率每年大约下降 1 次/分。这个简单的事实是估算最大心率的最常见公式的基础：最大心率 = 220 - 年龄。然而，该方程只可用于最大心率的粗略估计。一个更精确的方程是最大心率 = 208 - (0.7 × 年龄)。

你可以看到，在 20~80 岁的年龄范围内，两个方程式之间的差异范围为 0~12 次/分。数值上的差异并不大，真正的区别在于这两个方程式预测大群体的最大心率的准确性。考虑到这一点，

年龄	220 - 年龄	208 - (0.7 × 年龄)
20	200	194
30	190	187
40	180	180
50	170	173
60	160	166
70	150	159
80	140	152

用第二个方程式计算得出的最大心率更准确。从实用的角度来看，如果你指导大量的运动者，并希望每个人都知道自己的最大心率，那么可以采用公式"208 - (0.7 × 年龄)"进行估算。

最大心率的下降对每个人来说都是不可避免的，不管你是久坐不动的人，还是非常健康的人。但为什么最大心率会随着年龄的增长而下降呢？答案尚不确定，但似乎是因为随着年龄的增长，心脏的电特性运转得更慢，心脏对肾上腺素等激素变得不那么敏感。在衰老过程中，每搏输出量（心脏每次跳动所泵出的血量）也会轻微下降，可能会下降 10%~20%。心输出量是心率和每搏输出量（CO = HR × SV）的乘积，因此心输出量随着年龄的增长而下降也就不足为奇了。这还不是全部。因为心输出量是最大摄氧量的主要决定因素，所以最大摄氧量也随着年龄的增长而下降。

氧亏是另一个需要理解的重要术语。图3.5显示了高强度运动期间和运动之后的氧气吸收情况。

图3.5说明停止运动后的数小时内，代谢率仍会保持升高。这种反应被称为运动后过量氧耗（excess postexercise oxygen consumption，EPOC）。术语"氧债"描述的是同样的反应，但EPOC现在是首选术语。运动后，尤其是剧烈运动后，氧气消耗仍然居高不下，原因有很多：①呼吸和心率恢复到静息水平需要几分钟时间；②体温会持续保持高温一段时间；③应激激素（如肾上腺素和去甲肾上腺素）含量升高；④必须补充ATP和磷酸肌酸，还必须补充血红蛋白和肌红蛋白。因此，锻炼后数分钟或数小时内，氧气消耗仍会高于正常的静息水平。运动时间越长、运动强度越大，EPOC（以及新陈代谢率和燃烧卡路里）升高的时间就越长。

现在，你至少对最大摄氧量有了基本的了解，但你可能也听说过耗氧峰值，并想知道两者之间的区别。其实很简单。最大摄氧量是指最大氧气消耗量，通常在跑步时测量，此时几乎所有的肌群均处于活动状态并使用氧气。耗氧峰值指在特定运动中测量到的最高耗氧量。例如，骑自行车时，腿部肌肉非常活跃，但上半身肌肉则不太活跃。因此，与跑步相比，骑自行车时最大摄氧量更低，但仍可能达到跑步活动的峰值。当客户、运动员、教练或学生询问时，了解这两个术语之间的区别是有帮助的。

运动过程中，由于心脏起搏细胞的神经输入发生变化，心率会加快。一旦运动停止，神经输入就会慢慢减少，心率也会随之下降。

2 由于身体需要几分钟时间来启动增加有氧ATP产量所需的所有系统，因此肌肉依赖于磷酸肌酸系统和无氧糖酵解产生的无氧ATP，从而造成氧亏。这与你刚开始运动时感到的呼吸困难和过度紧张有关。

3 氧亏反映了如果有氧系统从运动开始的那一秒起就能产生所有的ATP，需要多少氧气。

4 一旦有氧系统启动并运行，肌肉对无氧系统的依赖就会减少。在适应后，你会感到自己的身体已经对运动强度做出了反应。

1 当你开始任何体育锻炼时，肌肉必须突然增加ATP的产量——从休息时的低水平提升到运动时的高水平。

5 当停止运动后，即使不再以很高的速度产生ATP，氧气消耗（代谢率）仍会升高。事实上，运动后的数小时内，氧气消耗可以保持在正常静息氧气消耗之上。

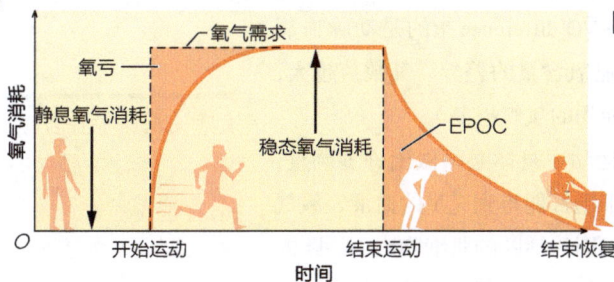

图3.5 氧亏反映了在运动开始时需要多少氧气来满足ATP的生产要求。EPOC反映了运动结束后的多余氧气消耗量

经许可改编自：W.L. Kenney, J.H. Wilmore, and D.L. Costill, *Physiology of Sport and Exercise*, 7th ed. (Champaign, IL: Human Kinetics, 2020), 131.

训练如何帮助身体使用更多的氧气

第1章列出了有氧（耐力）训练中人体所产生的许多适应性变化。这些适应性变化大多与提升人体使用氧气的能力有关。例如，有氧训练使肌细胞中的线粒体以及与克雷布斯循环和电子传递链相关的酶增多。为了充分利用这些适应性变化，人体还必须能够向肌细胞输送更多的氧气。这是通过心血管系统产生的适应性变化来实现的。两个关键的适应性变化是：①心输出量增加；②肌肉血流量增加。事实上，心输出量的增加对最大摄氧量的增加的总贡献最大。

回想一下，心输出量是由心率和每搏输出量（$CO=HR \times SV$）决定的。虽然训练不会改变最大心率，但训练确实会增加每搏输出量（每次心脏跳动所泵出的血量）。随着训练的进行，每搏输出量会增加，因为心脏的左心室变得更大、更强壮，心脏每一次跳动都会排出更多的血液。血容量（体内血液总量）也会随着训练而增加，进一步帮助心脏增加其输出量。如果学过运动生理学，你可能还记得菲克方程式：$\dot{V}O_2=$心输出量 $\times$ a-$\overline{V}O_2$difference。简而言之，这个方程式表明，当心输出量和氧气摄取量增加时，最大摄氧量就会增加（a-$\overline{V}O_2$difference 指的是动脉血氧含量和静脉血氧含量的差异，其数值越大，表示提取和使用的氧气越多）。

在一场运动中身体必须做出许多调整，以确保所有细胞都能得到充足的血液、氧气和营养物质。因为活跃的肌细胞比不活跃的细胞需要更多的血液、氧气和营养物质，身体会进行必要的调整。按照图3.6所示的步骤，总结运动过程中心血管系统做出的主要调整。

剧烈运动期间血容量减少的原因有3个：①由于血压升高，一些血浆从血管中被推出；②一些血浆由于渗透压的作用从血管进入肌细胞中；③血浆中的水分会因为汗液而流失。为了应对运动过程中自然发生的血容量减少，心率会提高，从而有助于维持心输出量。

2 大脑的运动皮层使髓质感受到身体活动的程度，从而使髓质可以相应地控制心脏。

1 大脑中有一部分被称为髓质，负责调节心血管系统的功能。

4 髓质可以通过改变心房内起搏细胞的放电频率来改变心率。

肺

3 来自肌肉的感觉神经向髓质提供额外的输入。

5 交感神经和副交感神经也能提高或降低心率。

左心房（LA）

右心房（RA）

左心室（LV）

右心室（RV）

6 大动脉和静脉中的伸张感受器向髓质发送有关动脉血压的信息。

12 大静脉和心脏右侧的感受器监测心脏充血情况，并帮助维持适当的血压。

肝

胃

肠

7 随着运动强度的增加，神经（黄线）会减少流向胃、肝、肠的血液。

肾

8 ……肾脏……

皮肤

9 ……还有皮肤，除非需要通过皮肤散热。

手臂肌肉

11 为了平衡流向肌肉的血液的增加，其他神经增加了某些血管的阻力，这样血压就不会下降。

躯干肌肉

10 活跃的肌肉释放出代谢产物，从而引起血管扩张，为肌细胞供血。

腿部肌肉

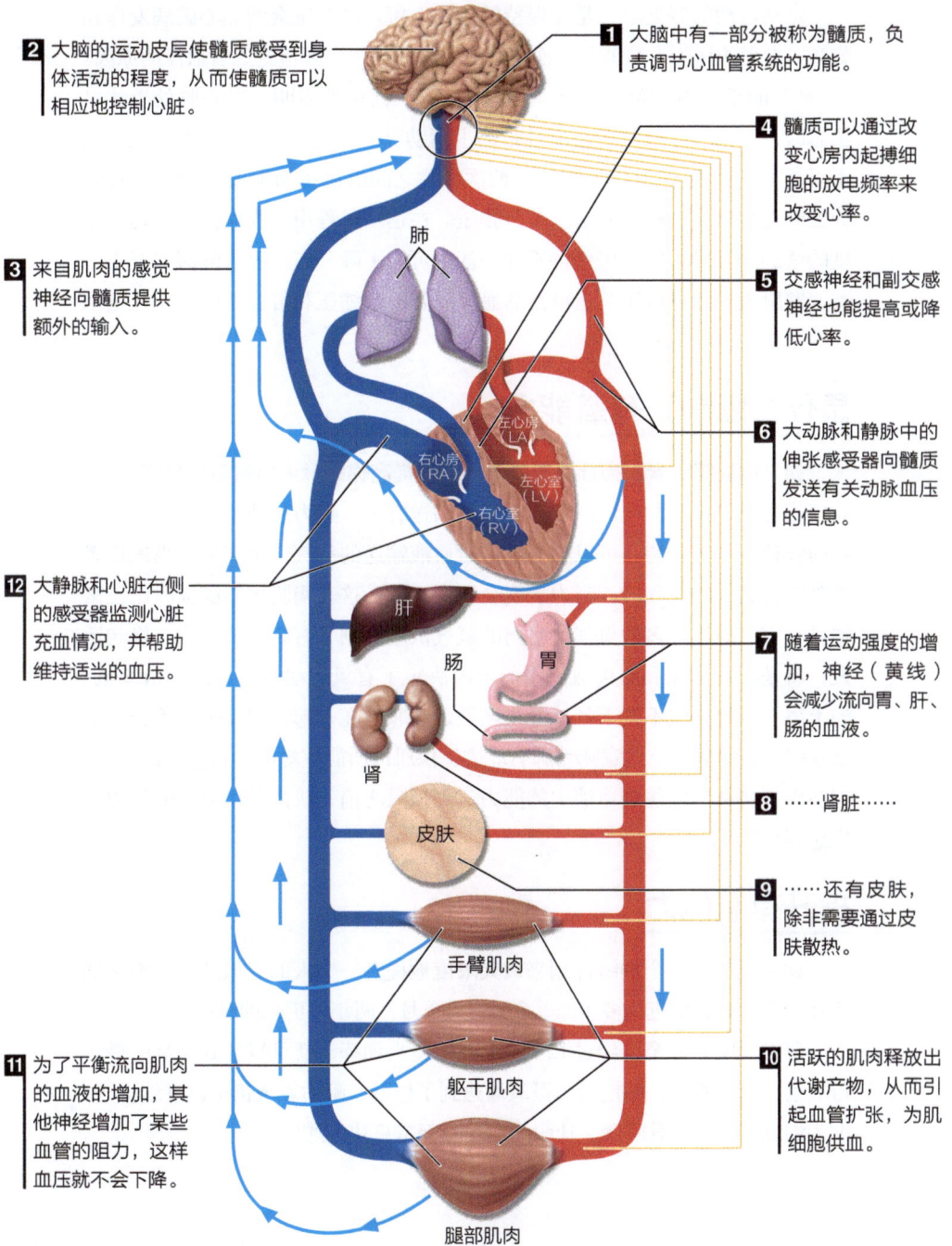

图3.6 从步骤1到步骤12，了解心血管系统如何适应运动，以确保向活动的肌肉输送足够的血液、氧气和营养物质

源自：L.W. Kenney, J.H. Wilmore, and D.L. Costill, *Physiology of Sport and Exercise*, 7th edition. (Champaign, IL: Human Kinetics, 2020), 213; Adapted Coyle (1991).

定期运动的好处之一是能保持健康的血压。高血压会增加心脏病发作和脑卒中发生的风险，这就是每次就诊时医生和护士都要检查患者血压的原因。"正常"的平均血压是120/80。这些数字只是简单地表明，当心脏处于休息状态时，大动脉（如放置血压袖带的上臂动脉）的血压是120毫米汞柱（毫米汞柱是一种表示血压的单位），两次心跳之间的血压为80毫米汞柱。较高的数字是收缩压，较低的数字是舒张压。在运动过程中，收缩压随着运动强度的增加而升高，舒张压保持不变，甚至可能下降一点。改善健康状况不会改变健康人的静息血压，但可使高血压患者的收缩压和舒张压降低6~7毫米汞柱。

是什么限制了有氧能力

如果你训练有素，为什么还是无法继续提高你的最大摄氧量？事实证明，有氧能力受限主要与向活跃肌肉的氧气输送有关。耐力运动员的肌肉中有足够的线粒体和氧化酶，可以轻松地应对血液输送的氧气。事实上，当锻炼者呼吸富含氧气的空气时，耐力表现会得到改善，这表明肌肉能够吸收比正常输送给它们的还要多的氧气。肌肉的氧气供应限制了有氧运动能力。换句话说，就是心输出量和肌肉血流量的上限决定了有氧运动能力（最大摄氧量）的上限。尽管上气不接下气总是与剧烈运动联系在一起，但呼吸并不会限制健康锻炼者的表现。这意味着肺有能力提供肌肉所能应对的尽可能多的氧气，但在肺部将氧气输送到血液中的能力达到极限之前，肌肉使用氧气的能力会先达到极限。

提升有氧能力

如果要制订一个训练计划来最大限度地提升一个人的有氧能力，那么训练计划的时间长度应为多少？3个月？6个月？两年？更长的时间？

研究表明，一个人经过12~18个月的适当训练，就可以达到最高的最大摄氧量。幸运的是，即使最大摄氧量达到了极限，耐力表现仍可以继续提升，因为训练可以提高乳酸阈，让耐力运动员保持更快的速度。

对于大多数人来说，需要12~18个月的时间来提高最大摄氧量，而一些人需要花费的时间更长，另一些人需要花费的时间更短。人类的生理变化是由一些因素造成的。首先，遗传因素在训练计划中起着重要作用。遗传因素对提高最大摄氧量所起的作用约占50%。尽管这看起来不公平，但一些未经训练、没有耐力训练史的人却有较高的最大摄氧量［例如，最大摄氧量超过60毫升/（千克·分）］。他们真幸运。

初始训练状态也会影响最大摄氧量的增加量。例如，与训练多年的人相比，一个刚接触健身训练的人具有更大的提高最大摄氧量的潜力。两个人都可以实现更高的最大摄氧量，但刚接触健身训练的人将获得更大的改善。

女性的最大摄氧量平均比同龄且受训状态相似的男性低10%左右。这种差异在比赛时可能没有多大意义，因为女性跑步运动员、游泳运动员、自行车运动员和赛艇运动员，常常会比许多男性速度快。这一事实反映了男性和女性之间的个体差异，也是用最大摄氧量不能很好地预测耐力表现的又一个示例。

第1章提到一些人对训练适应良好，而另一些人则适应较差，在最大摄氧量的改善方面也是如此。想象一下，一组人有相似的最大摄氧量，然后他们完成了一个星期的耐力训练计划。对于这样的训练计划，个体最大摄氧量的改善可能为0~50%。想象一下，即使刻苦训练，最大摄氧量却没有提高，这是多么令人沮丧啊！然而，这些对训练适应较差的人最终会适应训练，只是要花更长的时间而已。

有氧训练的一个好处是可以增加红细胞的产量。但实际上，在训练的前几周，红细胞容量占血容量的百分比（即红细胞比容）会下降，因为血容量的增加大于红细胞容量的增加。红细胞比容最终会恢复正常，血容量和红细胞容量的增加都会让运动表现有所提升。

运动表现营养要点

一些研究结果表明，某些营养物质可以帮助降低高血压患者的血压。例如，菠菜、芹菜、芝麻菜和甜菜等食物都含有硝酸盐，当摄入足够的硝酸盐时，可以降低收缩压。这是饮食和运动如何改善整体健康的一个示例。

氧气供应和表现提升

适当的训练可以通过增加心输出量、毛细血管密度和活跃肌肉的最大血流量来增加对活跃肌肉的氧气输送。这些是可以改善耐力表现的适应措施。但正如一些运动员所表明的那样，还有其他方法可以改善氧气输送和耐力表现。

违禁技术

自体血液回输是一种提高有氧能力的非法手段。它包括从运动员体内取出并储存血液，等待数周，让运动员的身体补充流失的血液，然后将储存的血液注入运动员体内。这个过程可以增加氧气的输送并改善表现。自体血液回输可以增加血容量和血红蛋白含量，从而使更多的血液和氧气输送到活跃的肌肉组织中。世界反兴奋剂机构、美国反兴奋剂机构和其他体育管理机构认为自体血液回输是一种作弊行为，因为这是提高表现的捷径，而不是训练的结果。

另一种增加氧气输送的非法方法是注射促红细胞生成素（EPO）。促红细胞生成素是肾脏自然产生的物质，可以确保血液中有足够数量的红细胞。促红细胞生成素通过骨髓促进红细胞的形成。注射促红细胞生成素会增加红细胞的生成，这意味着血红蛋白的增加和更多的氧气输送。使用促红细胞生成素的一个风险是会产生过多的红细胞，增加血液的黏度（厚度），对心脏造成巨大的压力。据了解，许多年轻、健康的竞技自行车运动员，可能死于与使用促红细胞生成素有关的心脏病发作。

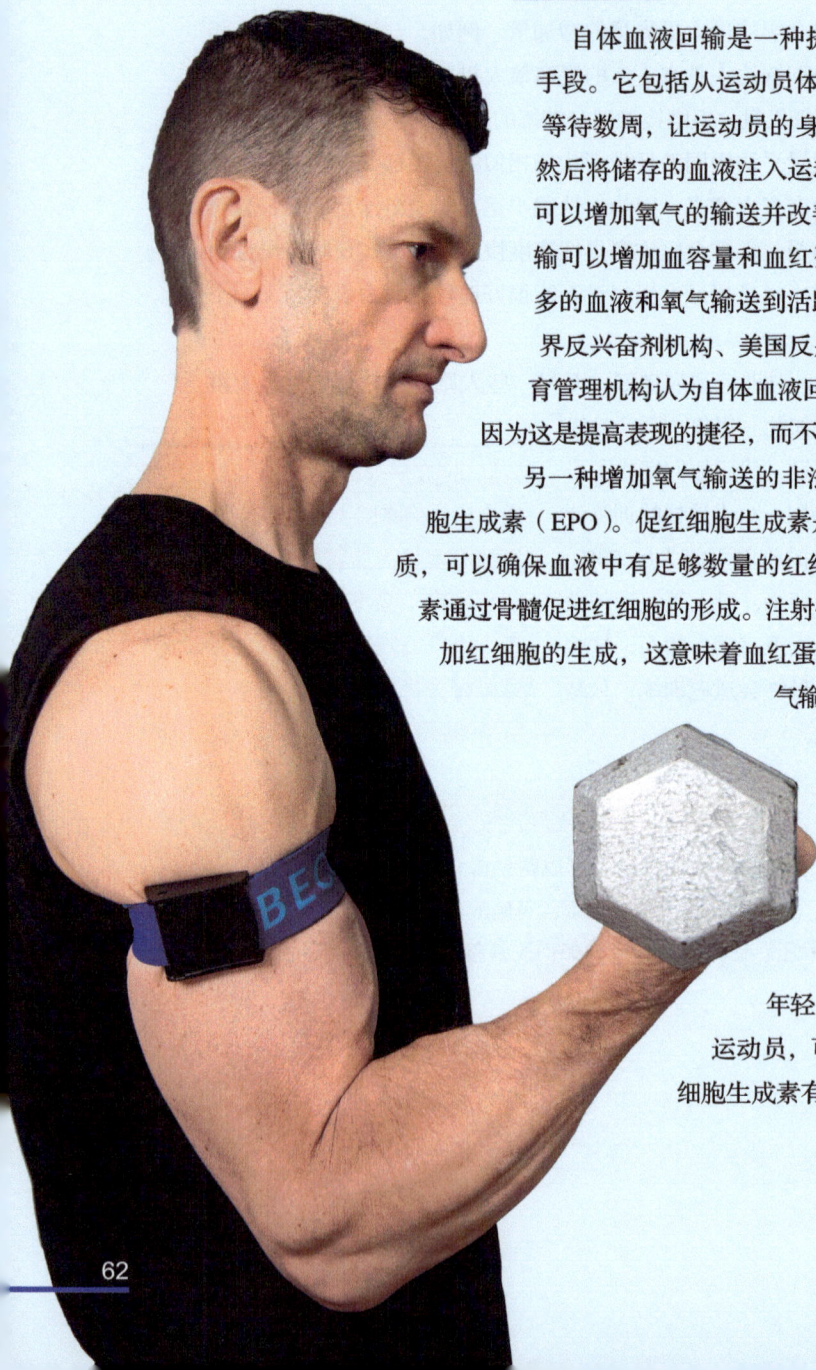

其他

一些耐力运动员睡在位于高海拔地区的帐篷或房间里，空气中的氧气含量较低（确切地说，是氧气分压较低），以刺激促红细胞生成素的自然生成，并促进血液中红细胞的含量增加。竞技游泳运动员经常通过降低呼吸频率或在重复游泳时屏住呼吸来进行低氧训练。优秀的长跑运动员可能会花时间在高海拔地区训练，试图从暴露在低氧（含氧量低于正常水平）环境中获益，这个话题将在第10章中进行更详细的介绍。低氧训练的目的是诱导生理和代谢的变化，促进人体适应训练。

对于有兴趣增加肌肉力量的运动员来说，低氧训练导致的一种变化是血液流动受限，在力量训练期间，流向手臂或腿部的血液减少，从而产生更大的训练压力。这似乎也能促进积极的改变，从而增加力量和肌肉量，即使在轻量级训练中也是如此。

对大多数人来说，在高海拔地区生活或者在力量训练中限制血液流动是没有意义的。对于那些想要提升表现的人来说，一个更简单的解决办法是改变训练的强度、持续时间和频率，从而逐步增加训练压力。

从氧气罐中吸入富氧空气可以增加向活跃肌肉的氧气输送，从而提升耐力表现。尽管红细胞中的血红蛋白几乎总是被氧气完全饱和（血液中约98%的血红蛋白已被氧气饱和），吸入100%的氧气会增加血液中的氧气量约10%，足以提升耐力表现。对于高海拔的登山者来说，携带氧气罐有助于确保表现和安全性的提升。除了潜水，其他运动项目的运动员都不是这样的。

就像美国橄榄球运动员经常在场边做的那样，在恢复期间吸入100%的氧气会怎样？运动科学家还没有找到在恢复期间吸入氧气的生理益处。换句话说，在恢复期间吸入氧气并不能提升随后一场运动的表现。这种持续行为的存在是安慰剂效应的一个很好示例，心理预期胜过了其所带来的生理益处。单单这个原因，氧气罐就不太可能从橄榄球赛场上消失。

多吃蔬菜实际上可能是提升耐力表现的有效方法。芹菜、胡萝卜、甜菜等蔬菜都含有硝酸盐。在人体内，硝酸盐被转化为生物活性化合物一氧化氮（一氮一氧）。研究表明，一氧化氮增加可以改善肌肉的血液流动，降低运动中的氧气消耗，并提升耐力和长时间间歇性高强度运动中的表现。换句话说，即使运动强度没有变化，运动过程中的耗氧量也会减少。从健康的角度来看，摄入硝酸盐会降低血压，对于那些与高血压斗争的人来说，这是一个好消息。

本章小结

- 通过呼吸，氧气扩散到肺部的血液中，通过红细胞输送到全身的组织细胞中，并通过线粒体中的电子传递链，生成ATP、二氧化碳、水和热量。
- 红细胞中含有数百万个血红蛋白分子，每个血红蛋白分子可以输送附着在4个铁分子上的4个氧分子。
- 当红细胞经过微小的毛细血管时，氧气从血液扩散到附近的细胞中。
- 由于氧气对于ATP的产生至关重要，所以我们所能使用的氧气量是衡量有氧适应性的重要指标。
- 静息时的摄氧量可用于度量静息代谢率（RMR），也可用于计算我们在休息和运动时消耗的热量（单位为千卡）。
- 运动开始时出现的氧亏和运动后出现的过量氧耗是运动过程中氧气消耗的特征。
- 你消耗的氧气量取决于心输出量和细胞吸收的氧气量。通过训练，这两个特性都可得到改善，这也是最大摄氧量提高和表现得到改善的原因。

复习题

1. 描述氧气如何从肺部运输到肌细胞，以及二氧化碳如何从肌肉运输到肺部。
2. 确定空气中氮气、氧气和二氧化碳的百分比。
3. 解释葡萄糖和脂肪酸被完全氧化产生ATP的过程。
4. 描述最大摄氧量作为耐力表现预测指标的意义。
5. 确定最大摄氧量的组成部分，并讨论如何通过训练改变每个组成部分。

疲劳：疲劳的益处

学习目标

- 了解疲劳产生的原因，认识到在最大限度地适应运动训练方面，疲劳也会带来很多好处。
- 了解如何以及何时将疲劳纳入训练计划，以便最大限度地提高健身水平，并将过度训练的风险降至最低。

　　没人喜欢变得疲劳，即使这是艰苦锻炼的自然结果。疲劳会耗尽体力，耗尽精神，并耗尽维持运动强度的欲望。疲劳往往等同于失败，尤其是在比赛中出现疲劳时。毕竟，训练最重要的好处之一就是尽可能地延迟疲劳的发生。无论你是在冲刺100米还是在马拉松中调整自己的步调，疲劳都会让你慢下来。疲劳（身体或精神上的疲劳）仅仅是指尽管试图继续某项任务，但却无法坚持下去的状态。

　　从个人经验来看，疲劳有多种形式。在一天漫长工作后，你所感受到的精神疲劳与体力劳动所带来的疲劳是不同的。400米快跑带来的强烈疲劳与马拉松引起的疲劳是完全不同的。然而，在这两种情况下，疲劳都限制了人保持快节奏的能力。这些截然不同的疲劳表明疲劳的产生有多种原因，这些原因与运动强度和持续时间有关。

什么导致了疲劳

表4.1列出了运动时产生疲劳的可能原因。例如，疲劳可能是由外周因素引起的，这些因素阻碍了从神经到肌肉的神经冲动的传递，或限制了肌细胞以维持运动强度所需的速度产生ATP的能力。疲劳也可能是中枢限制或者是大脑和神经系统无法维持持续运动所需的神经需求导致的。中枢疲劳可以表现为失去继续锻炼的欲望或动力，或与持续锻炼相关的某些运动技能水平的下降。换句话说，你会注意力不集中，变得不那么协调，或者放慢速度（自愿或非自愿），或者停下来。一些科学家认为，中枢疲劳有助于保护高度积极的运动员，使他们不会把自己逼得太紧，甚至超出了外周疲劳会导致大多数人停止运动的程度。

在短暂的、全力以赴的运动过程中，肌细胞能够将ATP的产生速度提高到静止时的1 000倍。任何降低维持一定运动强度所需的ATP产生速度的因素都会导致疲劳。

表4.1 运动时产生疲劳的可能原因

原因	含义	如何限制运动
PCr耗竭	细胞缺乏用来快速生成ATP的PCr	降低肌肉高强度收缩的能力
ATP耗竭	当不能以所需的速度产生ATP时，肌细胞中的ATP含量就会下降	降低肌肉高强度收缩的能力
糖原耗竭	糖原（葡萄糖在肌肉和肝脏中的储存形式）含量下降到较低水平	可用作燃料的葡萄糖减少，降低肌细胞产生ATP的速度
低血糖症	低血糖	减少大脑、神经和肌细胞对葡萄糖的吸收和使用，使运动变得更加困难
低血容量	血容量低，通常是脱水所致	减少心输出量，即降低心脏向工作肌肉供应血液和氧气的能力
体温过高	体温高	使运动变得更加困难，降低大脑继续运动的欲望
代谢性酸中毒	血液和肌肉中乳酸根离子和氢离子的积累	降低肌细胞的收缩能力，呼吸频率变快
神经传导被破坏	神经功能暂时受损	改变肌肉产生的信号，对协调能力和力量产生负面影响
大脑活动被干扰	脑功能暂时受损	降低继续锻炼的欲望和维持锻炼所需的肌肉协调能力

表4.2简单总结了运动疲劳的外周和中枢因素。能延缓疲劳是有效的训练计划的主要特征。然而，训练期间的周期性疲劳是许多适应性产生的主要动力，这些适应性最终必须出现，以防止疲劳。例如，完成针对暂时性疲劳的多组抗阻练习时，可以将疲劳作为刺激，激发细胞内信号，以促进收缩蛋白的产生。高强度间歇训练（HIIT）期间遇到的暂时性疲劳是一种能增强肌肉和血液缓冲能力的刺激。长时间运动后感到的疲劳会促进产生更多可生成ATP的线粒体。

为了帮助你了解疲劳是如何产生的，以及训练、营养和水合作用是如何帮助延缓疲劳和提升表现的，请简要了解引起疲劳的每种原因及其潜在机制（参见表4.1）。

表4.2 对疲劳的简单理解

运动强度	示例	可能导致疲劳的主要原因	可能导致疲劳的次要原因
中度（低于乳酸阈）	远足或骑自行车	中枢疲劳	脱水、糖原耗竭、低血糖
重度（达到或略高于乳酸阈）	马拉松比赛	糖原耗竭	脱水、中枢疲劳、低血糖
超强（远远高于乳酸阈）	任何全力以赴或高强度的运动	代谢性酸中毒导致ATP的产生受阻	体温过高、脱水

PCr和ATP耗竭

将这两个因素放在一起讨论，是因为在高强度的运动中，它们是密切相关的。在图4.1中可以看到，在全力以赴的运动中，PCr会快速分解，形成肌肉快速收缩所需的ATP。一些储存在肌细胞内的ATP也会立即被用于肌肉收缩。PCr和ATP分解产生的能量只能维持几秒的全力运动，但也足以让人体通过无氧糖酵解增加ATP的产量。可以想象，全力以赴的运动会迅速减少活跃肌细胞中PCr的供应。ATP的供应也会迅速下降，但不会像PCr那样下降得那么快，因为其他途径会不断产生ATP。一旦PCr和ATP供应量充分下降，运动的速度就会开始放缓，因为整个ATP生产速度减

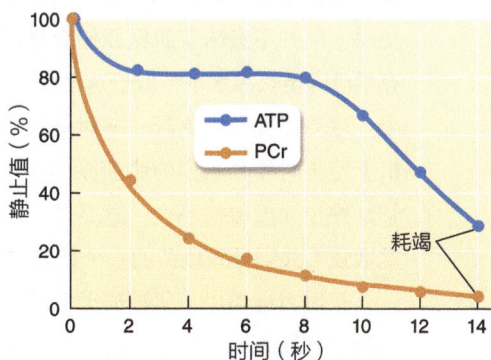

图4.1 在全力以赴的运动中，PCr和ATP供应量会迅速下降

源自：W.L. Kenney, J.H. Wilmore, and D.L. Costill, *Physiology of Sport and Exercise*, 7th ed. (Champaign, IL: Human Kinetics, 2020), 59.

慢了。这就是为什么即使是世界顶尖的短跑运动员也只能保持其最高速度约4秒，然后他们的速度就会开始放缓。

购买ATP和PCr补充剂是一种浪费，因为消化过程中这两种分子会被分解。然而，食用肌酸补充剂已被证明会增加肌肉的PCr储存量，至少在那些肌肉中的肌酸储存量尚未达到最大值的研究参与者中是如此。补充肌酸也被证明可以提升反复高强度运动中的表现。这种变化可以通过允许更多的高强度训练来增强对高强度间歇训练的反应。

疲劳的迹象

- 不愿意继续锻炼
- 无法保持速度或运动强度
- 肌肉力量下降
- 动作笨拙
- 动作不准确
- 肌肉疼痛和不适
- 认为需要更多的努力来维持运动

糖原耗竭

每当肌肉收缩时，分散在肌细胞中的糖原会不断分解，以提供大部分进入无氧糖酵解过程来产生ATP的葡萄糖分子。糖原是肌肉的重要燃料，当糖原储存量下降到较低水平时，运动会变得更加困难，表现也会受影响。糖原耗竭一词并不意味着肌糖原储存量已降至零，它只是意味着肌肉中的糖原储存量已降至临界水平，低于这个水平，肌细胞对糖原的消耗就会显著减缓。结果，运动强度急剧下降——运动员进入"力竭期"。图4.2显示，随着在跑步机上跑步时腓肠肌中的肌糖原储存量下降，参与者认为锻炼越来越困难，尽管其跑步速度保持不变。这是外周因素（糖原耗竭）和中枢因素（费力的感觉增强）共同导致疲劳的一个很好的示例。

在耐力运动中，肌糖原无疑是一个限制因素，但请记住，高强度运动也依赖于肌糖原。事实上，短跑期间肌糖原的分解速度比步行期间快40倍。在图4.2中，你可能还注意到，在跑步机上跑步的第一个小时中，肌糖原储存量下降的速度比第一个小时后要快。肌肉乐于分解糖原来产生ATP，只要糖原储存量高，肌肉就会分解糖原。在运动的后期，随着糖原储存量的下降，肌肉更加依赖于脂肪酸的氧化来产生ATP，从而导致运动速度下降，或者如图4.2所示，随着运动的继续，不适感增加。在此示例中，这个人在跑步机上跑了大约1.5小时后进入力竭期，在这个点上，肌糖原储存量降低与疲劳感大幅增加有关。

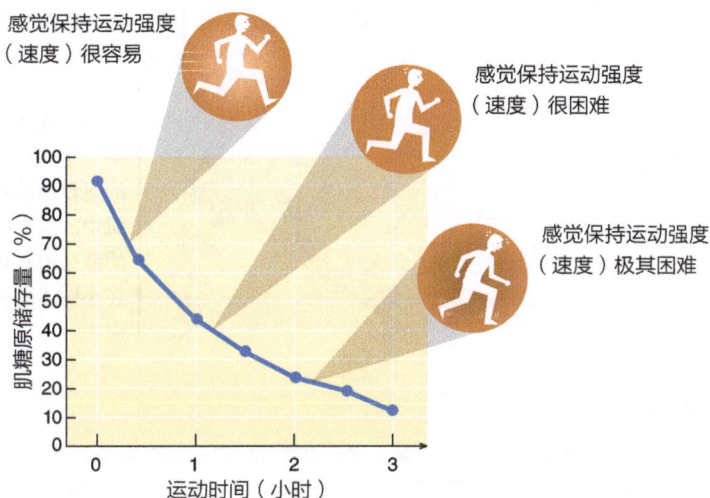

图4.2 在长时间的运动中，肌糖原储存量下降，感觉运动变得更加困难，步伐减慢
源自：D.L. Costill, *Inside Running: Basics of Sports Physiology* (Indianapolis: Benchmark Press).

运动强度决定了肌糖原分解的速度，运动强度越大，糖原耗竭的速度就越快。因此，任何刻苦训练的人都应该摄入高碳水化合物食物，以补充训练中消耗的肌糖原。换句话说，高碳水化合物饮食并不仅仅适用于耐力运动员。

如第1章所述，运动的类型会影响肌糖原的使用方式。例如，短跑运动员会消耗更多的Ⅱ型纤维中的肌糖原，而耐力运动员则消耗更多的Ⅰ型纤维中的肌糖原。其他因素也会影响活跃的肌细胞使用肌糖原的方式。例如，肌糖原的消耗速度具体取决于肌肉在特定运动中承受的压力。在图4.3中，你会看到水平跑步、上坡跑步或下坡跑步决定了哪块肌肉消耗的肌糖原最多。如果肌糖原对运动表现如此重要，那么维持肌糖原储存量的最佳方法是什么？例如，在运动中摄入碳水化合物，是否可以减缓肌糖原的使用？不幸的是，尽管有一些研究报道糖类食物摄入可以节省糖原，但该问题的答案似乎是否定的。摄入运动饮品、能量棒或碳水化合物凝胶当然可以通过帮助维持较高的整体碳水化合物氧化率，从而改善运动表现，但肌糖原的总体使用似乎并不受影响。

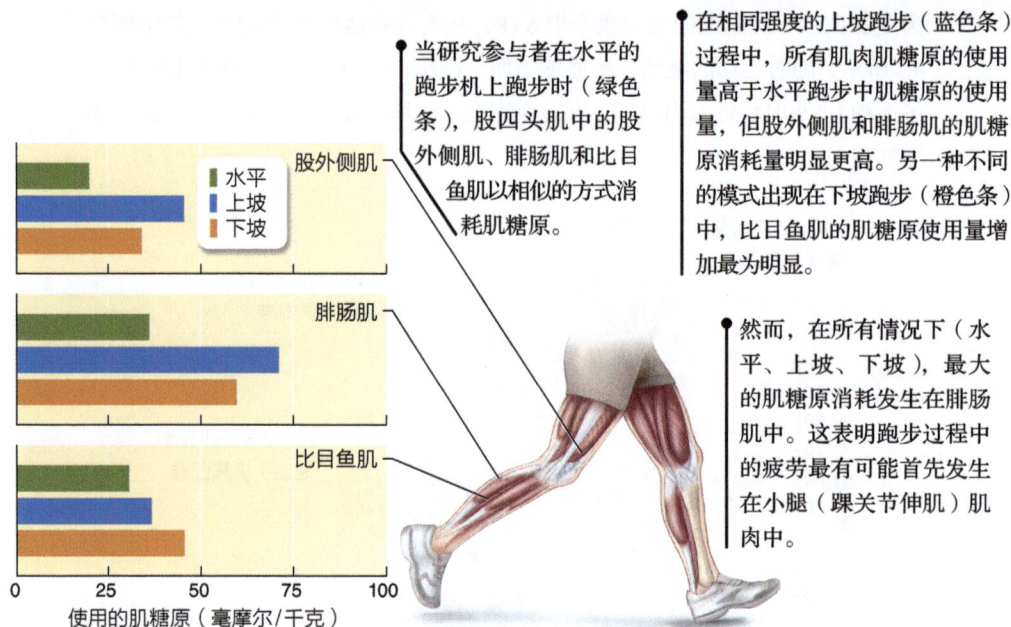

当研究参与者在水平的跑步机上跑步时（绿色条），股四头肌中的股外侧肌、腓肠肌和比目鱼肌以相似的方式消耗肌糖原。

在相同强度的上坡跑步（蓝色条）过程中，所有肌肉肌糖原的使用量高于水平跑步中肌糖原的使用量，但股外侧肌和腓肠肌的肌糖原消耗量明显更高。另一种不同的模式出现在下坡跑步（橙色条）中，比目鱼肌的肌糖原使用量增加最为明显。

然而，在所有情况下（水平、上坡、下坡），最大的肌糖原消耗发生在腓肠肌中。这表明跑步过程中的疲劳最有可能首先发生在小腿（踝关节伸肌）肌肉中。

图4.3　在跑步机上进行水平、上坡和下坡跑步时三组腿部肌肉的肌糖原使用量

经许可改编自：W.L. Kenney, J.H. Wilmore, and D.L. Costill, *Physiology of Sport and Exercise*, 7th ed. (Champaign, IL: Human Kinetics, 2020), 137.

在运动中摄入碳水化合物有助于维持血糖水平，防止血糖大幅下降或低血糖。在休息和运动期间，肝脏的工作是向血液中添加葡萄糖分子，以维持正常的血糖水平。但是你的肝脏有自己的糖原供应，当这些有限的储备耗尽时，除非你能够通过摄入碳水化合物来维持血糖水平，否则就会出现低血糖症。建议运动员在晨练前摄入碳水化合物的原因之一，是为了补充睡眠时下降的肝糖原储存量。

对于任何进行艰苦训练的人来说，肌糖原储存量每天都会有很大的变化。在饮食中摄入足够的碳水化合物的目的是防止肌糖原储存量过低，从而削弱刻苦训练的能力。肌糖原储存量的大幅下降（如每天两次的练习中）可能是一个重要信号，表明身体适应能力需要提升，只要摄入足够的碳水化合物，就可以将肌糖原储存量恢复到原来的水平。

低血糖症

如前所述，当肝糖原不足时，血糖水平就会下降，会导致低血糖症，症状包括精神和身体疲劳、颤抖、虚弱和饥饿。在运动过程中摄入碳水化合物有助于维持正常的血糖水平。当精疲力竭的人运动了几个小时，而没有摄入

碳水化合物时，以糖的形式摄入几百千卡的热量，他们就可以继续运动。摄入碳水化合物对运动表现有如此重大影响的原因是，维持血糖浓度可以确保为活跃的肌肉以及大脑和神经提供足量的葡萄糖，从而产生ATP。中枢神经系统必须使用葡萄糖来产生ATP。换句话说，在正常情况下，葡萄糖是大脑和神经唯一的燃料。这就是为什么低血糖会迅速引起疲劳和烦躁。

运动表现营养要点

研究表明，即使没有摄入任何糖分，简单地用糖溶液漱口也能改善表现。肌肉和大脑依赖于充足的葡萄糖供应来促进肌肉收缩并维持大脑功能。仅仅是嘴里含糖的感觉就足以"欺骗"你的大脑和肌肉，让它们预期会有更多的葡萄糖。在剧烈运动持续时间少于45分钟时，漱口尤为有效，因为在这段时间内，微量的碳水化合物可被小肠吸收并被活跃的肌细胞氧化。在无法摄入含有碳水化合物的食物或饮品的情况下，漱口可能还有助于缓解肠胃不适。

低血容量

低血容量是医学术语，指血容量低于正常水平，这是由于脱水造成的。大多数人更熟悉脱水一词，从现在开始，本书会使用这个术语。

出汗对体液调节提出了真正的挑战，因为汗水中的水分子来自血液、浸润细胞的液体（组织间液），以及细胞内部的液体（细胞内液）。如果你大汗淋漓，那么体内水分流失的速度会比你喝水的速度快得多。结果，你会脱水。

即使是轻微的脱水［例如，体重减轻1%，一个重200磅（91千克）的人仅损失2磅（0.91千克）体重］，也会导致可测量的生理变化。随着脱水的加剧，其对生理和运动表现的影响也会加剧，尤其是在温暖的环境中。脱水会削弱各种生理功能，使维持运动强度变得困难而又不舒服。许多运动员和健身爱好者在开始运动前至少会有轻微的脱水，因此运动期间补充水分就显得尤为重要。

避免脱水很重要，在大多数情况下，通过在运动时喝水很容易避免脱水。在体育锻炼过程中摄入充足的水分有助于保持你的身体机能，使你运动时更舒适，并降低患热病的风险。但是在运动过程中应该喝多少水呢？这个问题没有唯一的答案，因为每个人出汗的速度不同。有些人穿着轻薄的毛衣，出汗只够润湿皮肤（<1升/小时）。大多数人穿着普通的毛衣（1~2升/小时），有些人则穿着厚厚的毛衣（>2升/小时）。图4.4简单描述了人们出汗率的变化范围。

不管出汗速度如何，你的目标都是在运动过程中喝足够的水，以最大限度地减少体重损失。这就是在运动前后称体重对那些经常出汗的人有帮助的原因。体重减少超过2%表明需要在未来的训练中增加液体摄入量。体重增加表明摄入了过多的液体。关于如何保持水分充足的建议，请参见表4.3。

抛开科学细节不谈，以下是关于补水的实用信息：保持水分充足总是比脱水好。这对于整体健康来说是正确的，特别是对于确保你的身体和精神都达到最佳状态的能力来说。

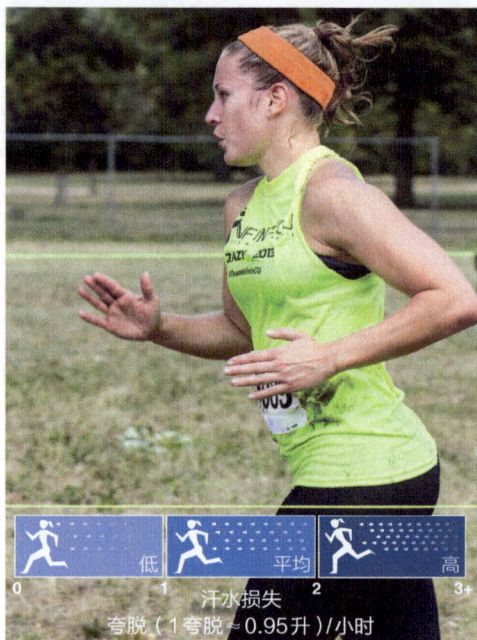

低 平均 高

0 1 2 3+

汗水损失

夸脱（1夸脱≈0.95升）/小时

图4.4 不同的人出汗率差异很大，这取决于健康状况、环境温度、运动强度、出汗遗传易感性和其他因素

脱水的影响

增加（或升高）

- 胃肠不适的发生率
- 血浆渗透压
- 血液黏度
- 心率
- 静止时的核心温度
- 皮肤温度
- 大脑温度
- 开始出汗时的核心温度
- 皮肤血液流动增加时的核心温度
- 给定摄氧量下的核心温度
- 碳水化合物的氧化
- 肌肉和肝脏中的糖原分解
- 热不适

减少（或下降）

- 血浆容量
- 血液流向内脏器官，包括大脑
- 中枢血容量
- 中枢静脉压
- 心脏充盈压
- 每搏输出量
- 心输出量
- 给定核心温度下皮肤的血液流动
- 最大的皮肤血流量
- 肌肉血流量
- 给定核心温度下的出汗率
- 最大出汗率
- 肌肉和肝脏中的糖原合成
- 身体和精神表现

表4.3 美国运动医学会的补水建议

运动前	运动前2~4小时，每磅体重摄入2~4毫升（每千克体重摄入4~9毫升）液体，以确保正常补水（正常水合作用）	示例：一个180磅（82千克）的运动员应该在运动前2~4小时内摄入360~720毫升液体
运动中	多喝水，使体重减轻的量少于体重的2%	示例：一个体重130磅（59千克）的运动员在运动期间应摄入足够多的水，以确保运动后体重不低于127.4磅（57.8千克）
运动后	如果脱水，需要摄入最终缺水量的125%~150%的液体。例如，如果运动后比运动前轻了3磅（1.4千克），需要摄入1.8~2.1升液体来恢复水分	示例：训练结束后，运动员体重比训练前少4磅（1.8千克）。为了确保充分补水，运动员应该在下次训练前摄入至少2.4升液体
液体选择	在运动前后，所有不含酒精的饮品均可饮用。运动期间，建议饮用水和运动饮品	

源自：T.D. Thomas et al. "Nutrition and athletic performance," *Medicine and Science in Sports and Exercise* 48, no. 3 (2016): 543-568.

体温过高

脱水造成的影响之一就是核心温度升高。正常的静息体温是98.6华氏度（37摄氏度，你的体温可能略低或略高），但体温过高（体温远高于正常水平）也可能发生在体内水分充足的人身上，要么是由于在温暖的环境中进行锻炼，要么仅仅是由于暴露在炎热的环境中，如桑拿浴室。

正如在第2章中了解到的，在体育锻炼过程中，体温会自然升高，因为热量是肌肉收缩的产物。体温（通常称为核心温度）升高过多会影响表现，并增加患诸如热衰竭和中暑等热病的风险。图4.5表明，即使是轻微的热暴露也会损害运动表现。温暖的环境限制了运动的能力，因为随着核心温度的升高，肌糖原分解得更快，血液流向皮肤来帮助散热，出汗率更高，脱水的风险增加，继续运动的动力减少。

研究表明，预冷肌肉可以改善表现，而预热肌肉则会损害表现。这就是运动员在大热天为训练或比赛进行热身的原因之一，请记住，是热身运动，而不是让身体热起来。

体温过高对身体机能不利，因为身体和大脑过热就无法发挥其最佳功能。事实上，体温过高会对心血管系统、肌肉和大脑的功能产生负面影响，从而限制运动的能力和欲望。当你体温升高时，你的心脏不得不向皮肤输送更多的血液来帮助散热，使得流

运动表现营养要点

在非常炎热的日子里，运动前饮用冷饮或冰沙饮品，可以帮助补充水分，还有助于防止体温上升过快、过高。

73

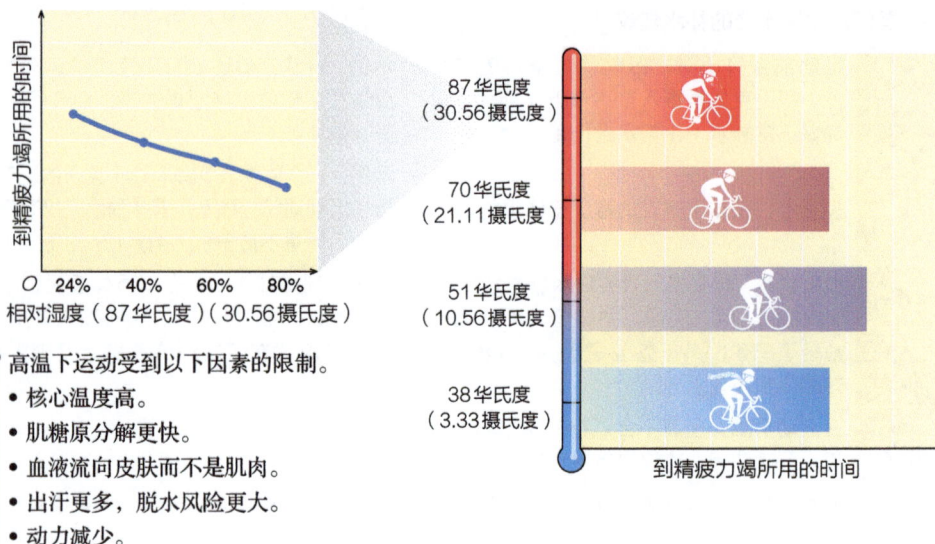

图4.5 温度影响运动表现。研究表明，在较高的温度和湿度下，运动到精疲力竭所用的时间会减少

部分数据源自：S.D.R. Galloway and R.J. Maughan, "Effects of Ambient Temperature on the Capacity to Perform Prolonged Cycle Exercise in Man," *Medicine and Science in Sports and Exercise* 29 (1997): 1240-1249; part b data from R.J. Maughan et al., "Influence of Relative Humidity on Prolonged Exercise Capacity in a Warm Environment," *European Journal of Applied Physiology* 112 (2012): 2313-2321.

高温下运动受到以下因素的限制。
- 核心温度高。
- 肌糖原分解更快。
- 血液流向皮肤而不是肌肉。
- 出汗更多，脱水风险更大。
- 动力减少。

向肌肉的血液减少，尤其是在你让自己脱水的时候。体温过高还会削弱大脑继续运动的欲望，导致大多数人放慢或停止运动，以此作为一种减少热量产生和预防热病的方法。在运动过程中保持摄入充足的水分并采取减少热量增加的策略（例如利用风，脱掉一些

预先降温有助于改善运动表现

太热会影响运动表现，太冷也会影响运动表现，尤其是对于短跑运动员或准备短时间冲刺的人来说。可以通过防止核心温度升得过高、过快，从而防止高温成为疲劳因素来改善运动表现。在高温下运动时保持摄入充足的水分是实现这个目的的一种方法，而适应高温则是另一种方法。剧烈运动前预先给身体降温也是如此。通过饮用冰沙饮品、穿降温背心、坐在冷水中或冷房间里，可以轻微降低身体核心温度。以比平常更低的体温开始剧烈运动，会增加核心温度上升到可能影响运动表现的水平所需的时间。

研究表明，预先降温可以改善运动表现，特别是在温暖环境中进行长时间运动时，因为高体温会对持续高强度运动的欲望和身体能力产生不利影响。显然，实施预先降温策略时必须根据训练和比赛的条件进行调整，这些条件在不同运动项目之间有很大差异，但对于任何在炎热环境中保持身体活跃的运动员、士兵或工人，预先降温都是值得考虑的策略。对于短跑运动员来说，预先降温却是一种禁忌，因为他们在比赛中很少出现体温过高的问题。

衣服，降低运动强度），可以防止体温过高及其对运动表现的负面影响。

代谢性酸中毒

你不能长时间保持高强度运动，否则会变得不舒服，这会迫使你放慢速度。这种类型的疲劳通常归咎于乳酸的积累，但这种说法只有部分正确。高强度运动过程中确实会产生大量乳酸，这是通过无氧糖酵解产生ATP的副产物。事实上，当乳酸在肌细胞内迅速积累时，它会分解成乳酸根离子和氢离子（H^+）。在附近的（肌肉）和远处的（心脏和肝脏）细胞中，乳酸都可以转换为丙酮酸，并进入柠檬酸循环，以帮助产生ATP。

乳酸本身不会引起疲劳，但与乳酸根离子一起产生的氢离子会导致肌细胞变为酸性，从而干扰能量产生和肌肉收缩。

人们很容易将乳酸想象成一种垃圾分子，认为其是导致疲劳的新陈代谢的有害副产物。实际上，乳酸不仅在产生ATP的过程中起重要作用，还在控制炎症、伤口愈合和记忆形成中发挥着作用。据估计，即使你不运动，每天也会产生大约148毫升的乳酸！

说到疲劳，氢离子才是真正的麻烦制造者，而不是乳酸根离子。随着氢离子在肌细胞内的积累，细胞的pH值迅速下降。换句话说，细胞变得更酸，这降低了细胞通过无氧糖酵解产生ATP的能力。幸运的是，人体具有缓冲系统，可以防止pH值下降到损害细胞的程度（参见图4.6）。但是轻微酸化会限制持续高强度运动的能力，因为细胞内pH值低会阻碍ATP的产生和肌肉收缩。此

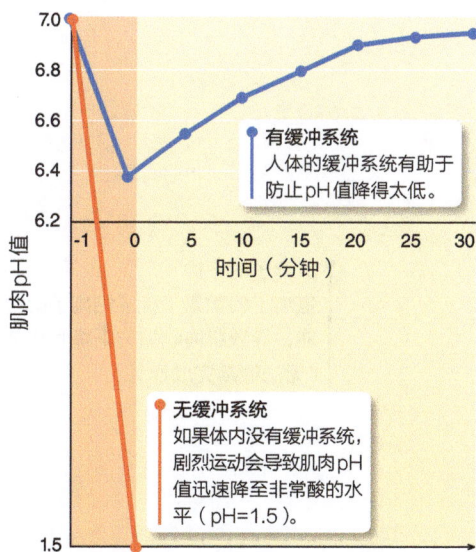

有缓冲系统
人体的缓冲系统有助于防止pH值降得太低。

无缓冲系统
如果体内没有缓冲系统，剧烈运动会导致肌肉pH值迅速降至非常酸的水平（pH=1.5）。

图4.6 缓冲系统对肌肉pH值的影响。pH值为1.5时呈极度酸性，酸性电池的pH值为1.0或更低，胃液（胃酸）的pH值为1.5~3.0

时，流向活跃肌细胞的血液减少（如脱水时可能发生的情况），会因氧和葡萄糖的输送减少、代谢酸和热量的排出减缓而疲劳。

　　肌肉pH值下降影响功能的一种方式被认为是其干扰了钙离子（Ca^{2+}）在肌肉收缩过程中的功能（参见图4.7）。回顾第1章，肌肉收缩取决于肌质网释放钙离子，随后同样快速地将钙离子吸收回肌质网中的过程。如果这些过程中的任何一个过程出现中断，产生的肌肉力量就会减少。这种肌肉力量的下降就是疲劳的标志。

　　如何对抗运动期间的代谢性酸中毒？适当的训练可以增强肌肉的缓冲能力，减少代谢性酸中毒的影响。一些研究报告指出，人们可以通过摄入含有碳酸氢钠或柠檬酸钠的溶液来增强剧烈运动的能力。碳酸氢盐和柠檬酸盐都可以作为缓冲剂，抵消氢离子的积累，从而避免减缓无氧糖酵解的速度、干扰肌肉收缩。

正常过程
钙离子的作用是与肌钙蛋白结合，从而导致原肌球蛋白移动得恰到好处。肌动蛋白上存在活性位点，肌球蛋白头部可以与之结合并引起肌肉收缩。

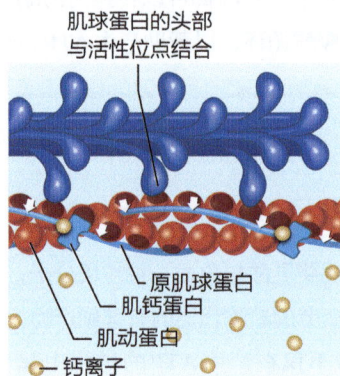

肌球蛋白的头部
与活性位点结合

原肌球蛋白
肌钙蛋白
肌动蛋白
钙离子

氢离子的干扰
氢离子的积累干扰了钙离子的功能，导致肌肉收缩力下降和疲劳（无法继续完成任务）。

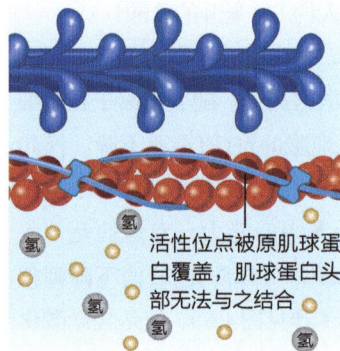

活性位点被原肌球蛋白覆盖，肌球蛋白头部无法与之结合

图4.7　任何干扰钙离子进入和脱离肌质网并与肌钙蛋白相互作用的因素都会导致产生的肌肉力量减少，即导致疲劳

神经传输中断

与大脑、脊柱和神经肌肉接点（运动神经连接肌肉的地方）有关的各种因素都可能导致疲劳，如图4.8所示。例如，为了在苛刻的锻炼过程中维持力量的产生，运动开始时就处于活跃状态的运动单位可能会退出，以前不活跃的运动单位会变得活跃。用一个运动单位替换另一个运动单位可以帮助维持力量的产生，直到有太多运动单位退出或者它们的激发速率降到无法维持力量产生的程度。

大脑是人类所有自愿运动的控制中心，这种持续运动的中心动力可以通过积极或消极的方式改变疲劳的状态。目前的观点是，在高强度或长时间的运动中，大脑会减少继续运动的动力（欲望），以保护身体免受伤害。这些保护机制通常是有效的。例如，喊叫、音乐，甚至口头鼓励都可以暂时增强肌肉收缩的力量，即使是在之前的运动已经使肌肉疲劳的情况下。还有一种可能是，一个积极进取但又非常疲劳的运动员继续如此努力，以至于体温过高可能危及生命。虽然在炎热的天气中，大脑会减缓身体活动，但持续运动仍可能导致中暑等，一些运动员、劳动者和士兵忽视了这些症状，从而导致悲惨后果。

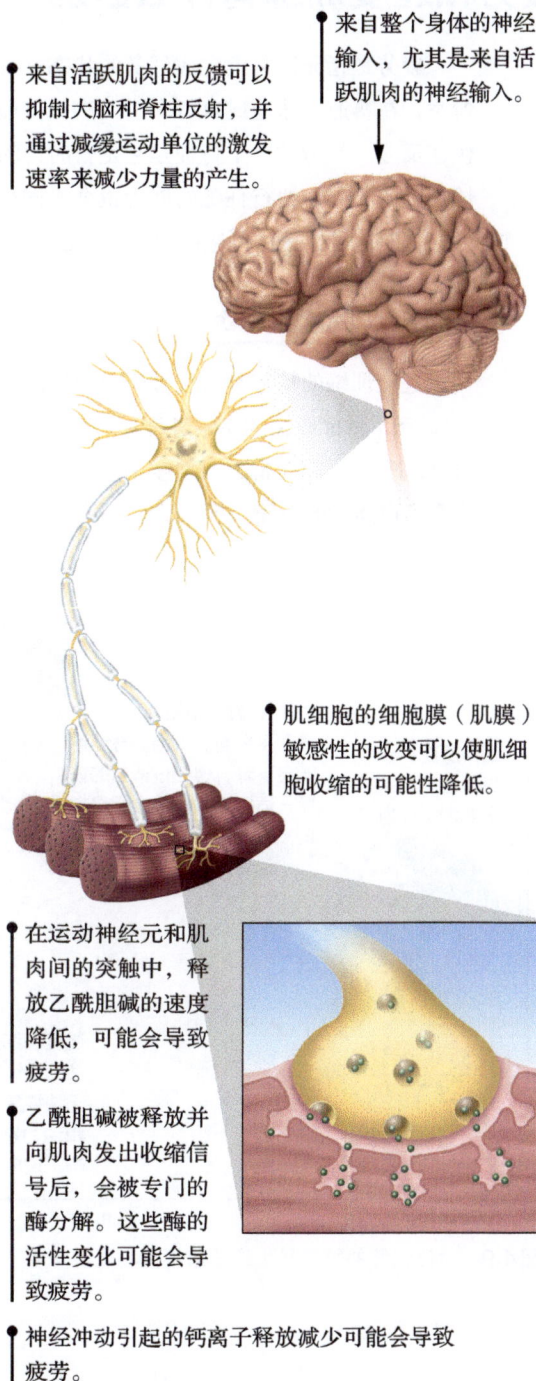

来自活跃肌肉的反馈可以抑制大脑和脊柱反射，并通过减缓运动单位的激发速率来减少力量的产生。

来自整个身体的神经输入，尤其是来自活跃肌肉的神经输入。

肌细胞的细胞膜（肌膜）敏感性的改变可以使肌细胞收缩的可能性降低。

在运动神经元和肌肉间的突触中，释放乙酰胆碱的速度降低，可能会导致疲劳。

乙酰胆碱被释放并向肌肉发出收缩信号后，会被专门的酶分解。这些酶的活性变化可能会导致疲劳。

神经冲动引起的钙离子释放减少可能会导致疲劳。

图4.8 大脑正常运作、脊柱反射和神经肌肉接点的变化会导致疲劳

疲劳和过度训练有什么区别

疲劳是指无法继续完成任务的状态。疲劳可能表现为无法继续进行哑铃弯举；在赛道、泳池或自行车上无法保持理想的速度；或者无法对刺激做出快速反应。疲劳的一个特征是它是暂时性的。在几分钟或几小时内，根据锻炼任务的不同，执行任务的能力也会不同程度地恢复。在这方面，疲劳是可逆的，而这种快速的可逆性使疲劳与过度训练非常不同。

什么是过度训练

过度训练的特征是持续数天或数周的生理适应不良和表现水平下降。图4.9显示了体能改善的正常进程如何达到平稳状态，然后继续改善或急剧下降（过度训练）。简而言之，过度训练发生在训练压力超过了运动员身体恢复能力和适应能力的时候。

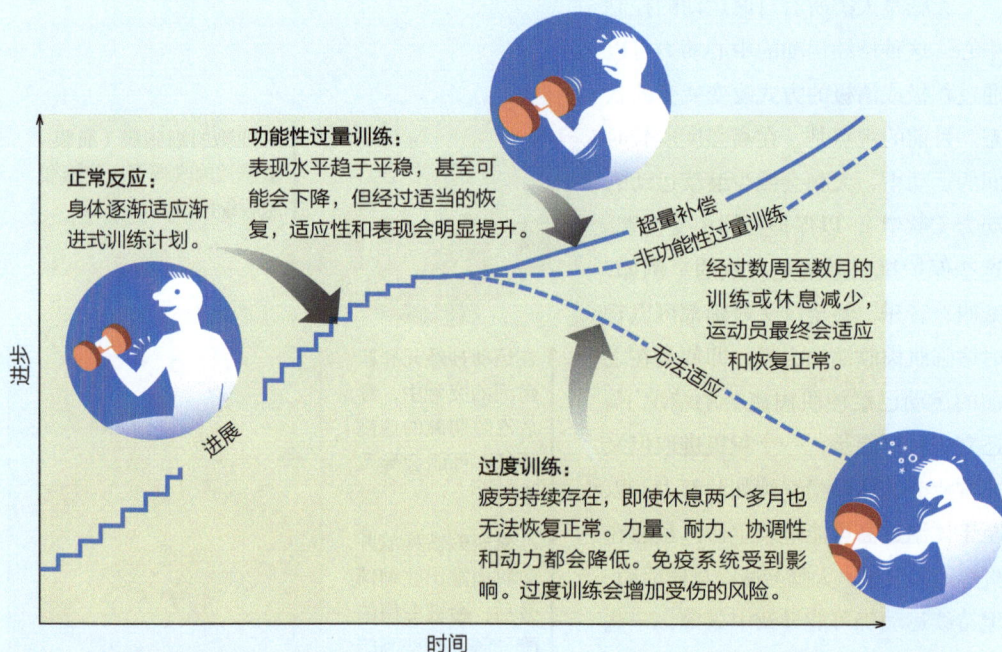

图4.9 过度训练的特征是生理适应不良和表现水平下降，这是人体无法适应训练刺激引起的

　　积极进取的运动员和健身爱好者往往会面临过度训练的风险，因为他们在追求更强的体能和更好的表现时，往往会忽视过度训练的症状。过度训练的风险并不仅存在于耐力运动员身上。许多健身训练、武术、力量训练和其他体能训练都需要严格地进行锻炼，通常每天需要进行一次以上的锻炼，这使得那些定期训练的人容易出现非功能性过量训练。相比之下，在训练季中进行周期性的功能性过量训练对最大限度地适应训练很重要。

非功能性过量训练和过度训练的常见症状

- 运动不再使人愉快
- 训练能力下降（早期疲劳）
- 失去动力和活力
- 情绪低落
- 肌肉无力
- 协调性降低
- 肌肉酸痛
- 食欲不振
- 体重减轻
- 失眠
- 易怒
- 无法集中注意力
- 静息心率升高或降低
- 低心率变异性
- 血压升高或降低
- 低能量
- 经常感冒
- 慢性肌肉酸痛
- 月经周期不规律
- 经常出现过劳损伤
- 感到训练更加困难
- 表现变差

疲劳在适应训练中起什么作用

足球教练文斯·隆巴迪（Vince Lombardi）曾说过："疲劳让我们都变成了懦夫。"在某些情况下，这种说法可能是对的，但疲劳也能使我们成为更好的运动员。很明显，人体已经做好了适应体育锻炼压力的准备。同样显而易见的是，其适应的程度与身体承受压力的程度直接相关。例如，如果一个刚开始锻炼的人开始力量训练，那么其力量的增加将取决于训练的压力。换句话说，如果这个人每周训练3天，持续训练6个月，并且在这段时间内逐渐举起更重的重量，那么此人力量的增加将比每周只训练一次且训练阻力没有太大增加的人要多。训练的总体压力有很大的不同，所以适应的总体程度不同也就不足为奇了。

衡量总压力的一个明显标准是作为训练刺激的疲劳是否存在。不是那种与过度训练有关的全天持续性疲劳，而是在训练过程中发生的周期性疲劳。虽然不是每次训练中都这样，但对于每周训练6天的人来说，可能是每周出现两次。每次你疲劳（无论是力量训练中的单个肌群疲劳，还是耐力训练中的全身肌肉疲劳）的时候，肌细胞都会受到数百种细胞内信号的刺激，从而在接下来的几天里增加蛋白质的产量。这些蛋白质可以是增加强度和质量所需的收缩蛋白、提高耐力所需的线粒体蛋白，也可以是用于使肌肉和结缔组织更耐损伤的结构蛋白。

运动期间的疲劳会使适应性最大化，因为周期性疲劳会使促进这些反应的细胞内信号最大化。但是，经常发生的疲劳为过度训练奠定了基础。适应需要时间，这就是成功的教练明白他们不可能每天都督促运动员努力训练的原因。在高强度训练后的一到两天内减少训练压力，让身体有时间进行适应（和恢复），从而使运动员能够逐渐增加训练压力。充足的休息、睡眠、水分和营养也是适应训练所必需的。

有效的训练是一门由科学指导的艺术。

运动表现营养要点

虽然在运动中摄入少量的碳水化合物可能不会减少肌糖原的消耗，但这样做可以防止低血糖症。这种做法对所有艰苦训练中的运动员都有帮助，特别是对那些经常在运动中难以维持正常血糖水平的患糖尿病的运动员。每小时摄入25克碳水化合物可以防止低血糖，而摄入更多的碳水化合物（每小时摄入30~60克）有助于提升表现。

过度训练的原因是什么

过度训练给身体带来的压力超出了身体的适应能力，而其他许多压力因素往往也会增加过度训练的风险。平衡训练与工作或学习中的情感需求，与竞争有关的焦虑，对失败的恐惧，满足教练、队友和父母期望的压力，这些都增加了过度训练的风险。每个人都有应对身体和情绪压力的独特能力，因此，即使某些运动员接受了相同数量和类型的训练，一些运动员会茁壮成长，而另一些运动员则很容易成为过度训练的牺牲品，这不足为奇。这种反应的多样性使得我们很难预测谁容易受过度训练的影响。教练和运动员通常不会意识到运动员已经努力了太久，直到为时已晚。科学家们尚未发现一种可用来预测过度训练的可靠方法，但在运动过程中监测心率似乎是一种有用的方法。图4.10显示了在标准化训练期间，运动心率如何因训练而下降。通过精心制订训练计划，运动心率的下降是可以预期的。在此示例中，当运动员过度训练（OT）时，他的运动心率比正常高15~20次/分，这说明他的身体正在努力适应训练压力。

还有一些科学证据表明，跟踪运动员休息时的心率变异性（heart rate variability，HRV）可以防止过度训练。HRV是对心跳间隔时间的度量，人们认为HRV反映了控制心率、消化、呼吸和其他功能的自主神经系统的健康状况。HRV通常很高，换句话说，两次心跳的间隔时间有很大差异是正常的。较低的HRV（心跳间隔时间相当一致）被认为是一种过度紧张的状态。

正如本章前面所述，术语"功能性过量训练"被用来描述训练计划设计的一个重要特征。请务必记住，功能性过量训练与过度训练是非常不同的。教练应意识到，力量和健康的最大收获来自训练计划，该计划要求运动员和客户定期使自己陷入暂时性疲劳（超负荷）状态。如果训练方法正确，这种类型的训练会大大提高训练水平。如果训练方法不当，过度疲劳会导致非功能性过量训练和过度训练。教练艺术的一个重要组成部分（一项需要多年培养的技能）就是知道何时以及如何努力推动运动员训练，以及何时后退并允许他们休息。

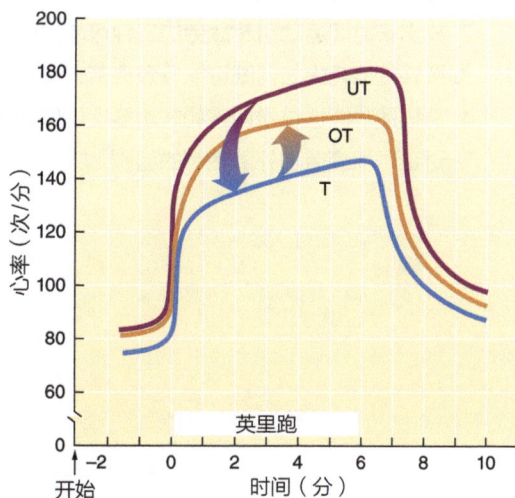

图4.10 在过度训练的人（OT）中，运动时的心率高于正常水平（T）。UT是同一个人未经训练时的心率反应

源自：W.L. Kenney, J.H. Wilmore, and D.L. Costill, *Physiology of Sport and Exercise*, 7th ed. (Champaign, IL: Human Kinetics, 2020), 367.

本章小结

- 在所有类型的训练过程中，疲劳都有助于刺激适应性的产生，最终改善体能。

- 肌糖原储存量的大幅下降可能会导致疲劳，但它在训练过程中也很重要，因为它是一种信号，可以促使肌肉通过储存更多肌糖原并促进其他变化来增强肌肉适应性，从而增强对耐力训练和间歇训练的适应性。

- 疲劳（无法继续完成任务）可以由许多因素引起，包括PCr和ATP耗竭、糖原储存量低、血糖过低、低血容量、体温过高、代谢性酸中毒和中枢神经系统功能紊乱等。

- 有效的训练常常会导致暂时性肌肉疲劳，并会周期性导致功能性过量训练（疲劳适度延长），但会避免出现持续数周的疲劳和运动表现下降，即非功能性过量训练或（数月的）过度训练。

- 通过饮食和锻炼改变肌糖原的储存量，可以放大细胞内信号，促进糖原储存、碳水化合物氧化、脂肪氧化、线粒体蛋白增多和血管的生成。

复习题

1. 定义疲劳并描述其可能的益处。
2. 找出长时间运动引起疲劳的三种可能原因。
3. 解释糖原耗竭如何既可能导致疲劳，又对增强训练适应性有益。
4. 请描述功能性过量训练和非功能性过量训练的区别。
5. 讨论中枢疲劳和外周疲劳的区别。

第 2 部分

科学设计训练计划

训练计划设计原则

学习目标

- 了解训练计划设计的5个可靠的科学原则。
- 了解如何应用训练计划设计的5个原则来满足个人的需求、兴趣和目标。

为了达到健身目标，应该采用怎样的锻炼强度，锻炼多长时间，多久锻炼一次？常识和科学表明，这个问题没有一个简单的答案，因为在设计有效的训练计划时，必须考虑许多其他因素。锻炼者的目标和期望是什么？这些目标是否与改善运动表现或其他目标（例如减肥、改善心血管健康状况或增加肌肉量）有关？这些目标何时才能实现？两个月？6个月？一年？锻炼者每周可花多少时间进行锻炼？锻炼者多大年龄？经验如何？这些问题和其他问题的答案是训练计划的设计基础，因为它们决定了有关建立训练计划的期望和局限性。

太难的训练计划会使训练者受到伤害、身心疲惫并患上过度训练综合征。如果训练的压力不够大，就不会产生最佳适应性，也就无法实现目标。过于僵化的训练计划没有考虑到人与人之间的先天差异。产生最佳适应性所需的适量运动与过多或过少的运动之间的平衡，在人与人之间有很大差异。

训练计划设计的基础是什么

无论训练计划的目标是什么，如提高速度、耐力、灵敏性、力量、爆发力，增加肌肉量，减轻体重，都必须考虑训练计划设计的5个原则：个体性、特异性、可逆性、渐进性超负荷和变异性。这5个科学原则构成了成功训练计划的框架。

运动表现营养要点

20世纪50年代的健身大师杰克·拉兰内（Jack LaLanne）曾经说过："运动为王，营养为后，将它们放在一起，你就有了一个王国。"出于这个简单的原因，每个训练计划都应该包含与营养相关的内容，旨在优化对训练的适应性。

个体性

个体性原则反映了个体适应运动压力的能力的先天差异。对于同样的训练，有些人适应得很快，有些人适应得很慢，如图5.1所示。换句话说，对于同样的训练刺激，不同的人有不同的适应性和适应速率。如第1章所述，适应性的差异很大程度上是由基因决定的——有些人适应得很快（高反应者），有些人适应得很慢（低反应者）。每个人的基因特征有助于确定训练的起点和终点。在为个人设计训练计划时，必须考虑到他们的独特特征，以便通过对运动强度、持续时间、频率、模式、休息时间、营养和水合作用的周密控制，最大限度地发挥其适应潜力。每个人最终都会对训练有所反应。低（慢）反应者只是需要更长的时间或需要更多的刺激来提升其适应能力。

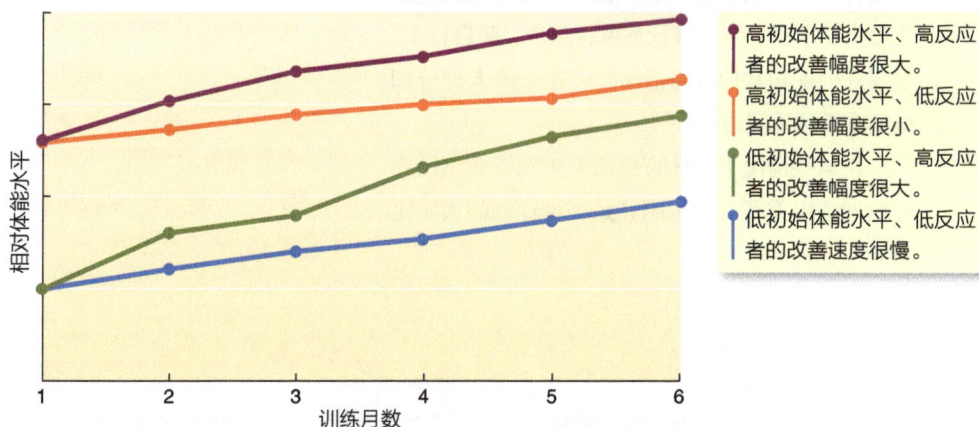

图例：
高初始体能水平、高反应者的改善幅度很大。
高初始体能水平、低反应者的改善幅度很小。
低初始体能水平、高反应者的改善幅度很大。
低初始体能水平、低反应者的改善速度很慢。

纵轴：相对体能水平
横轴：训练月数（1 2 3 4 5 6）

图5.1 初始体能水平以及对训练的反应都受到基因的影响，且因人而异。设计训练计划的人要考虑这样一个事实：人们开始训练时的体能水平是不同的，他们的进步可能也会因个人适应训练的能力而有很大的差异

训练计划设计的5个原则

- 个体性。对于同样的训练，有些人适应得很快，有些人适应得很慢。
- 特异性。适应性特定于训练模式和训练强度。
- 可逆性。对训练的适应性很容易丢失。
- 渐进性超负荷。训练负荷逐渐增加会促进表现的改善。
- 变异性（周期化）。变化的模式、持续时间、强度和频率可最大限度地提升适应能力，并降低过度训练的风险。

特异性

特异性：大多数（但不是全部）的训练应该反映运动或活动的特定要求。肌肉和其他组织的适应性特定于训练模式和训练强度。

常识表明，适应性特定于所施加的压力。例如，通过抗阻训练来刺激肌肉收缩和结构蛋白的产生，可以促进力量和肌肉量的增加。为了提高耐力，训练必须刺激线粒体蛋白的产生和增强心脏细胞的适应性，以满足长时间运动的需求。第 8 章的研究结果表明，高强度间歇训练（HIIT）可以增强无氧和有氧运动中的爆发力和能力，其结果导致了对特异性原则的解释略有不同。

当涉及特定的活动或运动时，特异性原则是成立的：为了提升在某项活动中的表现，你应该主要以这种活动模式进行训练。例如，虽然竞技游泳运动员经常在训练中进行举重、跑步、骑自行车、增强式训练和其他健身活动，但他们的大部分训练都在游泳池里进行。

在某些情况下，体育运动专项训练应该比一般的训练更重要。对于刚开始训练计划的人（比

在许多运动项目中，离心训练是反映训练的特异性的重要组成部分。离心训练不仅有助于增加肌肉量和力量，还可以加强肌肉作为减震器的功能，从而帮助防止与着陆有关的损伤，并应对足球、滑雪、冰球、篮球和橄榄球等运动中的高外部负荷。

高强度间歇训练

对于未受过训练而又喜欢娱乐活动的人来说，高强度间歇训练可以作为传统有氧训练的有效补充。对于那些训练时间有限或没有对耐力训练做好心理准备的人来说尤其如此。研究表明，只要在两周内进行 6 次 HIIT（总共约 15 分钟的高强度固定循环训练），就足以改善运动能力和增强耐力了。在一项重要的研究中，每周进行 3 次 HIIT，持续两周，训练内容为在自行车测力计上进行 4~6 次 30 秒的全速骑行，两次全速骑行之间进行 4 分钟的轻松骑行。在为期两周的实验中，训练的总时间仅为约 2.5 小时，每次训练只涉及 2~3 分钟的高强度运动。HIIT 能以最少的时间投入和最大的努力来提高最大摄氧量和改善心血管健康状况。专家建议，耐力运动员可以通过让 HIIT 占总训练的 10%~15% 来优化训练效果，并以较低的强度进行其余大部分训练，以确保持续进行耐力训练所需的运动单位不会被忽视。

参考资料：Gibala, M.J., & McGee, S.L. (2018) Metabolic adaptations to short-term high-intensity interval training: a little pain for a lot of gain? *Exercise and Sport Sciences Reviews*. 36(2): 58-63.

如想要参加铁人三项但没有运动经验的成年人），应该从一般训练开始，建立一个基础的体能水平，在此基础上可以增加体育运动专项训练。这种方法有助于人们发展基本训练技能，并减少与训练有关的损伤风险。

身体通过改善神经肌肉协调能力并提高速度和力量来适应快速伸缩复合训练，如第8章所述。

对阻力训练的适应包括增加运动单位的募集，更多的收缩纤维，以及更大的肌肉质量（部分取决于阻力训练的类型）。详见第6章。

耐力训练的结果是更大的心输出量，增加的VO_{2max}和更高的无氧阈，包括第9章所述的许多其他适应。

可逆性

可逆性原则是指当训练停止或显著减少时，对训练的适应性将会丢失。

训练所花费的时间和精力会激发肌肉、心脏和其他组织产生适应性，使身体能够承受不断增加的运动强度和持续时间。如果减少或停止训练，这些适应性将会丢失或大大减少（参见图5.2）。但是，在一年中无法坚持完成完整训练计划的时候，每周两天的维持性训练计划有助于保留大部分的适应性。"使用它或失去它"是对可逆性原则的准确总结，只是这句话缺少"失去它"的时间框架。毫无疑问，适应性的损失速度比适应性的获得速度要快，但可以通过重新训练来弥补这些损失。快速恢复力量和耐力的能力通常被错误地称为"肌肉记忆"。实际上是神经系统，而不是肌肉，保留了所谓的记忆，这些记忆可通过再训练激活。

一些科学家认为，训练引起的肌细胞内细胞核数量的增加，也可能使人产生一种局部记忆，帮助加快训练后的力量恢复。不管肌肉记忆的起源是什么，事实上，再训练可以刺激力量较快地增长，对于那些在休赛期缺乏训练的运动员，以及那些可能反复停止然后重新开始力量训练计划以预防肌肉减少症（严重的肌肉力量和质量损失）的老年人来说，这很重要。

几天不训练不会影响功能或表现。然而，受伤、固定不动（如人造关节或四肢）和长时间卧床休息会导致肌肉量减少，力量、爆发力、肌肉耐力、柔韧性、糖原储存量和最大摄氧量快速降低。相比之下，当停止或减少训练，运动员或病人继续进行其他日常活动时，适应性的损失速度会大大降低。在这种情况下，完全失去适应性需要数

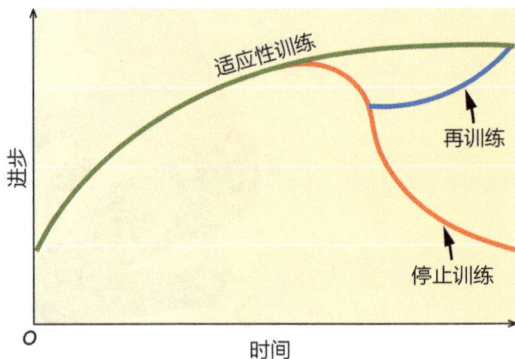

图5.2　停止训练会导致失去对训练的适应性，但通过再训练，一个受过训练的人会比一个未经训练的人适应得更快

周或数月的时间。为了保持适应性，应该鼓励人们每周进行2~3天的HIIT，或进行运动强度大于最大摄氧量的70%的持续训练。在不训练的情况下，肌肉力量的增强和高强度运动能力的提升可以维持数周甚至数月，但是耐力（包括肌肉功能和心肺耐力）在停止训练后两周内会下降。

渐进性超负荷

渐进性超负荷原则是所有有效训练计划的基石。为了优化对训练的适应性，应逐渐增加训练负荷（强度、持续时间、频率和模式的组合），逐渐使肌肉、心脏和其他组织超负荷，从而逐渐引入刺激适应性所需的物理压力。事实上，几乎任何类型的训练都会使身体承受的压力超过其已习惯的水平，这将导致身体出现适应性，从而提升身体进行体育活动的能力。

一直存在的一种风险是，过多的训练会使身体的适应能力不堪重负，并造成非功能性过量训练或过度

研究表明，至少在停止训练的前3周，肌肉力量的增强仍可以保持，然后才开始出现明显的力量下降。

训练的状况——身体无法适应，从而导致训练和表现能力显著降低。此外，当训练负荷持续超过个人的适应能力时，会出现过度使用损伤（如胫骨痛和关节疼痛）。总体训练负荷的逐渐增加可最大限度提升运动能力。

变异性（周期化）

变异性原则（也称为周期化原则）是这样一个概念：有目的地改变训练的模式、强度、持续时间和频率，可以有效地维持训练负荷，最大限度地进行适应，并最大限度降低过度训练的风险。

教练应认识到，一遍又一遍地重复相同类型的培训会导致人身体和心理上的僵化，并对最大限度地增强训练适应性产生反作用。因此，长期训练计划应该包括各种变化，在不同的模式、强度、持续时间和频率下保持适当的训练压力。包含大周期、中周期和小周期的训练计划就是应用变异性原则的一个示例。换句话说，让训练压力每天、每周、每月都有所不同，以便实现渐进性超负荷。

需要改变训练的模式、强度、持续时间和频率，以便最大限度地增强适应性并降低过度训练的风险。

板块周期化

周期性训练计划之所以有用，一个原因是它们需要短期和长期的规划以及目标设定。周期性训练的一个挑战是要确保计划中没有太多的目标，否则会让人对整个过程无法承受（无论是在生理上还是在心理上）。运动训练（与体能训练相反）特别具有挑战性，因为它需要发展许多特定技能，这让周期性训练计划的设计和执行变得很复杂。另一种方法是计划中包括专门的训练周期板块，这些训练周期板块仅专注于少数体能特征或运动技能，创建按照逻辑顺序构建的、朝着既定的表现或健身目标发展的中间环节。从理论上讲，板块周期性训练可以减少试图在短时间内完成太多任务导致的过度训练风险。此外，板块周期可以让运动员和受训客户将训练重点集中在少量的短期目标上，从而在进入下一个训练板块之前增加显著改善运动能力的可能性。

参考资料：Issurin, V.B. (2010). New horizons for the methodology and physiology of training periodization. *Sports Medicine*, 40(3): 189-206.

什么是有效的训练计划

在图5.3中，示例A描述了在每天都有改进的情况下所取得的进步。示例B说明，如果尝试遵循示例A的模式，通常会导致过度训练综合征：在没有充分休息的情况下进行过多的、过早的训练。示例C展示了渐进性超负荷训练计划的阶梯式训练方法，包括在一段时间内减少负荷，使身体在训练负荷逐渐增加前有规律地适应训练的压力。

周期性训练计划可以有很多变化，但都包括交替增加和减少负荷的时间周期。这些周期中，在一段时间内给身体施加一定的压力（刺激），然后留出进行适应（反应）的时间。如下面的公式所示，在每个周期中，必须有充足的休息、睡眠、营养和水合作用（促进因素），以增强适应性，并降低过度训练的风险。

刺激	+	促进	=	反应
适当的训练		营养		更快
		水合作用		更强壮
		休息		更具爆发力
		睡眠		更灵活

每天都更努力地训练，每天都进步。那不是很好吗？

每天都更努力地训练，但最终会停滞不前，达到过度训练的状态，且永远无法达到目标。

刻苦训练，然后降低强度以适应，接着再努力训练。重复此过程，直至达到目标。

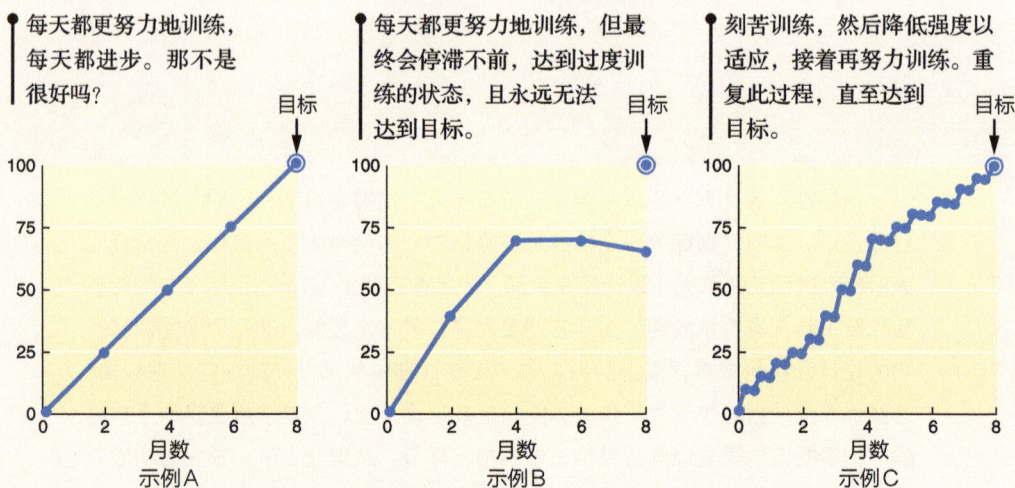

图5.3 3个假设性的为期8个月的训练计划示例说明了周期化有助于确保目标的实现

由于每个训练计划都要考虑诸多因素，所以周期性训练计划种类繁多。举个明显的例子，中学生足球运动员的训练计划与大学生足球运动员的训练计划有很大的不同。同样，为大学游泳运动员制订的力量训练计划与为喜欢游泳健身的44岁职业母亲制订的力量训练计划明显不同。表5.1总结了在设计训练计划时必须考虑的问题。表5.1中的10个问题的答案将有助于指导你

表5.1 设计训练计划时应考虑的问题

问题	安娜（Anna）	丹（Dan）	约翰（John）
年龄多大	32岁	26岁	55岁
目标是什么	完成奥林匹克铁人三项比赛	参加一场马拉松比赛	增加肌肉量，减少脂肪
有多少运动或锻炼经验	高中时参加过两年的田径运动。在大学和毕业后定期参加健身课程	高中参加过田径赛和越野跑，大学期间获得过田径奖学金	高中参加过高尔夫球队。参加过当地的公路自行车比赛，喜欢骑自行车和举重
技能水平如何	初学游泳和骑自行车。有跑步训练和公路比赛方面的经验	高级。在大学里一英里跑的成绩为4分2秒，了解过马拉松训练计划	高于平均水平，看起来很有运动天赋。尝试了很多健身项目
有受伤或健康问题吗	没有。高中田径赛季的时候还戴过胫骨夹板	完全没问题	存在关节炎引起的周期性髋部疼痛
对训练的投入程度如何	似乎对尝试新事物感到兴奋，并表示在需要时会自己训练	非常投入。过度训练可能是一种风险	愿意在上班前或下班后进行训练
对这项运动或活动的总体兴趣如何	很高兴能参加铁人三项比赛，因为许多朋友都是铁人三项运动员	希望能以2小时20分的成绩完成比赛	渴望保持力量和肌肉量
在专注度和技能方面的竞争力如何	在这两个方面都是初学者。现在还不能确定是否会发展出竞技优势	极具竞争力。有比赛经验，知道如何训练	竞争力提高不如身体成分和健康状况的改善重要
愿意将多少时间投入训练中	愿意每周至少训练3天	愿意每周训练6天	他认为自己每周至少可以训练4天
实现关键目标的最后期限	3个月内冲刺铁人三项。5个月内参加奥运会	4个月内参加第一次马拉松比赛，6个月内参加下一次马拉松比赛	希望能在1个月内看到改进

制订一个适合运动员或客户的个人需求、兴趣和目标的训练计划。

适应才是目标

在本书中，反复使用"适应"这一词是因为我们的训练目标就是让肌肉和其他组织的适应性最大化。为了刷新你的记忆，所有适应都是单个细胞产生更多功能蛋白（例如酶、信号分子、收缩蛋白和结构蛋白）的结果。细胞中功能蛋白含量的增加会增强细胞满足运动需求的能力。以下是3个示例。

1. 在肝细胞中，功能蛋白的适应性增强了肝脏储存糖原的能力，这些糖原可用于在运动过程中维持血糖浓度。

2. 在骨骼肌细胞中，功能蛋白的适应性提升了细胞更快和更长时间（在许多其他适应过程中）地产生ATP的能力。

3. 在血管细胞中，功能蛋白的适应性使血管能够更好地扩张和收缩，以满足运动过程中对血流变化的需求。

运动表现营养要点

与控制碳水化合物的摄入一样，也可以控制蛋白质的摄入来增强对训练的适应性。确保在训练后以及每天摄入足够的蛋白质可以最大限度地促进肌肉蛋白合成。这可通过在训练后立即摄入20~40克的优质蛋白来实现（优质蛋白包含所有必需氨基酸，例如大豆、肉类和鸡蛋）。此外，每天在正餐和零食中均匀地摄入蛋白质也被证明可以促进肌肉蛋白合成。一个简单易记的经验法则为：每天每千克体重约摄入2.2克蛋白质，即可获得足够的蛋白质来满足最高强度训练的需求。事实上，一些研究表明，即使只摄入这个量的一半的蛋白质，也足以满足运动员每天对蛋白质的需求。

将渐进性超负荷与周期化相结合（更多地关注周期化）

细胞内功能蛋白的最佳适应发生在训练时对周期性过度运动的反应中，推动身体自然地适应不断增加的运动压力。设计训练计划时，主要挑战之一就是确保功能性过量训练不会发展成非功能性过量训练或过度训练。实现该目标的一种方法是遵循渐进性超负荷和周期化原则，如图5.4所示。

图5.4中的示例显示了如何将具有特定目标（可以是减肥目标、与力量有关的目标、表现目标）的为期8个月的训练计划分解为多个训练部分或周期。在此示例中，两个为期4个月的大周期中允许建立子目标，以便在实现最终目标的过程中评估进展情况。同样的方法也适用于为期2个月的中周期和为期2周的小周期。将一个训练计划分成多个不同的部分，可以为每个部分都制订特定的健身目标，并逐步朝着最终目标前进。如果在一个小周期内没有取得足够的进展，那么可以改变后续的训练，确保能够实现未来的子目标。应该注意的是，训练很少能像图5.4中描述的那样良好地展开。周期化的真正价值可能是作为一种概念性方法用于制订长期训练计划，以包括训练5原则的各个重要方面。例如，针对个人运动（如跑步、游泳、骑自行车和铁人三项）的传统训练计划，强调在赛季初期就建立有氧训练基础，并强调低强度、长时间的训练。赛季中期的训练重点是增加强度，赛季后期的训练要进行最后的赛前减量，该目标通常以持续时间较短的高强度训练为特色。橄榄球、

足球、冰球、排球和篮球等团队项目的训练，通常需要在竞赛年度的初期进行大量训练，一旦竞争激烈的赛季开始，就需要进行维持性训练。

根据一些研究，与传统方法相比，周期性的板块训练有出色的效果。板块训练并不是将每周训练的各个方面结合起来，而是强调每周或每两周（小周期）的变化，以发展力量、耐力、爆发力、技能或任何教练认为重要的元素。

请注意，在图5.4中，每次训练能力增强后（中间的黑线），接下来的一段时间，训练负荷就会保持稳定（在某些情况下甚至可能减少）。定期将训练负荷减少并持续几天甚至更长时间，从而为功能蛋白的适应留出时间，同时减少非功能性过量训练或过度训练的风险。请记住，图5.4只是一个示例，说明了如何将渐进性超负荷和变异性（周期化）原则纳入包含大周期、中周期和小周期的训练计划中。

训练计划设计的其他变化包括：进行一定天数的艰苦训练，然后再进行相同天数的休息或负荷减少的训练。一些教练遵循75%原则：75%的训练以低于最大心率（HR_{max}）的75%的强度完成，15%的训练以中等强度（例如，75%~85%HR_{max}）完成，10%的训练以高强度（例如，大于85%HR_{max}）完成。制订有效训练计划的方法有无数种。我们面临的挑战是制订出最适合运动员和客户的需求、兴趣、目标和能力的训练计划。

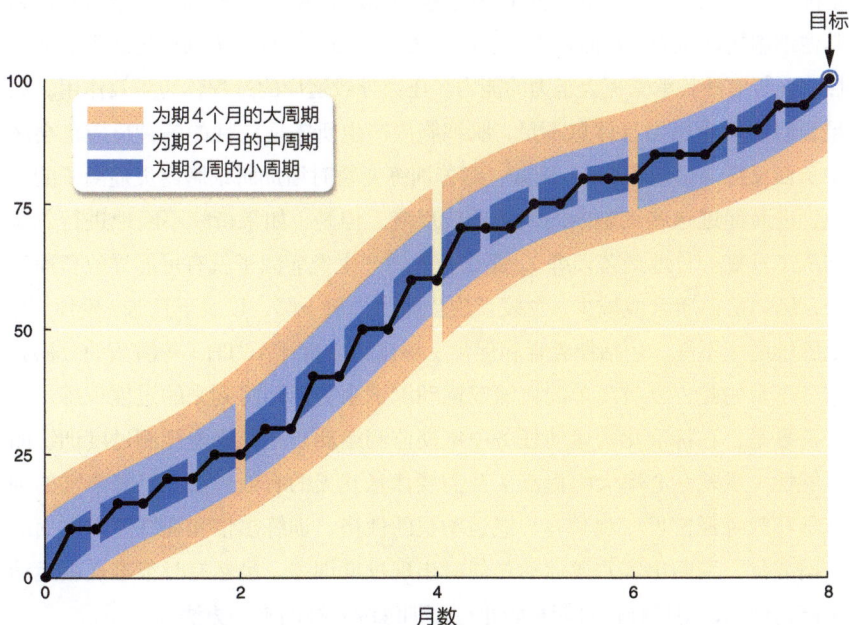

图5.4 一个为期8个月的周期性训练计划示例，其中包括大周期、中周期和小周期，每个周期都有对应的运动模式、强度、持续时间、频率和休息目标

在重大比赛前，应逐步减少训练负荷，以最大限度地适应训练的各种变化。这种训练负荷的减少通常被称为减量。对游泳运动员、跑步运动员和自行车运动员的研究表明，在不改变训练强度或频率的情况下，通过将训练量减少40%~60%，可以在重大比赛前两周实现最佳减量策略。

> 过度训练的运动员的最大摄氧量、心输出量、收缩压和循环肾上腺素水平都会下降。

关于过度训练的更多信息

大多数运动员和客户都有努力实现自己目标的动力。有时，勤奋过度会导致过度训练（也称为过度训练综合征）。过度训练可不是什么好消息，因为仅仅休息几天甚至几周是无法将其纠正的。一些运动员需要6个月或更长时间的休息来缓解过度训练带来的所有症状，这是一段令人沮丧、懊恼和痛苦的时间。你需要了解过度训练，以防出现这种情况。

如第4章所述，过度训练的症状包括：力量、协调能力和耐力的下降；失去动力和乐趣；抑郁症；食欲不振；减重；睡眠障碍、易怒和注意力不集中；以及心率和血压的变化。过度训练是神经系统、内分泌系统、免疫系统和肌肉骨骼系统之间相互作用的结果。

过度训练是一种失败的适应。更糟糕的是，运动员的表现不仅会停滞不前，情况还会恶化，有时甚至再也无法恢复。有效的训练计划是通过定期给肌肉和其他细胞施加压力，从而在力量、爆发力、耐力、速度等方面产生所需的适应性，逐渐提升其承受更大压力的能力。压力导致适应的过程称为激效作用。如果长时间承受压力且休息不足，肌细胞内产生所需适应性的各种反应也会产生负面反应（适应不良）。例如，刻苦训练会暂时增加肌细胞内炎症因子的产生，进而促进这些细胞内的积极适应反应。但是，如果持续不断地进行刺激训练（日复一日地刻苦训练），那么长时间产生炎症因子就有可能导致负面反应，例如蛋白质合成减少，免疫反应受损，力量下降，以及下丘脑-垂体-肾上腺轴适应不良，包括催乳素和促肾上腺皮质激素（ACTH）等激素的分泌异常。不幸的是，没有简单的血液或运动测试来警示即将到来的过度训练。但好消息是，在标准化的运动任务中定期监测运动心率似乎是预测过度训练的可能性（反映为心率大幅提高）及需要休息几天的有效方法。经验丰富的训练师和教练通常可以观察客户或运动员的性格、训练热情和训练能力方面的负面变化，判断出客户或运动员何时出现过度训练。虽然有时很难说服运动员停止训练，但这样做可能是防止过度训练综合征的唯一方法。

过度训练可能导致以下方面的消极变化

- 脑神经递质
- 脑结构
- 运动神经功能
- 激素反应
- 免疫反应
- 肌肉功能
- 体重
- 食欲
- 睡眠
- 激励
- 精力水平
- 情绪
- 静息心率（升高或降低）
- 静息血压（升高或降低）

训练术语

没有什么比一堆术语及其定义更无聊的了，但在此处的情况下，了解相关的术语和含义非常重要。例如，如果一名运动员向你征求关于如何提高灵敏性的建议，你们必须就灵敏性的定义达成一致，这样你们的理解和期望才会更加明确。因此，考虑到这个简单的目标，这里提供了一些术语的正式定义，以及包含这些术语的一些示例。

适应性：身体产生各种变化以适应新环境或新条件的过程。"运动训练可以刺激肌细胞产生适应性，从而提升细胞产生运动表现改善所需能量的能力。"

灵敏性：快速准确地改变方向的能力。"她今年确实对我们团队提供了很大帮助，因为她在防守上的灵敏性有所提高。"

板块周期化训练：一种训练计划，可以在设定的时间段（例如1周）内将训练重点放在单个目标（例如提升耐力、力量、爆发力、技能水平）上，然后再将训练重点换为另一个目标。"在赛季的第一个月，我们依靠板块周期化训练帮助运动员建立一个强大的有氧适能基础。"

停止训练：由于大大减少了训练负荷或完全停止了训练，训练适应性部分或完全丧失。"为了防止在圣诞假期期间停止训练，我们鼓励运动员每周至少进行两天的HIIT。"

持续时间：运动的时长。"在下一次训练课中，我们会通过增加重复冲刺的持续时间来增加你的负荷。"

耐力：抵抗疲劳的能力，如肌肉耐力或心肺耐力。"要提升你在第四季度比赛中的表现，就必须提高你的耐力。"

疲劳：无法继续某项任务，通常与暂时的疲倦感有关。"为了最大限度地使肌肉产生适应性，定期运动到有疲劳感非常重要。"

功能性过量训练：有计划地、系统地增加训练负荷，使身体承受超出正常水平的压力。经过几天的休息或简单的训练后，功能性过量训练可以提升表现能力。"每项有效的训练计划都包含了功能性过量训练，然后是减少训练负荷或休息一段时间。"

激效作用：用适当的压力诱导积极适应的过程。"在力量训练过程中限制血液流向肌肉是用激效作用来增强训练反应的一个示例。"

强度：用力的大小。"增加重复冲刺的强度将会改善无氧和有氧适能。"

大周期：训练计划中一段较长的时间，通常会是几个月。"我们将训练赛季分为3个大周期，因为这与我们的比赛日程最适合。"

适应不良：身体无法适应训练。"过度训练是适应不良的一个示例，过多的训练会抑制细胞适应的能力，从而影响表现。"

中周期：训练计划中的中间时间段，通常只有一两个月。"我们目前设计的中周期旨在增加球员在5分钟内完成全场冲刺的次数。"

小周期：训练计划中的一小段时间，通常不超过一两个星期。"我们的球员现在处于一个小周期中，目标是将卧推负荷逐渐增加5%。"

模式：某物的特殊形式或变化。"我们会经常改变运动模式，以防你的身心过于习惯做同样的事情。"

非功能性过量训练：表现能力出现无法提升，甚至降低的情况，在休息数周或数月或者减少训练量后会有所改善。"我们会在接下来的 3 周内减轻你的训练负荷，使你摆脱这段非功能性过量训练时期。"

超负荷：高于正常水平的压力或负荷。"为了让肌肉适当地适应，必须逐渐使它们超负荷。"

过度训练：经常进行超出身体承受范围的训练。"那支球队通常在赛季的最后阶段表现不佳，因为他们的教练不了解过量训练和过度训练之间的区别。"

过度训练综合征：身体无法适应以数周或数月的表现和训练能力下降为特征的运动训练。"在过去的两个赛季中，她都饱受过度训练综合征的折磨，因为她的教练坚持要求她每天都刻苦训练。"

周期化：将训练时间分为多个时间段。"逐步增加运动员身体负担的一种有效方法是使用周期化方法来设计训练计划。"

爆发力：反映做功速率的指标（爆发力等于力乘以距离除以时间）。表现能力的提升通常要求提升爆发力。"一个足球后卫可以通过减去多余的体脂并提高速度来增加其爆发力。"

重复次数：重复某个动作的次数。"随着你变得更强壮，我们会逐渐增加卧推的重复次数。"

组数：一组训练的重复次数。"研究表明，做 3 组 8~12 次的运动来缓解暂时性疲劳，似乎可以优化肌肉量的增加。"

速度：运动的速度。用数学术语来说，速度等于移动的距离除以移动的时间。"我们可以制订一个训练计划来提高你 40 码（1 码 ≈ 0.91 米）冲刺的速度。"

力量：肌肉施加力的能力。"正确的抗阻训练可帮助老年人提高握力，使日常工作变得更轻松。"

减量：在重大比赛前减轻训练负荷，最大限度提升比赛表现。"距离州冠军赛只有 3 周的时间了，我们已经准备好开始减量工作。"

训练变量：训练计划中可以控制的部分：强度、持续时间、模式和频率。"我们的训练计划纳入了训练变量，使我们的客户能够进行过量训练，但不会发生过度训练。"

训练量（或训练负荷）：训练变量的组合。"你可以通过单独或组合式训练来增加训练频率、持续时间和强度，从而增加训练量。"

功：用数学术语来说，功等于力乘以距离。"走楼梯时会做一些功，因为你将自己的体重（力）提高到楼梯的高度（距离）。"

负荷：预期的、已分配的或已完成的训练量。"过去几周你的进步很大，所以下周我们会增加你的负荷。"

本章小结

- 训练计划设计的5个核心原则是个体性、特异性、可逆性、渐进性超负荷和周期化。
- 周期性训练是在整个训练期间有目的地改变训练负荷（强度、持续时间、频率）和模式（耐力、速度、力量、爆发力等），以优化对训练的适应性。
- 体能水平丧失的速度比获得提高要更快，但是再训练可以促使人们很快恢复到先前的体能水平。
- 功能性过量训练是指导致持续疲劳的训练，这种疲劳在休息几天或减少训练负荷后会缓解。定期进行功能性过量训练对于最大限度实现身体健康至关重要。
- 当训练负荷长时间过高，需要休息数周或减少训练才能使表现恢复正常时，就会发生非功能性过量训练。
- 过度训练综合征是几个月的艰苦训练（和其他生活压力）的结果，会导致长时间的精神和身体疲劳，可能需要数月的休息才能解决。
- 当通过休息、睡眠、营养和水合作用促进训练，刺激细胞和系统产生变化，从而提升实际运动能力时，就会产生最佳适应性和表现能力的改善。

复习题

1. 确定并简要描述训练计划设计的5个原则。
2. 解释为什么定期进行功能性过量训练对于最大限度地适应训练非常重要。
3. 描述与板块周期化训练有关的基本概念。
4. 解释在重要比赛前"减量"的概念。
5. 列出过度训练的3种症状，并描述过度训练与非功能性过量训练的区别。

通过训练增加力量和肌肉量

学习目标

- 了解肌肉在力量训练中的反应和适应方式。
- 了解营养如何影响力量训练中肌肉的反应。
- 了解肌肉对训练、停止训练和再训练的反应。

　　运动员在做杠铃抓举时，鼓起的肱二头肌在杠铃的阻力下变得紧绷，前臂肌肉也被用来将手腕锁定在适当位置。来自大脑的神经冲动激活了手臂屈肌以及躯干和腿部各种肌肉中的运动单位，以保持身体稳定。如果这位运动员的目标是增加肱二头肌的力量和质量，那么在一次训练中应该做多少组动作，重复多少次？他应该举起多大重量？每周有多少节课？进行力量训练时，什么时候回报会递减？换句话说，每周进行5次力量训练，每次训练一小时，是否比每周进行两次时间更短的力量训练要好？

　　几个世纪以来，增强肌肉力量的技术一直是运动训练的核心，所以你可能会认为，到现在为止，运动科学家和健身教练应该清楚地知道哪种方法能够最有效地增加力量和肌肉量。事实上，他们并不知道。关于人们应该多久进行一次、一次进行多长时间的力量训练来优化细胞适应性，从而增加力量和肌肉量，一直是一个"健康的争论"。不一致的研究结果助长了这个争论。开始本章之前，让我们回顾一下增加肌肉力量和肌肉量所需的适应性。

如何增加力量和肌肉量

如第1章所述，中枢神经系统和肌细胞会对力量训练产生适应性。

对于刚开始进行力量训练或者数月或更久没有进行过力量训练的人来说，肌肉力量会在训练开始后立即增加。这种力量的增加与收缩蛋白的增加无关，而与运动单位的增加有关。换句话说，肌肉力量并不完全取决于肌肉的大小。随着神经系统募集更多的运动单位，力的产生（力量）也会增加，因为每次收缩会涉及更多的肌细胞。在最初的8~10周后，肌细胞通过产生更多的蛋白质（肌动蛋白、肌球蛋白、肌钙蛋白、原肌球蛋白、肌巨蛋白等）来适应力量训练的持续压力，且肌肉量随之增加。力量训练可增加多少肌肉量和力量取决于图6.1所示的因素。

进行力量训练时，对肌肉量影响最大的因素是基因。很明显，一些人有肌肉大量增加的遗传倾向，而另一些人则没有。一个人可以增加多少肌肉量主要是由基因型（遗传基因构成）决定的，基因型决定了肌肉量和细胞所有其他特征的种类上限，这是一个说明了先天如何决定后天（在这里是力量训练）能够完成什么的很好的示例。但是，每个人都可以通过适当的训练计划增加一些肌肉量和肌肉力量。这是因为表型是由基因型和环境的相互作用决定的。就肌肉量而言，环境因素包括儿童时期的体育活动程度、开始力量训练的年龄、力量训练的持续时间、饮食和目前使用的力量训练方法等。年龄和性别也会对肌肉量产生影响。

任何种类的训练都会改变表型，至少在训练停止和适应性逐渐消失之前均是如此。

力量训练的刺激旨在激发适应性反应：使肌细胞中的功能蛋白增加，使肌肉产生更大的力，并使单个细胞增大，从而增大整个肌肉。力量训练触发肌细胞内的信号，刺激细胞核产生更多的收缩蛋白，然后将其与细胞中现有的收缩蛋白结合到一起。换句话说，有效的力量训练可以增加肌肉蛋白的合成。训练增加了肌细胞信号通路与存在于每个肌细胞内的细胞核中的DNA之间的相互作用。基

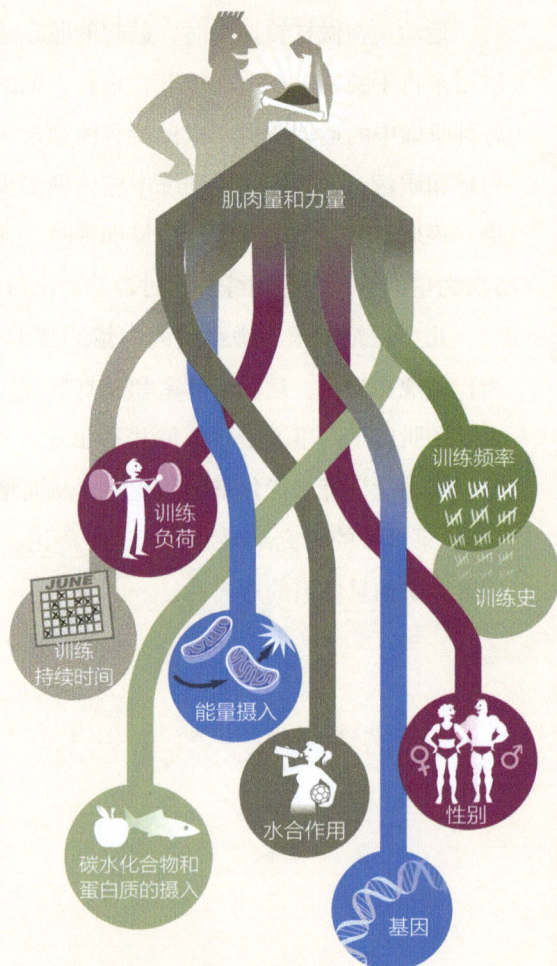

图6.1 影响力量和肌肉量的因素

因型决定了肌细胞的细胞核对训练的反应程度，由此决定了在达到基因型所决定的上限之前，将增加多少新的肌肉蛋白。

对力量训练的适应

- 募集更多运动单位
- 更高的运动单位刺激频率
- 同步募集更多的运动单位
- 减少对运动单位的抑制
- 肌细胞体积增大（肥大）
- 可能造成肌细胞数量的小幅增加（增生）
- 改善线粒体功能
- 毛细血管增多
- 骨密度和骨骼强度增大
- 增强韧带和肌腱的强度

肌肉肥大的原因

- 更多的收缩蛋白（肌动蛋白和肌球蛋白）
- 更多的结构蛋白
- 更多的弹性蛋白
- 更多的肌质
- 更多的结缔组织
- 更多的细胞内水分（肌肉的75%~80%是水）
- 更多的肌细胞（有可能，但不常见）
- 更多的肌原纤维单元

力量训练选项的示例

- 自体重负荷练习
- 力量训练机（有许多不同的选择）
- 自由重量（杠铃和哑铃）
- 体操棒
- 壶铃
- 弹力带
- 重力球
- 力量训练俱乐部
- 离心、向心和等长练习
- 弹震式训练
- 单边及双边练习
- 力量训练带

女性可以在不显著增加肌肉量的情况下增加力量吗

答案很简单，可以。请记住，在肌肉量增加之前，就可以在训练初期获得明显的肌肉力量增加。这种力量的增加与募集更多的运动单位和神经系统的其他变化有关。想要增加力量和改善肌肉功能但又不想肌肉增大的女性，可以用更轻的重量进行训练，并相应地调整长期训练计划。简而言之，肌肉尺寸增加的程度取决于基因和力量训练的类型。另一个决定训练后肌肉量增加多少的重要因素是睾酮的产生。睾酮是一种类固醇激素。换句话说，睾酮可以促进合成代谢反应，例如伴随抗阻训练而增加的肌肉量和力量，以及伴随着男孩青春期而来的体毛增长和变声等反应。

雌激素是女性的主要性激素，直接由睾酮产生。因此，所有女性体内的睾酮含量都很少（男性体内的睾酮含量比女性多20倍）。因此与男性相比，女性对力量训练的合成代谢反应较弱，而男性则受益于较高的睾酮含量。雌激素产生于卵巢或者在脂肪细胞中由睾酮转化而来，而睾酮产生于胆固醇。雌激素对肌肉和结缔组织的影响（作为对训练的反应）尚不清楚。

表6.1展示了如何制订力量训练计划来实现运动员或客户的目标。这些示例说明了如何修改训练来满足个人的兴趣和目标需求。

表6.1　为不同运动员或客户制订的力量训练计划

级别	目标	上半身肌肉	下半身肌肉
16岁的女游泳运动员	增加力量来提高游泳速度 减少多余脂肪	背部下拉机辅助的引体向上，单臂缆绳下拉	壶铃蹲，负重臀部上举，俯卧弯腿，跳箱
		按照赛季早期的正确技巧，用较轻的重量完成两周的重复练习，然后过渡到3组重复3~15次的练习，并随着时间的推移逐渐增加重量	
22岁的女性初学者	从久坐不动的生活方式过渡到积极的生活方式 提高肌肉张力 减少多余脂肪	背部下拉机练习，坐姿划船器械练习，轻型张力带反式蝶机练习	腿蹬举，体重台阶练习，腿部伸展
		3组重复15~20次的练习。采用中等重量，两组练习之间休息60~90秒	
32岁的女性健身爱好者	增加肌肉力量 在不增加太多肌肉的情况下塑造肌肉线条 增加体能耐力	辅助引体向上，哑铃划船，缆绳交叉反式蝶机练习	杠铃后蹲，负重反弓步，弓步跳跃
		3组重复12~15次的练习。采用从中等到较重的重量，两组练习之间休息30~45秒	
52岁的女子铁人三项运动员	增加力量来改善在铁人三项中的表现 希望肌肉线条更明显	辅助引体向上，哑铃俯卧头后举，单臂俯身旋转缆绳划船	杠铃前蹲，负重反弓步踏步，药球蹲起跳
		3组重复3~15次的练习。采用从中等到较重的重量，两组练习之间休息90~120秒 练习到失败为止，然后进行3组连续的重复次数减少的练习	

锻炼方法源自：Kelly Schnell, BS, CSCS, ACSM-CPT, Inspyr Fitness, Arlington Heights, IL.

增加力量和肌肉量的最佳方法是什么

肌肉具有很强的可塑性，表现在肌肉可以非常迅速地适应各种情况。肌肉在数小时的训练后开始慢慢适应该训练，而在停止训练的数小时后，肌肉开始逐渐失去这些适应性。在将人的肢体置于石膏中或长时间卧床休息时，肌细胞就会萎缩，也就是说，其几乎会立即开始失去收缩蛋白，肌肉变小并失去力量，这样每天损失的收缩蛋白可以达到总量的3%~4%。

你已经了解到，肌细胞将增加其功能蛋白的含量作为对训练的一种反应，这使得细胞能够提升工作能力。只要让肌肉逐渐超负荷，功能蛋白含量的增加就会持续下去，最终达到基因型所决定的极限。太早进行过多的力量训练不仅会增加受伤的风险，还会导致过量训练，甚至过度训练，这些情况在第5章中已经讨论过。适量的训练可以让肌肉力量和质量逐渐增加。那什么才是合适的力量训练量呢？做多少组？重复多少次？多久进行一次训练？

力量训练使肌肉处于各种刺激下，这些刺激相互作用，导致肌肉蛋白增加。这些刺激包括对肌细胞的机械压力；增加运动单位的募集；活跃的肌细胞肿胀；睾酮、生长激素和胰岛素样生长因子（IGF-1）等激素的影响；肌细胞的轻微损伤；乳酸等代谢物的积累；以及自由基（如活性氧）的增加。所有这些刺激相互作用，决定了肌肉蛋白合成总体增加。

抗阻训练计划的一般准则

　　根据现有研究，以下是一些关于制订力量训练计划的实用建议。这些概念和建议适用于任何有力量训练计划目标的人，无论是刚开始健身计划的人，寻求提高运动专项力量的运动员，还是努力增加肌肉量的健美运动员。当然，一个重要的警告是，每个人都应该先学习正确的运动技巧。那些刚接触抗阻训练的人应该先选择力量训练，以发展基本的抗阻训练技能，然后再学习更复杂的技巧。围绕这些原则，力量训练计划可以有无数种变化，因此，应将这些技巧视为设计个性化力量训练的基础。

- 每个人都是不同的。你的基因决定了肌肉力量和肌肉量发展的程度和速度。即使训练负荷相同，不同运动员也会有不同的进步速度和程度。

- 保持简单。在增加肌肉力量和肌肉量方面，复杂的、周期性的、针对特定运动的训练方法，并不比那些简单但具有挑战性的方法更好。

- 每周训练两次是有效的。对于需要竭尽全力参与的紧张赛季尤其如此。这并不意味着运动员不能或者不应该选择更频繁地进行力量训练。而是意味着，每周对单个肌群进行两次以上的力竭性训练，并不会显著增加肌肉力量和肌肉量。换句话说，按照力量训练计划每周一和周三进行手臂、肩膀、胸部和背部锻炼，周二和周四进行腹部、臀部和腿部锻炼，每周有两天时间有效地锻炼这些肌群。

- 至少做一组练习，每组重复3~15次。仅通过3~15次重复举起足以使肌肉疲劳的重量，也能提供一种强大的刺激，从而增加肌肉力量和肌肉量。当然，并不是每个人都能承受负荷较重的抗阻训练，因此，如果需要做多组练习，每次重复15次以上，只要对肌群频繁施加足够的压力，就会导致肌肉力量和肌肉量的增加。例如，一个足球前锋的力量训练计划可能包括3组重复8次的负荷较重的抗阻训练，而同一支球队的防守后卫可能会完成热身，然后进行1或2组重复20次的负荷较轻的抗阻训练（但肌肉收缩速度更快）。参见本章后面的表6.2，其中有一个20分钟的力量训练示例，该训练可以增加肌肉力量和肌肉量。

- 一直努力，直至失败。不管你选择做多少组练习或重复多少次，周期性的短暂力竭有助于刺激力量的增长。努力应对暂时的失败（无论是重复3次还是重复30次）可以增加新募集的运动单位数量，以确保有足够的刺激来产生适应性。

- 保持平稳。在两个方向上保持所有的动作平稳，以便最大限度地给肌肉施加压力。这样做可以增加肌肉处于紧张状态的时间，有助于确保肌肉获得足够的训练刺激。举得太快会产生动量，从而减少肌肉承受的总体刺激压力，但会增加受伤的风险。运动员应该在两组练习之间进行充分的休息，确保动作的一致性。

- 享受挑战。选择一种能够让你持之以恒的抗阻训练。当你觉得无聊并开始放松训练的时候，可以随时改为另一种训练方法。

- 器材无关紧要。使用任何可用的器材。毫无疑问，某些类型的健身器材在舒适性、稳定性、运动范围、关节力量、器材占地面积等方面都有优势，但增强力量并不需要这些花哨的器材。

- 一次训练一个部位很有帮助。无论是推胸、肱二头肌弯举，还是下蹲，一次即使只训练一只胳膊或一条腿（单边训练），也需要核心肌肉参与以保持稳定。这意味着多个肌群同时得到锻炼，这对整体力量的提高是件好事。

- 关于提高力量和爆发力。使用高负荷或高抗阻（例如，大于80% 1RM），减少重复次数和组数（例如，进行3组练习，每组重复8次）。1RM是运动员一次努力可以达到的最大负荷或抗阻。

- 关于增加肌肉量。每周进行多次（3次或更多次）训练。依靠更多的重复次数（例如，做3组练习，每组重复25次）和更多组练习，以达到瞬间力竭的效果。训练课程中可以包括低负荷和高负荷训练，以增加多样性。

- 休息一会儿。在两组高强度运动之间休息一到两分钟，让肌肉有时间在下一次高强度运动之前得到恢复。请记住，募集尽可能多的运动单位非常重要，在两组练习之间进行充足休息有助于实现这一点。

- 混合使用各种练习方法。没必要连续数月重复同样的练习。只要给肌肉施加足够的压力，肌肉力量和肌肉量就会增加。实际上，任何一种力量训练都无法满足运动和体育活动中所有与力量有关的需求。因此，让运动员接触各种抗阻训练是有科学意义的。

- 应该感谢你的父母。你的基因型决定了你对运动的反应方式，力量训练也不例外。那些能很快变得更强壮、更健美的人要感谢他们的父母。

- 接受肌肉酸痛，避免肌肉疼痛。每当增加训练负荷或进行新的锻炼时，都会出现周期性的酸痛。这种酸痛是正常的反应。导致运动受限的肌肉和关节疼痛是不正常的。

- 没有一种方式是最好的。运动员可以通过许多不同的方式发展肌肉力量、质量和结实度。例如，建筑工人、农民和其他劳动者也可以发展出令人印象深刻的功能性力量，但他们获得这种力量不是通过遵循传统的抗阻训练原则，而是通过每天以不同的负

荷对肌肉施加压力。他们的肌肉经常疲劳、灼烧、疼痛、酸痛，并逐渐适应工作的压力。这个故事的寓意是，要让肌肉走出它们的舒适区，定期对增加肌肉力量和肌肉量的训练做出反应。

- 蛋白质是你的好朋友。水和碳水化合物也是你的好朋友。全天保持水分充足可以促进肌肉合成代谢。运动后，疲劳的肌肉需要碳水化合物来补充能量和蛋白质，从而促进肌肉修复和生长。正常的膳食和零食可以提供这些营养，但在运动后立即饮用一大杯巧克力牛奶或类似的蛋白质饮品会迅速为肌肉提供恢复和生长所需的蛋白质和碳水化合物。优化肌肉蛋白合成并不仅仅适用于举重运动员和健美运动员。优化肌肉蛋白合成只是意味着为肌肉的恢复、修复和适应创造一个理想的环境。

关于力量训练科学信息的参考资料

- 美国运动医学会（ACSM）
- 美国运动理事会（ACE）
- 大学力量与体能教练协会（CSCCa）
- IDEA 健康与健身协会（IDEA）
- 美国国家运动教练协会（NATA）
- 美国国家体能协会（NSCA）

运动表现营养要点

研究表明，在高强度运动后，只要摄入 20~40 克的优质蛋白（奶制品、瘦肉、鱼、鸡蛋、大豆）就足以最大限度地刺激肌肉蛋白的合成。

如果最大力量和肌肉量是决定运动成功的最重要因素，那么举重运动员和健美运动员将主宰所有运动项目。运动员通过提高功能性力量而受益，这样他们就可以在对运动表现最重要的时间和地点提供更强的肌肉力量、爆发力和耐力。通过正常的运动训练，运动员可以增强力量，而且通常可以增加一点肌肉。如果为了增加肌肉而施加的力可以增加成功完成某项

力量训练的好处

- 更好的关节稳定性
- 改善平衡
- 降低跌倒风险
- 静息代谢率（RMR）增加
- 改善身体外观
- 骨密度增大
- 降低患骨质疏松的风险
- 改善血脂状况
- 更快地从受伤、疾病和手术中恢复
- 更好的睡眠
- 改善心血管健康状况
- 降低患抑郁症的风险
- 增强自尊心
- 改善葡萄糖代谢
- 降低血压
- 更高的胰岛素敏感性

运动所需的力量，那么通过抗阻训练进一步提高力量可以改善表现。这并不意味着进行抗阻训练的过程中必须模仿运动中的具体动作。这确实意味着，例如，如果肱三头肌的力量是一项运动的重要组成部分，那么通过各种抗阻训练来增加肱三头肌的力量可能有助于改善表现。此外，进行力量训练的人将获得改善运动表现以外的好处。

时间很紧迫？表6.2是一个基于先前提到的力量训练概念的训练计划示例，显示了如何在20分钟内进行有效的全身锻炼。这个训练计划所需的唯一器材就是一套哑铃。在这个训练计划中，会从一个练习立即过渡到下一个练习，一旦完成最高组数的15次重复练习，就会增加抗阻。训练中要采用正确的方式，并在需要的时候使用观察员。

作为对力量训练的反应，肌肉量增加最快的速度约为每周增加1%的肌肉量。

表6.2　**20分钟的可增加肌肉力量和肌肉量的全身锻炼**

练习	热身运动组数	最大组数
右臂弯举	1组练习，每组重复10次，采用较轻的重量	1组练习，每组重复3~15次，采用较重的重量
左臂划船	1组练习，每组重复10次，采用较轻的重量	1组练习，每组重复3~15次，采用较重的重量
腹肌（平板支撑、卷腹）	30秒	30秒
右臂肱三头肌后方伸展	1组练习，每组重复10次，采用较轻的重量	1组练习，每组重复3~15次，采用较重的重量
左臂推胸	1组练习，每组重复10次，采用较轻的重量	1组练习，每组重复3~15次，采用较重的重量
腹肌（平板支撑、卷腹）	30秒	30秒
左腿下蹲	1组练习，每组重复10次，采用较轻的重量	1组练习，每组重复3~15次，采用较重的重量
右臂推胸	1组练习，每组重复10次，采用较轻的重量	1组练习，每组重复3~15次，采用较重的重量
腹肌（平板支撑、卷腹）	30秒	30秒
左臂肱三头肌后方伸展	1组练习，每组重复10次，采用较轻的重量	1组练习，每组重复3~15次，采用较重的重量
右臂划船	1组练习，每组重复10次，采用较轻的重量	1组练习，每组重复3~15次，采用较重的重量
腹肌（平板支撑、卷腹）	30秒	30秒
左臂弯举	1组练习，每组重复10次，采用较轻的重量	1组练习，每组重复3~15次，采用较重的重量
右腿下蹲	1组练习，每组重复10次，采用较轻的重量	1组练习，每组重复3~15次，采用较重的重量

运动表现营养要点

酸樱桃汁、甜菜汁和石榴汁都含有抗氧化剂和抗炎成分，可以减少运动引起的肌肉损伤和延迟性肌肉酸痛（DOMS）。例如，每天喝2次237毫升的酸樱桃汁可以减轻肌肉疼痛和炎症，同时加快运动引起的肌肉损伤后的力量恢复。据报道，摄入 ω-3 脂肪酸也有助于促进运动引起的肌肉损伤后的力量恢复。

同化激素是如何发挥作用的

同化激素包括睾酮、生长激素、胰岛素和胰岛素样生长因子-1，这些激素都可以激发肌细胞中的蛋白质合成。在训练结束后不久（以及一天中的其他时间），血液中同化激素的浓度会自然增加，尽管为了增加肌肉力量和肌肉量并不需要这种反应。运动员用来非法提升表现的大多数合成代谢类固醇都是一些模仿睾酮作用的物质。除了睾酮的天然前体（例如脱氢表雄酮和雄烯二酮）外，通过对睾酮分子的结构进行微小改变，还可以制造出许多特制类固醇。其他合成代谢激素，例如胰岛素、生长激素和胰岛素样生长因子-1，可通过刺激细胞核产生蛋白质（例如酶、信号分子、结构蛋白和收缩蛋白）来支持许多正常的身体机能。当肌细胞接触到高于正常水平的同化激素、肽和生长因子时，细胞核会产生更多的蛋白质，从而增加力量训练所产生的蛋白质刺激。

使用合成代谢类固醇（睾酮及其天然前体或合成类似物）来改善表现显然是作弊行为，因为采用这种兴奋剂创造了不公平的竞争优势。此外，使用合成代谢类固醇还会带来多种健康风险，包括肝脏损伤、前列腺增大、身材走样（年轻运动员）、睾丸萎缩、精子数量减少、男性乳房增大（称为男子乳房发育）、痤疮、女性男性化、月经中断、面部毛发生长、乳腺萎缩、心理问题和嗓音变低沉。长期使用生长激素有可能导致心肌病、肢端肥大症（颅骨增大）、高血压、心脏病以及关节和结缔组织无力。产生这些负面结果不足为奇，因为滥用兴奋剂干扰了复杂的激素功能调控，必然会破坏正常的细胞功能。

有一种补充剂似乎确实有助于增加肌肉力量和肌肉量（至少对部分人来说是这样），这种补充剂就是水合-肌酸。研究表明，补充肌酸可使肌肉磷酸肌酸含量增加10%~20%，并且在一些力量、爆发力测试中，肌酸补充剂使这些指标得到了改善。每天摄入5克-水合肌酸，坚持一个月，可以有效增加肌肉磷酸肌酸的含量。每天服用20克，连续服用5天也会有类似的效果。补充肌酸几乎没有副作用（例如，在高负荷剂量时出现肚子痛），但是谨慎起见，不建议儿童、患肾脏疾病或易患肾病的人（例如糖尿病患者）服用肌酸补充剂，因为尚未对这些人群进行足够的研究。

肌肉收缩的类型有多重要

当进行力量训练时，多样化是一件好事。每隔一段时间就面对一个新的挑战，并采用不同的器械和锻炼方式，以不同的方式向肌肉施加压力，这在心理上会令人耳目一新。自由负重、器械负重、弹力带、稳定球、壶铃、重力球和其他器械都在力量训练计划中占有一席之地（参见图6.2）。重要的是要记住，肌细胞可以以各种方式收缩，从而影响整体运动单位的募集和力量的产生。例如，举重所需的向心收缩要求肌细胞缩短，肌动蛋白丝和肌球蛋白丝相互滑动，每次重复都会产生鼓胀的肌肉。当重物慢慢放下时，肌细胞会拉长（离心收缩），同时肌动蛋白丝和肌球蛋白丝继续相互作用，肌肉的弹性结缔组织和肌腱拉伸，从而产生力量。在等长收缩中，关节处于固定位置，而肌细胞缩短，然后保持持续地收缩。大多数运动都需要不断变化地动态组合3种类型的收缩，而力量训练计划应包括模仿这些状况的练习。使用不稳定的表面，如平衡板和振动平台，会给运动带来更多的心理挑战和身体压力。这种挑战可以增强力量，并增加训练计划的趣味性和多样性。

骨骼肌在不断地分解和增长。实际上，人体每天都会分解并置换1%~2%的肌肉。你通常摄入的蛋白质提供了置换所需的氨基酸。在受伤期间，蛋白质会加速分解，因此保持体重并增加每日蛋白质的摄入量对保护受伤后的身体非常重要。

俯卧撑涉及肌肉向心（动态）和离心收缩：向上时向心收缩，向下时离心收缩。

平板支撑是一种涉及许多肌群的等长（静态）收缩的示例。

任何放下重物的运动都要求肌肉离心收缩。

壶铃可以产生针对向心、离心和等长收缩的阻力。

快速伸缩复合训练需要肌肉向心和离心收缩。

稳定球和重力球能够以不同的方式让肌肉负重。

只要适当地向肌肉施加压力，力量训练器械和自由负重器械在增加力量和肌肉量方面同样有效。

图6.2 各种类型的器械和肌肉收缩会以不同的方式产生变化并向肌肉施加压力

离心训练并不仅仅适用于运动员。由于离心收缩需要的能量较少，并能减少心血管不适，所以它们非常适合那些损伤后康复的人、老年人以及患有神经肌肉等方面的疾病的人（参见表6.3）。随着时间的推移缓慢增加离心负荷，可以避免或减轻离心训练中经常发生的延迟性肌肉酸痛（DOMS）（渐进性超负荷原理的一个很好的示例）。离心力量训练的一项挑战是让肌肉承受足够多的阻力，以便最大限度地刺激肌肉。例如，举起一个较重的重量（向心收缩）会对肱二头肌造成很大的压力，但放下同样的重量（离心收缩）会减少很多压力。运动单位在减少，因此在放下过程中激活的肌细胞也在减少，产生力量是由于肌球蛋白头部的弯曲以及肌动蛋白和其他弹性分子的拉伸。有趣的是，与向心训练相比，离心训练刺激了肌细胞内不同的信号通路，并导致不同的基因被表达。

如果离心训练中的负荷与向心训练中的负荷相同，肌肉力量和肌肉量的改善也是相似的。一些专门的力量训练设备被设计为可在离心阶段施加更大的力量，使运动单位的激活与向心阶段相等，从而增加了总体训练刺激。

力量训练的一个反应就是前列腺素的产量增加，前列腺素是影响训练的总体适应性的分子。负责产生前列腺素的主要酶是环氧合酶。环氧合酶的活性受到非甾体抗炎药（例如萘普生、布洛芬和阿司匹林）的抑制，导致人们担心像某些运动员一样定期服用非甾体抗炎药可能会减弱部分适应性反应，从而减少力量训练带来的益处。幸运的是，研究表明，以正常剂量服用非甾体抗炎药似乎不会对肌肉力量和肌肉量的发展产生负面影响。

表6.3 **离心力量训练的益处和风险**

益处	风险
产生更大的力量	运动引起的肌肉损伤更大
合成代谢信号增加	延迟性肌肉酸痛（DOMS）加剧
更低的能量成本	训练后力量暂时下降
更多卫星细胞活动	肌肉肿胀导致关节活动范围缩小
心血管压力和不适减少	暂时打乱了运动模式
较低的感知能力	暂时影响表现
疲劳减少	肌肉、关节和骨骼受伤的风险增加
更多的运动皮层参与	
运动单位募集增加	
力量和肌肉量快速增长	
静息代谢率增加	
血脂状况改善	
更高的胰岛素敏感性	

源自：S. Hody et al. "Eccentric Muscle Contractions: Risks and Benefits," *Frontiers in Physiology* 10, no.536(2019): 1-18.

运动表现营养要点

在晚上进行力量训练，然后摄入20克高质量的蛋白质，与不进行力量训练时摄入蛋白质相比，更能优化睡眠期间肌肉蛋白的合成。

力量训练的噱头？或者不是噱头

参与力量训练的每个人都希望找到竞争优势，即一种快速发展力量和肌肉量的方法。杂志上无休止的广告和网络上"超强力量捷径"的宣传，其优势不一定是基于卓越的科学。这里有三个示例。

1. **电刺激**。这项技术的原理是，如果通过放置在皮肤上的电极可以刺激肌肉收缩，那么使用电极设备就可以增强或替代力量训练。电刺激被广泛应用于受伤或手术后肢体被石膏固定的患者，以减少力量和肌肉量的损失。但是，没有足够的证据表明对肌肉进行电刺激会增加力量或肌肉量，因为电刺激通常会使肌肉产生最大收缩，与精心设计的力量训练计划相比，这种刺激略显不足。理论上讲，如果在力量训练中使用电刺激来使肌肉产生最大收缩，则可能会导致力量和肌肉量增加得更多。这在理论上听起来不错，但实际的缺点是，与最大电刺激有关的疼痛、肌肉损伤和潜在的损伤等负面效果远远超过了其带来的好处。

2. **血液流动受限**。在力量训练中增强对肌肉的刺激的另一种方法是使用闭塞训练，这种训练以恰好足够的压力限制血液流向肌肉，以减少静脉血液流动，使肌肉代谢物暂时累积。对于那些由于年龄、疾病或受伤而不能举起重物（负荷至少为80%1RM）的人来说，使用压力袖套来减少血液流动，同时举起较轻的重物（例如，负荷只有30%1RM）理论上可以增强刺激，并带来更大的力量和肌肉量。在力量训练期间，减少流向肌肉的血液，亦可刺激通常不参与训练的运动单位的募集，从而增强训练效果。实际上，研究表明，较轻重量的闭塞训练确实可以增加力量和肌肉质量，对于那些举重能力有限的人来说，这是一个真正的好处。限制健康个体的血液流动可能会在训练中带来一些变化，但真正的好处似乎是能使那些参加常规力量训练时受到某种限制的人参与这些训练。

3. **压力服**。压力服是用来压缩大腿和小腿肌肉等肌肉群的服装，旨在在训练和比赛中帮助实现肌肉功能。适量的压迫可以改善肌肉的血液流动，稳定肌群，还可以增加弹性以增强跳跃、冲刺和完成其他爆发性动作的能力。关于运动压力服的研究，我们得出了不同的结果，大多数研究报告称压力服对表现或恢复没有好处。但是，从来没有人受到来自运动压力服的伤害，因此，如果压力服穿起来感觉不错，仅此足以值回用来购买服装的成本了。

营养的作用是什么

那些对增加力量和肌肉量感兴趣的人，往往对营养（尤其是蛋白质营养）如何提供帮助也感兴趣。这是运动科学中的一个有趣的领域，研究清楚地表明，锻炼后摄入优质蛋白可以优化肌肉蛋白的合成。从实用的角度来看，这意味着在锻炼后立即摄入蛋白质，人体可以将蛋白质消化成各种各样的氨基酸，然后将这些氨基酸吸收到血液中。高质量的蛋白质包含肌肉需要的所有必需氨基酸，其中最重要的是人体无法制造的亮氨酸和其他氨基酸，肌肉需要这些氨基酸来增加蛋白质的合成，例如增加力量和肌肉量所需的收缩蛋白、结构蛋白、运输蛋白和调节蛋白。在锻炼期间，肌肉蛋白的分解增加，这是对锻炼的一种自然反应。锻炼后，摄入蛋白质来促进蛋白质合成是有意义的，有助于加快肌肉恢复、修复和产生适应性。定期这样做会加速力量和肌肉量的增加。此外，可以每天定期食用蛋白质零食来促进蛋白质合成，从而进一步支持肌肉中功能性蛋白的生产。

研究表明，摄入20克优质蛋白（来自牛奶、肉类、蛋类和鱼类）似乎足以最大限度地刺激运动后肌肉蛋白的合成。老年人（50岁以上）证明了研究人员所称的蛋白质摄入的合成代谢抵抗，即他们需要40克蛋白质来最大限度地刺激蛋白质合成。运动和蛋白质摄入的结合对于抗衰老尤为重要，因为它有助于防止肌肉流失，有助于骨骼健康，还有助于控制食欲。一个相关的好处是，研究表明，强壮的人往往寿命更长。

含有20克优质蛋白的食物

- 3个鸡蛋（240千卡）
- 3盎司（85克）火鸡肉（90千卡）
- 3盎司（85克）金枪鱼罐头（85千卡）
- 3盎司（85克）鸡肉（90千卡）
- 4.5盎司（128克）火腿（125千卡）
- 3.5盎司（99克）瘦牛肉（130千卡）
- 6盎司（170克）白干酪（160千卡）
- 4盎司（113克）碎牛肉（200千卡）
- 2.6盎司（74克）素肉（110千卡）

注：括注的换算值多为约数。

越来越多的证据表明，在一天中（包括睡前）均匀地摄入蛋白质，可以促进肌肉蛋白的合成，还有助于维持或增加肌肉量。例如，如果一个体重180磅（82千克）的运动员每天消耗180克蛋白质，那么可以将蛋白质摄入量分为4部分，每部分包含45克蛋白质，分别通过三顿正餐和睡前小吃摄入每部分的蛋白质。以这种方式摄入蛋白质已被证明可以维持较高的肌肉蛋白合成速率。你不必担心一天中蛋白质摄入量的精确分布，只需记住在每顿饭和零食中摄入一些蛋白质就可以了。

每当完成一项艰苦的锻炼时，血液中的各种激素都会激增，这是对锻炼的自然反应的一部分。此外，每当吃零食或正餐时，摄入食物和饮品都会伴有激素反应。一些膳食补充剂的广告声称，这些补充剂会促进同化激素的合成，从而有助于增加力量和肌肉量。如果真那么简单就好了！研究表明，对抗阻训练和摄入膳食补充剂的激素反应，在增加力量和肌肉量方面没有起到关键作用。毫无疑问，运动和饮食引发的激素反应很重要，但在数天、数周、数月的训练计划中，其他许多因素对力量和肌肉量的发展可能有更大的影响。

有趣的是，运动后循环同化激素的增加不如肌细胞中雄激素受体的数量增多重要，雄激素受体的数量增多可以刺激力量和肌肉量的增加。女性在休息时的循环睾酮水平要低得多，而在进行抗阻训练后，女性体内睾酮水平的增加是男性的45倍。然而，即使循环中睾酮水平较低，女性也能增加肌肉蛋白合成、肌肉量和肌肉力量。锻炼后发生的同化激素的增加并不重要。

力量训练期间出现的暂时性肌肉肥大是肌细胞内及周围的液体积聚引起的。这种短期的肌肉体积增大是力量训练有助于增加肌肉力量和肌肉量的信号之一。

停止训练和再训练

受伤、生病或停止训练可能导致肌肉停止训练。受伤、固定不动（尤其是长时间卧床休息）会导致肌肉在数小时内开始迅速变化。随着收缩蛋白的分解，肌肉蛋白的合成减少，肌细胞开始萎缩。由于肌肉变得更小，并且神经系统失去某些适应性，肌肉力量平均每天可损失3%~4%。幸运的是，再训练可以刺激肌肉生长和力量恢复。但是，完全恢复力量和肌肉量所需的时间比停止训练的时间要长。在休赛期或者正常训练受到干扰的情况下，只要训练刺激足够大，那么每周进行一到两次的训练就可以保持力量。

本章小结

- 在肌群没有实质性变化的情况下发展肌肉力量是有可能的。
- 训练之初肌肉力量的改善是由于运动单位的增加。
- 肌肉肥大（肌肉量增加）是肌细胞中收缩蛋白和其他细胞蛋白增加所致。
- 没有一种抗阻训练技术或器械最适合发展肌肉力量。
- 各种因素相互作用，共同导致力量和肌肉量的增加。这些因素包括机械压力、疲劳、运动单位募集、肌肉损伤、新陈代谢物积累、激素反应，以及每个人独有的其他因素。
- 力量训练造成的短暂力竭是训练效果有效的表现但不是必需的特征。
- 摄入充足的膳食蛋白质（每天每千克体重摄入 1.2~2.0 克蛋白质）有助于支持增加力量和肌肉量所需的肌肉蛋白合成。
- 只要训练负荷足够，向心、离心和等长训练都可以提高力量。
- 停止训练数周后，肌肉开始失去力量，但是再训练可以让力量恢复，而减量的训练（例如，每周训练一到两次）可以保持力量。

复习题

1. 描述肌肉量增加之前出现肌肉力量改善的原因。
2. 简要说明力量训练如何导致肌肉肥大。
3. 讨论同化激素在促进收缩蛋白产生中的作用。
4. 描述向心力量训练和离心力量训练之间的区别。
5. 解释膳食蛋白质如何帮助增强对力量训练的反应。

减肥训练

学习目标

- 了解为什么少吃多运动是减肥的一个很好的起点。
- 了解可能会使能量平衡方程式变复杂的因素。
- 了解能量平衡的基本原理。
- 了解决定静息代谢率和每日能量消耗的因素。

在任何给定时间，似乎都有数百种饮食受到吹捧，有广告声称它们有助于快速减肥。令人困惑的是，无数的膳食补充剂广告承诺可以提供同样的神奇效果，然后在每周的新闻快报上都有最新科学发现的新闻，它们承诺可以激发人体燃烧脂肪的机制，而这些只是大量有误减肥信息的一角。幸运的是，有效减肥的原则（减掉多余的脂肪并保持下去）并不像看起来那样复杂。由于能量平衡的变化，体重才会发生变化（无论是上升还是下降）。

减肥就是要保持能量负平衡

能量可能与骨骼肌细胞的收缩，葡萄糖分子的跨膜运输，细胞内信号的产生，功能性蛋白（如酶）的合成有关。这些过程都需要ATP，而ATP的产生需要葡萄糖和脂肪的氧化。

将葡萄糖或脂肪酸中的能量转化为ATP的效率很低，在ATP产生过程中，葡萄糖和脂肪中50%的能量作为热量散失。但是，这种低效率也不全是坏事，因为热量有助于保持体温正常。（客观地讲，汽车里的汽油发动机的效率只有10%～20%。）

能量守恒定律表明，能量不会被创造或破坏，它只是从一种形式转变为另一种形式。举例来说，葡萄糖分子中的化学能被转变为ATP分子中的化学能，该化学能再转变为肌肉收缩所需的机械能，该机械能再转变为身体运动所需的动能。这个过程中没有产生或破坏任何能量。

所有与人类运动相关的能量都来自太阳能（如果需要快速复习一下，请回顾第2章的开头部分）。植物将太阳辐射中的能量转化为化学能（例如淀粉和糖中的化学能）。我们和其他动物食用植物（我们也吃一些动物），从而以碳水化合物、脂肪和蛋白质等形式获取它们的化学能。

能量平衡的概念既简单又无可辩驳，但它在减肥方面的应用却异常复杂，特别是对于那些已经超重或肥胖的人来说。现在，让我们继续讨论简单的部分。当能量摄入（摄入的食物和饮品）与能量输出（能量消耗）相同时，你体内的总能量就会保持不变（参见图7.1）。因此，你的体重将保持不变（忽略每天体内水分的变化）。

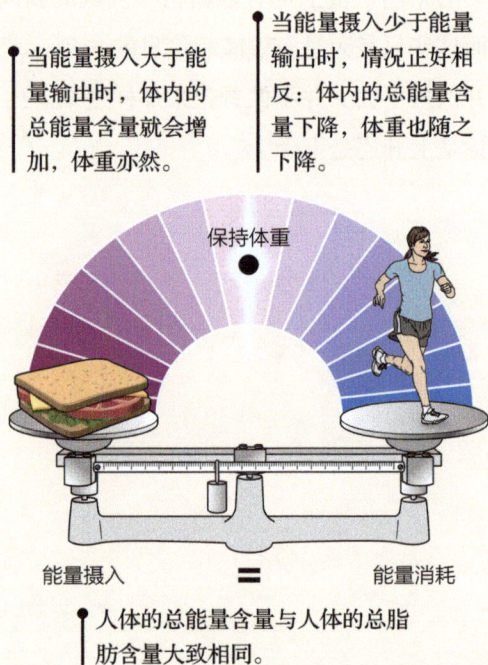

当能量摄入大于能量输出时，体内的总能量含量就会增加，体重亦然。

当能量摄入少于能量输出时，情况正好相反：体内的总能量含量下降，体重也随之下降。

保持体重

能量摄入 ＝ 能量消耗

人体的总能量含量与人体的总脂肪含量大致相同。

图7.1 能量平衡是一个适用于每个人的简单概念，但并不是每个人都以同样的方式对少吃多运动做出反应

能量输入和能量输出

在能量守恒的能量摄入（输入）方面，关键因素是你摄入的食物和饮品中的能量。这种能量以千卡为单位进行度量。能量摄入实际上指的是热量摄入。当然，除了能量消耗（输出）之外，还有许多因素会影响能量平衡，例如食物的供应量、分量、饥饿和饱腹感激素，以及与饮食的情感联系等。

在能量守恒的能量输出方面，你一天消耗的能量是由多种因素决定的，主要包括4个容易理解的类别：①静息代谢率；②食物热效应；③能源效率；④体育活动能量消耗。图7.2描述了这4个组成部分。

暴饮暴食会导致产热增加，因为肌肉和其他细胞会增加脂肪氧化和能量消耗。不幸的是，这种产热作用不足以抵消暴饮暴食的影响。简而言之，身体抵御饥饿的能力要比抵御暴饮暴食的影响的能力强。

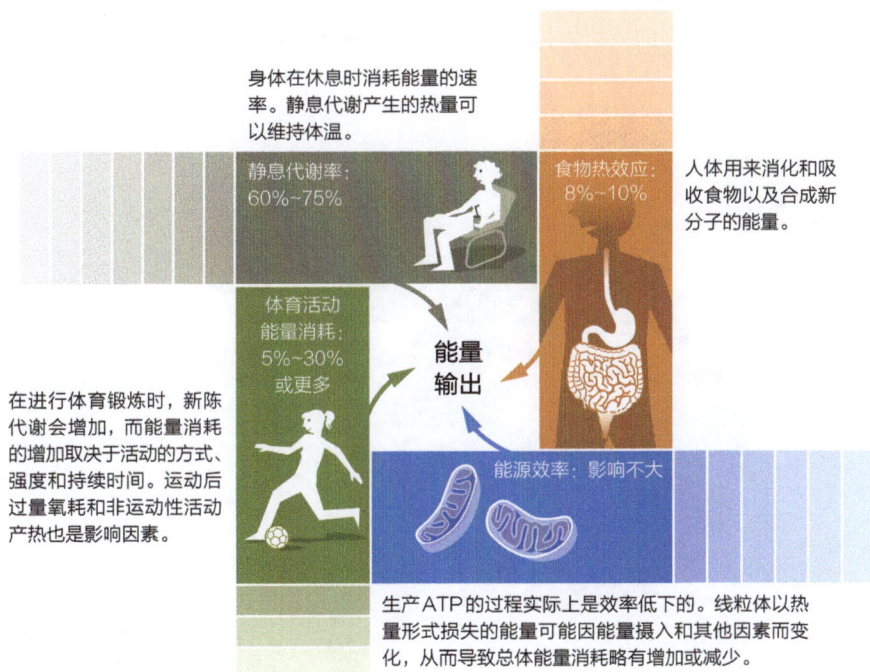

身体在休息时消耗能量的速率。静息代谢产生的热量可以维持体温。

静息代谢率：60%~75%

食物热效应：8%~10% 人体用来消化和吸收食物以及合成新分子的能量。

体育活动能量消耗：5%~30%或更多

能量输出

在进行体育锻炼时，新陈代谢会增加，而能量消耗的增加取决于活动的方式、强度和持续时间。运动后过量氧耗和非运动性活动产热也是影响因素。

能源效率：影响不大

生产ATP的过程实际上是效率低下的。线粒体以热量形式损失的能量可能因能量摄入和其他因素而变化，从而导致总体能量消耗略有增加或减少。

图7.2　每日能量输出的4个组成部分

　　静息代谢率（RMR）随着身体的大小和成分而变化，并受饮食习惯的影响。静息代谢率甚至会受微小运动的影响，因此久坐期间的轻微活动足以增加静息代谢率。最重要的是，增加肌肉量对静息代谢率有很大的影响，因为骨骼肌至少占静息代谢率的25%，如图7.3所示。

　　食物热效应是指用于消化和吸收食物、饮品的能量。食物热效应受膳食的量和组成，以及身体对这些膳食的激素反应的影响，但仅占静息代谢率的8%~10%。

　　能源效率是影响日常能源消耗的另一个因素。正如本章开头所述，细胞中产生ATP的过程并不是100%有效的，因为许多与新陈代谢和肌肉收缩有关的能量会以热量的形式损失掉。产生更多的热量和更少的ATP是效率低下的，这种低效会增加脂肪和碳水化合物的氧化，这不利于ATP的产生，但有利于减肥。

　　影响能源效率的一个有趣因素是棕脂肪（棕色脂肪组织）。棕脂肪通常存在于动物（尤其是像熊这样的冬眠动物）身上。与正常脂肪细胞（白脂肪细胞）相比，棕脂肪细胞有更多的线粒体和毛细血管，并且在ATP的

静息代谢率反映了身体处于静息状态时消耗的能量，并可被使用该能量的器官系统进一步分解。

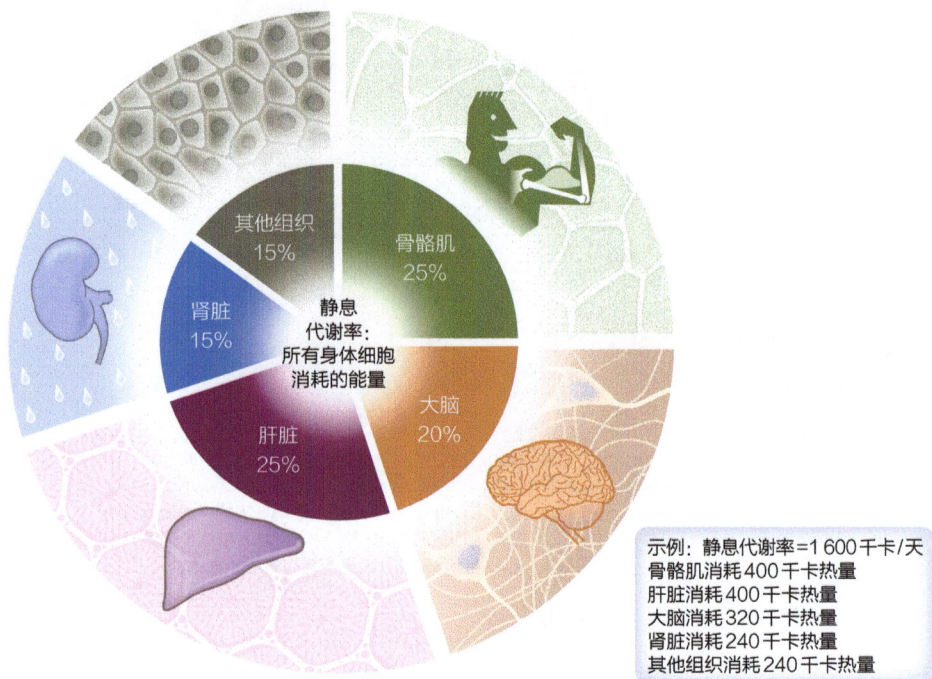

其他组织 15%

骨骼肌 25%

肾脏 15%

静息代谢率：所有身体细胞消耗的能量

大脑 20%

肝脏 25%

示例：静息代谢率=1 600千卡/天
骨骼肌消耗400千卡热量
肝脏消耗400千卡热量
大脑消耗320千卡热量
肾脏消耗240千卡热量
其他组织消耗240千卡热量

▋图7.3　静息代谢率反映了人体处于静息状态时所有身体细胞消耗的能量

生成方面效率低下。结果就是棕脂肪细胞分解了大量的脂肪酸，并产生大量的热量，当你想在户外冬眠时，这是一个优势，因为你有足够的脂肪维持过冬。棕脂肪对新生儿也有好处。所有人出生时都有少量的棕脂肪（约占体重的 5%）来维持出生后的体温，因为婴儿在这方面无法自我保护。随着婴儿成长为幼儿，他们不再需要棕脂肪，因为他们能够通过移动产生更多的热量，并且能够发抖（一种产生热量的好方法）。

然而，成年人确实保留了一些棕脂肪。实际上，由于人长时间暴露在寒冷天气中，棕脂肪的数量似乎增加了。米色脂肪细胞似乎具有介于棕脂肪细胞和白脂肪细胞的特征。从理论上讲，棕脂肪或米色脂肪较多的成年人更容易控制体重。你可能有一些朋友想吃多少就吃多少，而且从来不发胖。难道是因为他们拥有超出应有份额的棕脂肪或米色脂肪？棕脂肪和米色脂肪可能是一些人减肥或保持体重比其他人更容易的原因之一。但是，就像所有科学事物一样，总有其他一些原因在里面。

棕脂肪和米色脂肪的话题引起了人们的兴趣，不仅因为其与控制体重的潜在联系，还因为其是一个说明了有规律的体育锻炼如何激发各种影响全身组织的反应的示例。骨骼肌、心肌和脂肪细胞在运动过程中都会向血液中释放激素和其他蛋白质，也许这就是将它们的需求传递给其他组织的一种方式。例如，在运动过程中，心肌和骨骼肌会释放一种叫作鸢尾素的激素，这种激素似乎能促进一些白脂肪细胞转化为米色脂肪细胞。这只是一个示例，说明了活跃的肌肉如何与大脑、肝脏、肾脏、骨骼、胰腺和脂肪细胞进行交流，从而产生有利于全面健身和健康的短期和长期反应。

在体重管理方面，体育锻炼的能量消耗是你可以控制的一个重要因素。体育锻炼消耗的能量取决于许多因素，例如体育锻炼的类型、活动的强度、活动的持续时间和频率。表 7.1 举例说明了各种体育活动中能量消耗的变化情况。请注意，连续进行涉及多块肌肉的活动（例如跑步和游泳）所消耗的能量通常比间歇性活动（例如打网球）所消耗的能量要高。当然，与激烈地打网球的人相比，悠闲游泳的人消耗的能量更少一些，因此，表 7.1、其他书籍或互联网上所列的平均值只是对各项活动平均能量消耗的粗略估算。

定期进行体育锻炼是长期成功减肥最好的单一预测指标。

表7.1　体育运动的平均能量消耗（以千卡/分为单位），以及相对于体重的能量消耗［千卡/（千克·分）］

活动	估计的平均能量消耗（千卡/分）（根据MET值进行推算，假设1MET=1.5千卡/分）	相对于体重的能量消耗［千卡/（千克·分）］
篮球比赛	12.0	0.123
骑自行车		
骑车艰难上坡	21.0	0.071
在平坦的地形上骑自行车（小于10.0英里/小时）	6.0	0.107
在平坦的地形上骑自行车（大于20.0英里/小时）	24.0	0.343
跑步		
12.1千米/小时（约7.5英里/小时）	14.0	0.200
16.1千米/小时（约10.0英里/小时）	18.0	0.260
坐着	1.5	0.024
睡觉	1.0	0.017
站立	1.8	0.026
采用自由泳姿势用力地游几圈	15.0	0.285
网球，单打	12.0	0.101
步行，3.2千米/小时（2.0英里/小时）	3.0	0.071
抗阻训练，充满活力	9.0	0.117

注：给出的数值适用于一个重70千克（约154.3磅）的人。这些数值取决于许多其他因素，应该将它们视为估计值，可以让运动员和客户了解各项活动中能量消耗的变化方式。其他活动的能量消耗可参考相关网站。

数据源自：Ainsworth et al.Healthy Lifestyles Research Center, College of Nursing and Health Innovation, Arizona State University.

运动表现营养要点

对于任何有兴趣提升表现能力的人，美国运动医学会建议在训练和比赛期间，每小时摄入30~90克（120~360千卡热量）的碳水化合物。

在网络与实体店的健身器械（如跑步机、固定式自行车和椭圆机）广告中显示的能量消耗仅是估算值。这些值是通过各种方程式计算得出的，而这些方程式会因器材的不同而不同。例如，你可以在跑步机上输入你的年龄和体重，让它根据这两个变量加上跑步机的速度和高度来估算你的能量消耗。但是无法确定这些估算值相对于你的实际能量消耗的准确程度，因为健身器械不知道你的运动经济情况（反映在任何给定强度下的氧气消耗量上），而且你也不知道健身器械最近是否校准过。因此，最好仅将这些信息作为一般反馈。

图7.4描述了体育锻炼能量消耗的一个有趣方面。可以将非运动性产热视为偶然运动，因为它包含了日常活动（例如站立、坐着和弯腰）中消耗的能量。你知道有些人似乎无法久坐不动，这对他们来说是好事。因为烦躁不安的人会得到很多意外的锻炼，所有这些短暂的活动每天可以多消耗数百卡的热量。

看电视，躺着：1 000 卡/分

坐着：1 500 卡/分

坐立不安：2 000 卡/分

打扫卫生：3 000 卡/分

步行，适度的步伐：3 000 卡/分

花园除草：4 000 卡/分

移动家具：5 000 卡/分

修剪草坪，使用电动割草机：5 000 卡/分

图7.4 非运动性产热每天可以消耗数百卡热量

估算静息代谢率的最佳方法

帮助运动员和客户了解他们的每日能量需求，这对他们了解自己的静息代谢率很有帮助。如果你没有测量氧气消耗量和瘦体重的设备，那么最好的方法是用方程式来估算静息代谢率。手机中的应用程序和网站给出了相同的估算值，所以没必要过多地对表 7.2 中的公式进行证明和阐释。为了获得最大的帮助，使用多个方程式计算出一系列静息代谢率值是有意义的。这些静息代谢率值可能包含每个人的真正静息代谢率值。

测量能量摄入受到严格限制的人的静息代谢率（RMR）会低估其真正的静息代谢率，因为能量摄入受到严格的限制会导致许多组织的新陈代谢减慢。

表 7.2　两个估算成人静息代谢率的方程式

方程式	男性	女性	示例
Harris-Benedict 方程式	静息代谢率（以千卡/天为单位）=66.473+［13.751 6×体重（千克）］+［5.003×身高（厘米）］-（6.775×年龄）	静息代谢率（以千卡/天为单位）=665.095 5+［9.563 4×体重（千克）］+［1.849 6×身高（厘米）］-（4.675 6×年龄）	20 岁女子排球运动员，身高175 厘米，体重61.8 千克　静息代谢率=665.095 5+（9.563 4×61.8）+（1.849 6×175）-（4.675 6×20）=1 486 千卡/天
Mifflin-St. Jeor 方程式	静息代谢率（以千卡/天为单位）=［10×体重（千克）］+［6.25×身高（厘米）］-（5×年龄）+5	静息代谢率（以千卡/天为单位）=［10×体重（千克）］+［6.25×身高（厘米）］-（5×年龄）-161	20 岁女子排球运动员，身高175 厘米，体重61.8 千克　静息代谢率=（10×61.8）+（6.25×175）-（5×20）-161=1 451 千卡/天

估算每日能量需求的最佳方法是什么

估算每日能量需求最简单的方法是用静息代谢率的估算值乘以一个大致代表一个人每天运动量的因子。同样，对于客户或运动员来说，最有用的方法是根据高运动量和低运动量估算值来计算一系列的每日能量需求。表 7.3 采用了一个排球运动员作为示例，表 7.2 中给出了其静息代谢率的估算值。有些网站和手机应用也可以进行类似的计算。很少有人日复一日地需要相同数量的能量，因为每日能量需求取决于活动量。请注意，在表 7.3 中，运动员休息日与高强度训练日的能量需求相差 1 000 千卡。

表7.3 **通过静息代谢率和活动因子估算每日能量需求**

示例：20岁女子排球运动员，身高175厘米，重61.8千克。其估算的平均静息代谢率≈1 469千卡/天
（表7.2中两个估算值的平均值）

活动水平	活动因子	能量需求
休息日	静息代谢率×1.2	1 763千卡
小运动量训练日 （例如，1小时内的轻度运动）	静息代谢率×1.375	2 020千卡
中度运动量训练日 （例如，1~2小时的中等强度运动）	静息代谢率×1.55	2 277千卡
高强度训练日 （例如，2小时以上的高强度运动）	静息代谢率×1.725	2 534千卡
强化训练日 （例如，2小时以上的不间断高强度运动）	静息代谢率×1.9	2 791千卡

减肥补充剂

数百种膳食补充剂被标榜能够迅速减肥。如果你觉得它们不可信，那是因为其确实如此。令人高兴的是，这个话题很好地说明了能量平衡方程式的重要性，因为减肥的唯一方法是减少能量摄入或增加能量输出。有助于减少脂肪的膳食补充剂，需要能够减少食欲（减少能量摄入）或增加静息代谢率（增加能量输出）。膳食补充剂可以做到这两点吗？正如你可以想象的那样，很难找到一个明确的答案。可以这样说，对膳食补充剂的一些研究结果表明，使用膳食补充剂后，食欲持续小幅下降，静息代谢率增加，且这些效果的持续时间很短，与安慰剂产生的结果相差无几。各种草药制剂和成分都是如此。能够减少食欲的膳食补充剂是那些含有违禁或危险物质的补充剂，例如处方药或特制兴奋剂。减肥补充剂被发现含有西布曲明（一种现已禁止在人体内使用的苯丙胺类似物）、氟西汀（百忧解，一种抗焦虑药物）、酚酞（一种化学试剂）、氨苯蝶啶（一种处方利尿剂），甚至还有西地那非（伟哥）。处方药或违禁药物对补充剂造成的污染是一个普遍存在的问题，因为对大多数人来说，几乎不可能正确解读成分标签或获取最新新闻信息。为了在这方面提供帮助，每当补充剂禁用物质的检测结果呈阳性时，美国食品药品监督管理局都会向感兴趣的消费者发出电子邮件警报。

能量平衡与能量可用性

能量平衡是能量输入和能量输出之间的差异。当体重不随时间而变化时，能量平衡为 0，因为能量输入减去能量输出等于 0。如果你一直吃得太多，能量平衡就会变正，体重就会增加。如果你一直吃得太少，能量平衡就会变负，体重就会减轻。

当能量输入长时间受到限制（数周或更长时间的能量不足）时，静息代谢率便会下降，人体试图补偿能量输入的减少。出现这种情况时，除非能量输入持续减少，否则减肥会变得更加困难。运动员和健身爱好者可能会因为进食障碍（例如神经性厌食症）、不知情或误导性的减肥尝试、异常的饮食行为（通常称为饮食失调，包括禁食、使用泻药和诱发呕吐）或意外进食不足而能量不足。

能量可用性是一个基于简单算术的简单概念：能量输入和体育锻炼带来的能量消耗之间的差异等于能量可用性，即可用于满足身体剩余能量需求的能量总量。这里给出了一个关于女排球运动员的例子。如果她一天消耗 2 356 千卡能量，在训练期间消耗 856 千卡能量，她的能量可用性是 2 356-856=1 500 千卡。在这一特定的日子里，运动员将会处于能量不足的状态，要满足静息代谢率和基本的日常活动（静息代谢率 ×1.2，参见表 7.3 中的计算）需求，她的能量需求估算值为 1 856 千卡。如果以这种模式继续下去，运动员将处于能量不足的状态，且可能导致月经失调、骨矿物质含量减少、训练表现下降等。

能量可用性是一个有用的工具，可以帮助客户和运动员制订减肥和增重策略（参见表 7.4）。但是，进行计算时，必须准确了解一个人的日常能量输入（以千卡/天为单位）、能量输出（以千卡/天为单位）、体重（以千克为单位），以及瘦体重（以千克为单位）的近似值。在计算中，可以使用瘦体重来表示人体中代谢最活跃的组织的能量需求。

在与运动员和健身爱好者一起工作时，熟悉以下两个术语非常重要：运动中的相对能量不足（RED-S）和女运动员三联征。RED-S指的是运动员和其他体育活动人士长期缺乏能量对健康和表现造成的负面影响。这些影响包括生殖问题、骨骼健康状况不佳、静息代谢率下降、肌肉量和力量下降、训练能力降低以及竞技表现下降。女运动员三联征是一个术语，用来描述月经失调、骨矿物质含量减少和饮食失调。对于那些一直无法保持健康体重的客户和运动员，最好由专家（例如注册营养师/营养师）为他们服务，专家可以针对具体问题制订个性化的训练计划。

表7.4　利用能量可用性来制订减肥和增重策略

目标	评估能量不足的风险	安全减肥	保持或增加体重
热量摄入	<30千卡/千克，瘦体重/天	30~45千卡/千克，瘦体重/天	>45千卡/千克，瘦体重/天
示例	重122磅的女子高中越野运动员每天消耗2 200千卡能量，训练时每天消耗950千卡能量。她想保持目前的体重，但要努力完成一些训练课程和比赛	重192磅的46岁男子休闲篮球运动员每天消耗3 460千卡能量，在健身训练和篮球比赛中每天消耗625千卡能量。他想通过减肥来改善他长期的健康状况，并提高在球场上的速度	重212磅的16岁高中男足运动员想增加体重，但一直都很难实现。他通常每天消耗4 300千卡能量，在举重和团队训练期间每天消耗1 200千卡能量
能量可用性	2 200-950=1 250千卡/天。她的体脂率为16.5%，所以瘦体重=122-(122×0.165)≈102磅（46.3千克）	3 460-625=2 835千卡/天。他的体脂率为22.3%，所以瘦体重=192-(192×0.223)≈149磅（67.6千克）	4 300-1 200=3 100千卡/天。他的体脂率为14.4%，所以瘦体重=212-(212×0.14)≈182磅（82.6千克）
最低估计能量可用性	需要30×46.3=1 389千卡的能量来满足日常的非运动性产热需求。该值大于1 250千卡/天的当前能量可用性	需要30×67.6=2 028千卡的能量来满足日常的非运动性产热需求。该值小于2 835千卡/天的当前能量可用性	需要45×82.6=3 717千卡的能量来满足日常的非运动性产热需求。该值大于3 100千卡/天的当前能量可用性
建议	她面临着因能量不足而表现不佳和产生健康问题的风险。她应该增加能量输入或减少训练负荷，使能量可用性超过1 400千卡/天	他每天最多可减少500千卡的能量摄入，并安全减肥且不会出现能量不足的危险	他应该每天至少增加650千卡的能量摄入才能开始增加体重

为什么有些人减肥很困难

从某种意义上说，减肥就像少吃多运动一样容易。对某些人来说，减肥就是这么简单。毕竟，热力学定律是无法被打破的：如果摄入的能量总是少于消耗的能量，那么随着时间的推移，你的体重就会减轻。然而，对于某些人来说，少吃多运动并不能带来令人满意的结果。实际上，与采用相同运动和饮食习惯的人相比，他们的体重根本没有减少。这是为什么？图7.5总结了一些影响减肥的因素，接下来将会更详细地讨论个体发生的一些变化。重要的是要牢记，减肥和保持体重持续减轻通常需要两种不同的方法。减肥最好的方法是减少能量的摄入，而增加体育活动似乎是保持体重持续减轻最好的方法。

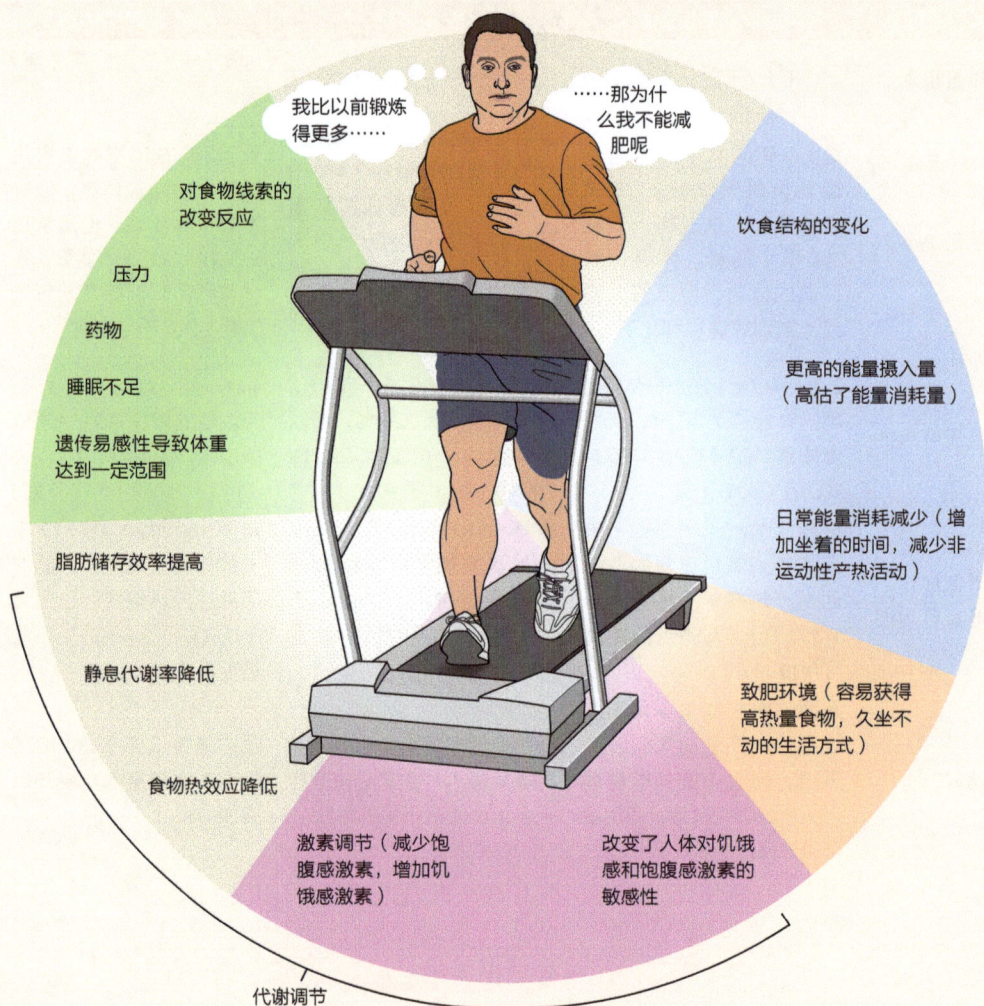

我比以前锻炼得更多……

……那为什么我不能减肥呢？

对食物线索的改变反应

压力

药物

睡眠不足

遗传易感性导致体重达到一定范围

脂肪储存效率提高

静息代谢率降低

食物热效应降低

激素调节（减少饱腹感激素，增加饥饿感激素）

代谢调节

改变了人体对饥饿感和饱腹感激素的敏感性

激素调节（减少饱腹感激素，增加饥饿感激素）

致肥环境（容易获得高热量食物，久坐不动的生活方式）

日常能量消耗减少（增加坐着的时间，减少非运动性产热活动）

更高的能量摄入量（高估了能量消耗量）

饮食结构的变化

图7.5 许多因素影响与减肥有关的能量平衡方程式，并使之变复杂

基因

一些科学家认为，基因决定体重，在基因决定的范围之外进行改变体重的任何尝试都是徒劳的。其他科学家一致认为，基因对体重有重要影响，但不是唯一的决定性因素。否则，你如何解释那些减掉数百磅体重并数十年来保持新的较低体重的人？目前的观点认为，遗传确实在使某些人容易肥胖的过程中发挥了作用，但体育锻炼和饮食才是决定体重增加的速度和程度的主要因素。需要明确的是，一旦一个人变得肥胖，要重新获得健康的体重是非常困难的（但并非不可能）。

自我平衡补偿

这听起来比实际情况要复杂。自我平衡补偿表示如果你的身体确定了体重的设定点并试图改变体重，就会引起补偿，以抵消这些尝试。

这里有一个简单的示例：为了减肥而将运动纳入日常生活的人，往往会因为减肥速度太慢而感到沮丧。研究表明，当人们开始有规律地锻炼时，他们通常会在一天中的其余时间增加食物摄入量，并减少体育锻炼。此外，人体试图通过降低静息代谢率来补偿低能量摄入，因此保持低热量饮食的人通常难以减肥。

持续饮食不足会降低静息代谢率（RMR）、食物热效应、运动的能量成本（由于体重减轻）、非运动性产热（表现为坐立不安）和饱腹感激素（例如瘦素、胰岛素、胆囊收缩素）的分泌，而饥饿感激素（例如神经肽Y、促生长激素释放素）的分泌会增加。换句话说，饮食不足会导致代偿性代谢和行为反应，这些反应结合起来不利于减轻体重。这些反应并不会使减肥成为不可能，但它们可能会使减肥变得更具挑战性。

激素

神经内分泌系统（大脑、中枢神经系统、激素）在调节饥饿感和饱腹感方面发挥着重要作用。饮食会刺激大脑、肠道、胰腺、肝脏和其他器官释放数十甚至数百种激素，从而产生影响饥饿感和饱腹感的多种信号组合。有些人对这些信号可能比其他人更敏感，而这种更高的敏感性意味着可以更快地消除饥饿，因此他们吃得更少，并且体重不会增加。

运动表现营养要点

保持低热量（每天摄入800~1 200千卡热量）和极低热量（每天摄入的热量不超过800千卡）的饮食可以实现迅速减肥，但这种严格的能量摄入限制不能持续很长时间，而且会导致静息代谢率下降，使减肥变得更加困难。要想长期有效减肥，应适度地限制能量的摄入（每天减少摄入250~500千卡能量）和增加体育锻炼（减肥速度较慢但效果稳定）。

饮食不足和暴饮暴食导致体重减少和增加的差异很大。例如，当一群人每天过量摄入1 000千卡能量时，实际的能量平衡可能为每天100~700千卡。对脂肪增加的抵抗力可通过非运动性产热、食物热效应和能量消耗的增加来解释。

既能减脂又能保持肌肉量的最佳方法是什么

在第6章中，你会了解到肌肉非常具有可塑性，它可以快速适应压力，当压力消失时，会更快地失去这些适应性。增加肌肉量需要采用正确的锻炼类型和保持正确的饮食习惯，重点是消耗足够多的能量来增加或维持肌肉蛋白含量。除了需要足够的能量外，肌肉还需要碳水化合物、蛋白质和水来恢复、修复和产生适应性。如果限制能量摄入的饮食过于严格，会导致肌肉损失和脂肪流失的风险增加。

对于既想减肥又想保持或增加肌肉量的客户和运动员，必须注意他们限制能量摄入的程度。大量减少能量摄入（例如，每天减少1 000千卡）肯定会导致短期体重下降，但其中一部分体重下降是肌细胞缩小造成的。当能量摄入受到限制时，肌细胞就会分解收缩蛋白质来产生能量，且无法修复或替换受损的蛋白质。

成年人每天摄取极低的热量（例如每天摄入1 200千卡热量或更少），会导致身体静息代谢率的补偿性降低，因为人体试图减少能量需求来应对每日的能量摄入不足。静息代谢的降低使得减肥变得更加困难，这也是专家建议每周持续减重1~2磅（0.45~0.91千克）的原因之一，而减重是通过适度地限制能量的摄入（每天减少摄入250~500千卡能量）和增加每日能量消耗来实现的。

能量摄入量的下降幅度较小（例如，每天减少250~500千卡的能量摄入量），体重减轻的速度就会变得更慢。当通过运动增加能量消耗且较少地减少或没有减少能量摄入量时，反应会更快。例如，如果一个人每天需要2 500千卡能量来维持当前体重，而其每天的能量摄入量减少到1 500千卡，那么他的体重就会减轻。如果这个人每天增加500千卡的能量输出，并确保能量输入略微减少（每天减少约250千卡），那么其体重会减轻，肌肉量也会得到更好的保护。当每日能量摄入受到限制时，增加饮食中的蛋白质含量并继续进行每日运动，可以导致体重减轻、脂肪减少和瘦肉组织损失减少。

那些成功减肥并保持体重的人有一些共同点：大多数人每天都吃早餐。大多数人每周至少称一次体重。大多数人每天看电视的时间不超过2小时。大多数人每天锻炼1小时左右。

运动表现营养要点

研究表明，通过将饮食中的蛋白质摄入量增加到每天每千克体重1.6~2.4克，即达到久坐人群推荐的蛋白质摄入量两倍以上的量，可以减少严格的能量摄入限制导致的肌肉蛋白损失量。

以循序渐进的方式减肥（即每周体重减少1~2磅，或减少0.45~0.91千克），这样既可减少体重回升的机会，同时还可以减少可能对运动和运动表现造成的负面影响。此外，缓慢而稳定的减肥速度可以最大限度地减少肌肉和水分的损失。以更快的速度减肥意味着失去肌肉量和脱水，这是两个损害健康和表现的消极后果。虽然在减肥期间有可能增加肌肉量，但只有在能量平衡时才能让肌肉量达到最大。对于运动员或已经开始运动的人来说，保持或增加体育锻炼的能量消耗，同时每天减少250~500千卡的能量摄入，通常足以促进每周减少1~2磅（0.45~0.91千克）的脂肪。有些人嘲笑每周只减掉1磅（0.45千克）脂肪的想法，但他们没有意识到，按照这种减肥速度，一年减掉的体重加起来可达到52磅（23.59千克）！

与任何具有相同体重指数的男性相比，认为自己超重的女性人数是男性的两倍。例如，体重指数处于第50百分位的女性（即50%女性的体重指数较高，50%女性的体重指数较低）感到超重并试图减肥的可能性是体重指数处于第50百分位的男性的两倍。

减少腹部脂肪的最佳方法是什么

这是一个经常被问到的问题，很大程度上是因为许多人不了解减肥的基本原理。脂肪的储存方式在男女之间以及人与人之间有很大不同。许多女性的臀部会堆积脂肪，导致梨形肥胖。很多男性的腹部会堆积脂肪，导致苹果形肥胖。显然，并非所有超重女性的体形都像梨子，也不是所有超重男性的体形都像苹果。性别使得人们的体内脂肪沉积方式出现很大差异。这也决定了脂肪从体内流失的程度。例如，一个基因上倾向于在腹部区域积累脂肪的人会先注意到该区域的脂肪流失，即使整个身体内的脂肪细胞都在流失。

腹部多余脂肪的减少是由于全身（包括腹部）脂肪细胞中脂肪酸的减少。无休止地进行仰卧起坐和平板支撑可以强化腹部肌肉，并增加形成6块腹肌的概率，但这些锻炼不会减少腹部脂肪。通过增加能量输出和减少能量输入，可以促进脂肪消耗。

经许可改编自：W.L. Kenney, J.H. Wilmore, and D.L. Costill, *Physiology of Sport and Exercise*, 7th ed. (Champaign, IL: Human Kinetics, 2020), 561.

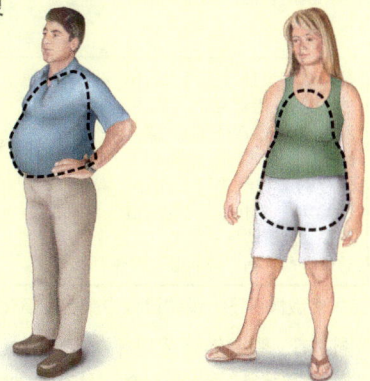

上半身（苹果形）肥胖　　下半身（梨形）肥胖

什么是脂肪燃烧区

从科学的角度来看，没有单一的脂肪燃烧区。你的身体在不断地燃烧脂肪，燃烧（氧化产生ATP）的脂肪量的增加或减少，主要取决于你的体育锻炼。关于脂肪燃烧区的一个流行概念是，存在一个运动强度范围（通常与运动心率有关），在这个运动强度范围中运动可最大限度地燃烧脂肪。如图7.6所示，运动过程中消耗的总能量（而不是能量的来源）对减肥最为重要。还要注意的是，运动过程中脂肪氧化的数量通常很少：一天中消耗的总能量决定了随着时间的推移而消耗掉的脂肪数量。

在运动过程中摄入热量是否违背了运动减肥目的

简单的回答是：没有违背。图7.7是一个极端的示例。有人相信，如果他们的目标是减肥，那么他们就不应该在运动过程中摄入热量，因为那时候他们正在努力消耗热量。然而，研究非常清楚地表明，在锻炼过程中摄入碳水化合物通常会增加能量消耗（燃烧更多的能量），因为锻炼的肌肉具有额外的能量来源，可以更加努力地工作。请记住，一天中的总体能量消耗（体育锻炼的能量消耗和非运动性产热的能量消耗的总量）决定了总体能量输出。

什么是脂肪燃烧区，对减肥有好处吗？

误解：
将心率保持在脂肪燃烧区，可以减轻更多的体重。

建议：
努力运动！最重要的是总体能量消耗，而不是心率。

	强度	最大摄氧量（升/分）	来自碳水化合物的热量（%）	来自脂肪的热量（%）	千卡/小时
如果你以最大心率的50%进行运动，大约50%的ATP来自脂肪氧化，50%来自葡萄糖氧化	最大心率的50%	1.5	50	50	440
把运动强度提高到最大心率的75%，脂肪氧化产生的ATP的量占ATP总产量的比例将降至33%。这种下降似乎对减肥产生了反作用，但事实并非如此。运动强度越高，能量消耗就越大，而这个数字才是总能量平衡（或能量可用性）的关键	最大心率的75%	2.25	67	33	664

在大多数情况下，运动过程中脂肪的氧化速度=1盎司（28.35克）/小时

图7.6 脂肪燃烧区对减肥毫无意义，因为总体能量消耗和能量摄入决定了脂肪随时间流失的数量
经许可改编自：W.L. Kenney, J.H. Wilmore, and D.L. Costill, *Physiology of Sport and Exercise*, 7th ed. (Champaign, IL: Human Kinetics, 2020), 567.

如果减肥是目标，为什么要在运动过程中摄入热量呢？

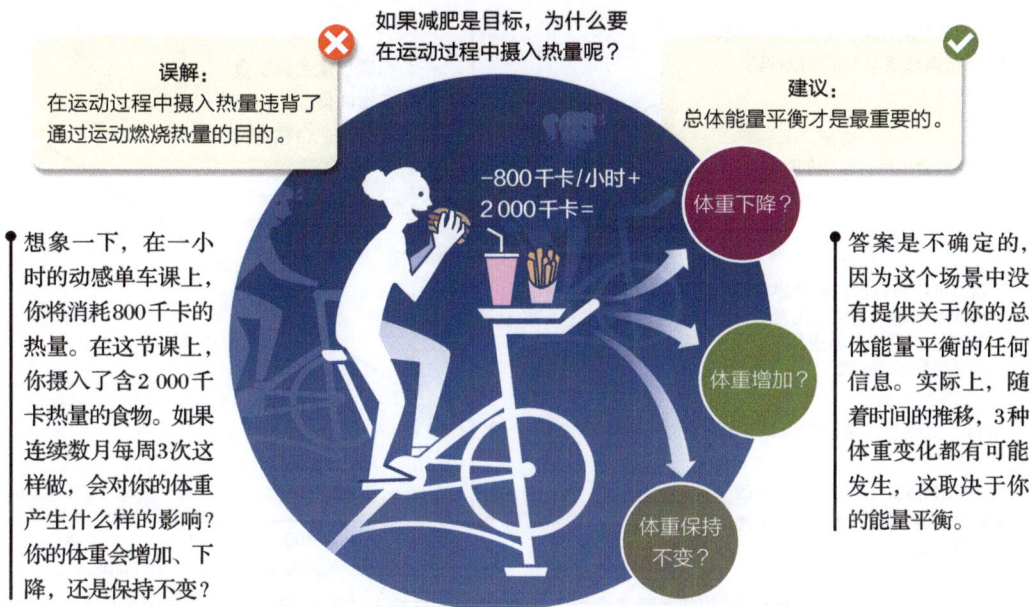

误解：
在运动过程中摄入热量违背了通过运动燃烧热量的目的。

建议：
总体能量平衡才是最重要的。

-800千卡/小时+
2 000千卡=

体重下降？

体重增加？

体重保持
不变？

想象一下，在一小时的动感单车课上，你将消耗800千卡的热量。在这节课上，你摄入了含2 000千卡热量的食物。如果连续数月每周3次这样做，会对你的体重产生什么样的影响？你的体重会增加、下降，还是保持不变？

答案是不确定的，因为这个场景中没有提供关于你的总体能量平衡的任何信息。实际上，随着时间的推移，3种体重变化都有可能发生，这取决于你的能量平衡。

图7.7 在运动过程中摄入运动饮品、碳水化合物凝胶、能量棒或任何其他食物不会增加减肥的难度。减肥取决于总体能量平衡，而不仅仅取决于特定情况下消耗的能量

运动表现营养要点

步行是消耗能量的好方法，可以帮助你减轻体重。一些研究表明，在步行过程中嚼口香糖实际上会增加能量的消耗，这可能是因为步行的节奏会随着咀嚼而增加。虽然增加的能量消耗很小，但数月的日常步行可能会让增加的能量消耗变得有意义。

空腹锻炼会增加脂肪氧化和有利于减肥吗

毫无疑问，禁食会导致身体对碳水化合物的使用受限，而更多地依赖于脂肪酸的氧化来产生ATP。所以禁食确实会导致脂肪氧化（脂肪燃烧）的增加。保持高脂肪、低碳水化合物的饮食，也会让脂肪氧化有类似的增加。如图7.8所示，禁食会减少身体在运动过程中对碳水化合物的使用，从而降低身体维持动力输出的能力。但这不是一件好事，因为动力减少还意味着能量消耗减少。

虽然有些人认为高脂肪饮食有助于控制食欲，但实际上，脂肪在产生饱腹感和增加自身氧化方面是最弱的常量营养元素。真正的高脂肪饮食会导致肌糖原和肝糖原的消耗增加，导致通常与糖原一起被储存的水分流失。水分流失，而不是脂肪流失，是保持这种饮食习惯早期出现体重快速下降的主要原因。

135

禁食或者避免碳水化合物的训练会
提升肌肉燃烧脂肪的能力吗？

❌
误解：
禁食训练可以增加脂肪燃烧。

✅
建议：
禁食训练可以增加脂肪燃烧，但表现
会受到影响。当碳水化合物储存量正
常时，你可能需要更加努力地锻炼，
并燃烧更多的能量。

禁食、低碳水化合物饮食、高脂肪饮食会导致
以下结果：

- 增强脂肪氧化
- 碳水化合物氧化受阻
- 训练负荷降低
- 改变免疫反应
- 表现下降

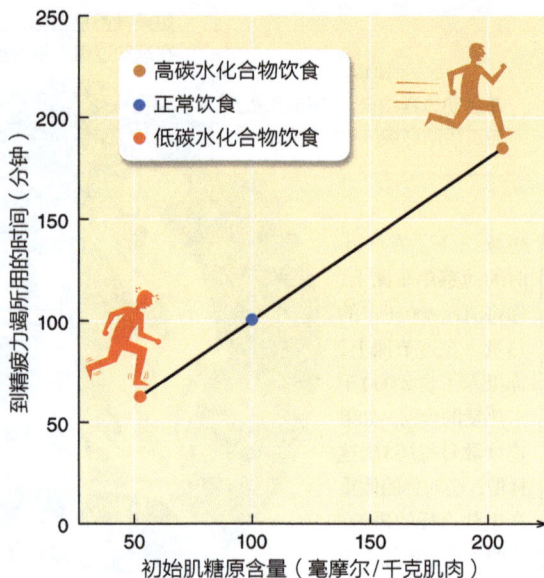

图7.8 禁食和低碳水化合物饮食确实会增加人体氧化（燃烧）的脂肪量，但也会减少肌肉可利用的碳水化合物，从而更易产生疲劳，并限制高水平训练的能力

经许可改编自：W.L. Kenney, J.H. Wilmore, and D.L. Costill, *Physiology of Sport and Exercise*, 7th ed. (Champaign, IL: Human Kinetics, 2020), 389.

本章小结

- 每当能量消耗超过能量摄入的时间超过数天，体重就会减轻。
- 对大多数人来说，限制能量摄入是减肥的有效方法，而增加体育锻炼则是保持体重持续减轻的最佳方法。
- 定期进行体育锻炼会增加每天的能量消耗，这是导致减肥所需能量不足的主要原因。
- 许多运动员每天在训练中消耗的能量超过1 000千卡，因此减少一些脂肪几乎是不可避免的结果。
- 能量平衡方程式表明，只要能量不足导致储存的脂肪大量氧化，体重就会减轻。许多因素使这个简单的情况变复杂，而降低静息代谢率就是其中一个因素。
- 不存在一种减肥饮食比另一种减肥饮食更好的说法。减肥最有效的方法就是长期坚持少吃多运动，且不会对健康和表现产生不良影响。

复习题

1. 解释能量平衡的概念。
2. 解释有些人即使增加体育锻炼也很难减肥的两个原因。
3. 简述每日能量消耗的组成部分。
4. 解释能量可用性在确定运动员每日能量需求方面的重要性。
5. 讨论脂肪燃烧区的一些谬论。

速度和爆发力训练

学习目标

- 了解肌肉、结缔组织和神经系统对速度和爆发力提高的适应。
- 了解提高速度和爆发力如何有助于改善运动员或健身爱好者在体育活动中的表现。
- 认识到代谢灵活性的重要性，这是速度和爆发力训练的好处之一。

　　速度和爆发力是所有体育项目的关键因素。即使是那些对比赛不感兴趣但希望提高身体素质的人，提高速度和爆发力也是通过训练能够获得的意外之喜。一个抢球的足球运动员、一个单腿扫向对手的摔跤运动员、一个跳起扣球的排球运动员、一个做下马动作的体操运动员、一个在起点台上准备入水的游泳运动员、一个冲过半场进行追防的篮球运动员，以及一个踏出投掷前的最后一步的标枪运动员，都展示了速度和爆发力的重要组合。在这些示例中，很容易理解提高速度和爆发力与改善表现之间的关系。但同样的情况也适用于刚上健身课的中年妇女、一名想在5 000米比赛中创造个人纪录的休闲跑步者，以及一名在髋关节置换术后努力恢复腿部力量的74岁男子。

　　很容易理解为什么速度和力量对运动员很重要，同样也很容易理解为什么人们对减肥、提高肌肉力量或者提高整体健康水平感兴趣，而不是将提高速度和爆发力作为个人目标。但是，即使锻炼者对速度、爆发力和运动表现不感兴趣，所有的训练项目仍会对速度和爆发力产生影响。

什么是速度和爆发力

速度和爆发力是密不可分的，因为爆发力受速度的影响。人们自然而然地知道速度和爆发力在锻炼和运动中意味着什么，但在本书中，最好从以下术语的明确定义开始（参见图8.1）。

速度是对运动速率的度量，在数学术语中，速度（S）等于运动的距离（D）除以运动的时间（T）：

$$S=D/T$$

如果你能在更短的时间内移动相同或更多的距离，你就会变得更快，你的速度也会提高。

爆发力是对能量传递速率的度量，在数学上，爆发力（P）等于力（F）乘距离（D），再除以时间（T）。换句话说，爆发力是对力量移动速度的度量：

$$P=(F\times D)/T$$

在这个简单的方程式中，力（F）可以是体重、杠铃的重量或健身器械上的阻力设定值。爆发力取决于力量的大小以及施加或抵抗力量的速度。例如，一名足球运动员在体重没有减轻的情况下，速度越快，爆发力就越大。在任何类型的足球、举重、投掷和短跑项目中，提高爆发力都特别重要。速度和爆发力通常会随着训练一起提高，但有时候，即使爆发力下降，也应更加关注速度的提高。在跑步、游泳和骑自行车等所有计时项目中，获得第一名就是目标。一般来说，爆发力会随着速度的变快而增加，但有时候运动员需要通过减肥来提高速度。如果体重（爆发力方程式中是F）的减少幅度大于速度的增加幅度（D/T），那么爆发力会略有下降；但是，如果已经达到了提高速度的目标，则影响不大。

对于马拉松运动员和其他耐力运动员来说，爆发力通常并不重要，但速度和爆发力对于所有运动都至关重要。速度很大程度上决定了爆发力，拥有更强的爆发力对耐力运动员、足球运动员以及其他爆发性运动项目的运动员而言同样重要。尽管耐力运动员产生的最大爆发力远远小于短跑运动员，但耐力运动员能够长时间保持爆发力输出。短跑运动员和耐力运动员都必须提高速度和爆发力，以改善他们的表现。精心设计的训练计划可以提高速度、爆发力和耐力。

即使进行各种各样的间歇训练和健身活动，随着人们变得更健康、体重更轻、技能有所提升，他们的速度和爆发力也会受到积极影响。虽然这些提高不是休闲运动者的唯一目标，但重要的是要牢记，所有类型的训练都会影响速度和爆发力。

运动表现营养要点

当摄入的碳水化合物没有足够的时间被吸收和代谢时，用糖溶液漱口可以在持续的45分钟的时间内改善表现。在间歇训练期间用糖溶液漱口就是这种做法的一个很好的示例。

速度是对运动速率的度量。

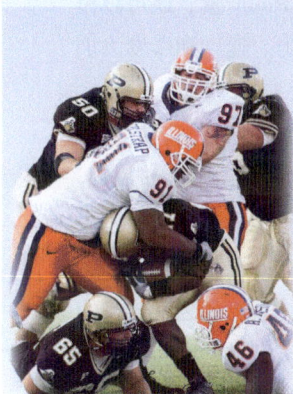

爆发力是对能量传递速率的度量。

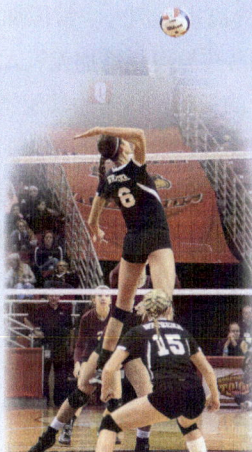

一个150磅重的橄榄球快速中卫在冲击防守线时产生的爆发力不如一个225磅重的慢速中卫产生的爆发力大。较重运动员的运动速率（速度）较慢，但能量传递速率（爆发力）较大。如果上面两个运动员中的任何一个变得更快，他的爆发力也会增加。如果上面两个运动员中的任何一个增加肌肉量并保持相同的速度，那么他的爆发力也会增加。

排球运动员希望能够更有力地扣球。力量和技能训练能增加肩膀和手臂的肌肉量和力量，以及击球的速度。运动员的手臂运动速度以及肩膀和手臂肌肉量的增加，会使爆发力更强（能量传递速率增加）。

一位100米短跑运动员在非赛季全力以赴地进行力量训练，试图让自己变得更快。他的训练非常成功，他增加了12磅的肌肉，并通过所有举重运动获得了力量，尤其是上半身。但他最初的成绩非常令人失望，速度比上个赛季开始时慢得多。在这种情况下，体重的增加减慢了他的运动速率（速度），尽管他的能量传递速率（爆发力）可能保持不变。

图8.1 从短跑到超级马拉松，速度和爆发力是所有运动的重要因素。身体在运动过程中产生的爆发力与运动的速度和运动的力量（重量，也称为质量）有关

提高速度和爆发力需要做什么样的适应性训练

速度和爆发力的增长要求活跃肌细胞能够以更快的速度产生ATP，在更长的时间内维持该生产率，并在此过程中产生更多的力量。在这种情况下，爆发力是指肌肉每次收缩产生的力量。募集更多的运动单位有助于实现这些目标，增加肌细胞的肌原纤维含量也是如此。所有这些适应性都可以通过适当训练来获得。

提升（任何类型运动的）运动能力需要正确的刺激（训练）来激发最佳的反应（适应性）。速度和爆发力的提高也不例外。常识加上对训练适应性知识的一些了解表明，速度和爆发力训练应该可以增加无氧ATP的产量，还可以提高肌肉力量，并提供更快、更强大的运动员所需的其他能力。速度和爆发力训练可以提供各种适应性，从而提升高强度锻炼的能力。

速度和爆发力训练对于需要进行短暂爆发性移动的运动员而言非常重要。但是，由于能量系统相互联系，有氧训练也与所有运动员息息相关。众所周知，无氧（磷酸原和糖酵解系统）和有氧（柠檬酸循环、电子传递链）代谢过程中会不断产生ATP。在休息时和所有类型的体育锻炼中都是如此。肌细胞仅根据产生ATP的速度来调整它们对能量途径的依赖。肌细胞在能量途径之间转换的能力称为代谢灵活性。例如，尽管美式橄榄球的平均比赛时间只有6秒，但在这些短暂的爆发性活动中，以及在随后的恢复期，尤其是在球员长时间上场的时候，都需要一定的耐力（有氧运动）。

运动训练总是涉及有氧和无氧ATP的产生。例如，铅球运动员需要提升有氧运动能力来支持他们的高强度训练，即使在比赛过程中每次的努力时间仅持续几秒。

个人的基因决定了训练能达到的上限，但是没有任何基因与运动表现有足够强的联系，因此很难通过基因来预测或判定一名运动者的职业生涯是否会获得成功。

速度和爆发力训练的好处

- 更强壮的肌肉
- 更大的肌肉
- 更高的ATP产量
- 更快的ATP生产速度
- 更多、更同步的运动单位募集
- 爆发力增加
- 肌纤维横截面积增加
- II型纤维所占的百分比增加
- 肌腱和骨骼之间的连接更牢固
- 更强壮的骨骼
- 更快的反应
- 灵敏性提高
- 提升速度技能
- 更大的地面反作用力

什么样的训练可以提高速度和爆发力

特异性原则（参见第5章）表明，对训练的适应是特定于训练方式和训练强度的。常识表明，如果你想提高100米短跑的速度，像耐力运动员一样训练是一种愚蠢行为。幸运的是，许多可以融入任何训练计划的方法都可以提高速度和爆发力。

间歇训练

至少从20世纪30年代开始，间歇训练就一直是精英运动员的必备训练项目。间歇训练以各种各样的方式进行锻炼和休息，可用于任何运动或体育锻炼。可以为每个人设计间歇训练计划，从短跑运动员到超耐力运动员。间歇训练的一个优点是，它允许重复的高强度训练，这有助于最大化运动刺激，并优化训练适应性。间歇性地运动和休息可以获得比连续运动更高的运动强度。高强度运动对心肺系统的需求增加，产生ATP所需的代谢途径、控制代谢酸堆积所需的缓冲系统、神经系统募集运动单位的能力，以及储存和使用碳水化合物和脂肪的能力，是激发训练适应性的重要刺激因素。

运动表现营养要点

睡前摄入20~40克蛋白质会增加睡眠中肌肉蛋白的合成，从而随着时间的推移帮助增加肌肉量和力量。这些蛋白质可以来自肉类（牛肉、鸡肉、猪肉等）、鱼类、奶制品、谷物、坚果、豆类。

运动和休息的正确组合（运动与休息的比例）取决于运动员的健身和训练目标。没有最佳的运动与休息比例，间歇训练计划的设计应该反映训练课程的目标和训练计划的总体目标。以下是一些间歇训练的示例。

- 跳绳30秒，休息30秒，如此持续12分钟。
- 重复4次3分钟的跑步，2次跑步之间休息3分钟。
- 全力以赴骑自行车20秒，休息2分钟，重复6次。
- 游100码，游12次，2次游泳之间休息90秒。
- 进行6次楼梯冲刺，每3分钟进行1次。

循环训练是间歇训练的一种形式，通常包括一系列的抗阻训练和体重训练（例如卧推、引体向上、肱二头肌弯举、腿部伸展、俯卧撑），每两个练习之间有短暂的休息时间。完成所有练习代表完成一次循环。

法特莱克训练（也称为速度训练）是20世纪30年代后期在瑞典发展起来的，这是一种连续训练和间歇训练的混合体。在法特莱克训练中，持续高强度的训练会被通常持续30秒至3分钟的周期性高强度训练中断。

异型垒球运动员：运动与休息的比例

目标：提高速度和灵敏性，降低膝盖受伤的风险。

这个45分钟的间歇训练课程旨在练习正确的跑步和跳跃动作，同时完成旨在改善股四头肌、腘绳肌、核心力量和耐力的练习。随着健身和运动技能水平的提高，练习组数和重复次数可以逐渐增加，休息时间可以减少。

- 热身运动：步行、慢跑、跑步和伸展组成的15分钟热身运动。
- 3组30码的慢跑、跑步和冲刺，每隔30秒进行1组练习。根据需要进行休息。
- 重复4次30秒的平板支撑：顺序为前、右、前、左，两次练习之间休息30秒。
- 重复4次10码灵敏性方格游戏：向右侧滑步，向后踏步，向左侧滑步，向前冲刺。每30秒移动一格，根据需要进行休息。
- 重复8次跳深训练，每次跳跃都从1英尺的高度开始，然后安全平稳地落地。
- 重复10次稳定球腿弯举练习。
- 重复4次10码灵敏性方格移动游戏：向右侧滑步，向后踏步，向左侧滑步，向前冲刺。根据需要进行休息。
- 放松运动。

近年来的研究表明，相对短暂的高强度间歇训练（HIIT），可以在最短的时间内有效地增强有氧和无氧适能。间歇训练课程旨在通过短暂的（例如，10~30秒）、全力以赴的重复运动最大限度地激发细胞内的信号传导。对于那些对提高速度和爆发力感兴趣的运动员来说，定期进行高强度间歇训练是非常有意义的。对于那些希望提高整体健康水平的人来说，高强度间歇训练可以在最短的时间（但需要最大的努力）内带来显著的适应性变化。

特异性原则在运动训练中仍然是一个有效的概念，因为大部分训练时间应用于专项运动技能和体能发展。直到最近，人们普遍认为耐力运动员应该首先进行长时间的运动训练，以模拟耐力运动的需求。虽然间歇训练一直都是耐力训练的主要内容，但它的持续时间非常短，所以高强度间歇训练并不经常被用于增强耐力。但是，研究表明，高强度间歇训练有助于提升耐力表现。对训练有素和未受过训练的个体进行的研究表明，人体在高强度间歇训练中通常会产生与耐力训练有关的适应性，例如肌细胞中氧化（有氧）酶的浓度增加。

参考资料：Gibala, M.J., McGee, S.L. 2018. Metabolic adaptations to short-term high-intensity interval training: a little pain for a lot of gain? *Exercise and Sport Sciences Reviews*. 36(2): 58-63.

大学足球运动员：运动与休息的比例

目标：提高训练结束后的耐力和灵敏性。

这里提供了一个利用健身器械进行的60分钟间歇训练课程示例，目的是在完成灵敏性训练和高强度短跑之前，对核心肌肉和腿部肌肉进行锻炼。增加前几次练习的重复次数和组数，以提升结束训练时的灵敏性训练和高强度冲刺的表现。

- 热身运动：在跑步机上或自行车测力计上运动15分钟来排汗。
- 3组重复20次的坐姿药球核心扭转，双脚离地，每隔45秒进行一组练习。
- 6组重复10次的旋转平板支撑，每隔45秒进行一组练习，每侧进行3组练习。
- 3组重复8次的杠铃或哑铃硬拉，两组练习之间休息1分钟。
- 3组重复20次的左右单腿跳（每条腿跳10次），两组练习之间休息1分钟。
- 重复5次绕转跑练习（在5码线上放置10个小锥筒）：冲刺跑过去，然后走回来。记录累计的冲刺时间，以便将来进行比较。
- 在跑步机上或自行车测力计上进行重复6次的20秒全力冲刺，每隔2分钟进行一次练习，让身体在两次冲刺之间进行轻度主动恢复。记录累计距离，以便将来进行比较。

高强度间歇训练示例

示例1

- 5分钟热身运动
- 30秒全速骑行
- 休息3.5分钟
- 重复5次

示例2

- 3分钟跑步机热身步行
- 3分钟快走
- 3分钟恢复步行
- 重复4次

示例3

- 3分钟热身慢跑
- 30秒跑步
- 20秒的速度跑
- 10秒冲刺
- 3分钟步行/慢跑
- 重复3次

益处

- 提高耐力
- 增强最大爆发力
- 提高力量
- 增强肌肉的氧化能力
- 增加肌糖原
- 减少乳酸产量
- 增加肌肉线粒体生物合成
- 增加细胞内信号传导
- 提高最大摄氧量
- 改善血管膜功能
- 改善血糖控制功能
- 增大Ⅱ型纤维的体积
- 增加糖酵解酶
- 增加ATP/PCr酶

确定无氧训练的强度

　　训练期间的训练强度通常使用心率、代谢当量（MET）或主观疲劳评定量表（RPE，参见表8.1）进行监控。精心设计的训练计划内容应包括以不同强度进行活动，通常每周只有一小部分（如10%~20%）训练的训练强度很高。随着运动员或客户身体素质的提高，训练强度也会增加。在实验室环境之外，监测训练强度是一门不精确的科学。在实验室环境中进行最大摄氧量测试是人们普遍接受的评估有氧能力的一种方法。与耐力训练不同，无氧能力的测试方法暂无统一标准。Wingate测试（30秒全速骑行）、缺氧测试和临界爆发力测试可用于测量和评估无氧爆发力的变化，尽管这些测试中的每个测试最好在运动科学实验室中完成。

在一次标准的运动中，可以通过追踪心率来评估有氧适能的变化。心率的变化与耗氧量的变化有关，耗氧量是衡量运动强度的标准。除非你知道某个人的最大心率，否则仅监测心率并没有多大价值。最大心率可以在渐进式运动测试至疲惫时进行测量，也可以根据实验中推导出的方程式进行估算。估算最大心率的公式有许多，这些公式是建立与各种运动强度相对应的心率范围（区域）的基础。

监测心率可以衡量运动强度，但重要的是要牢记心率会受到脱水、高温、疾病和其他可能引起误导性心率反应的压力的影响。例如，如果运动员习惯于在耐力训练中以每分钟135~145次心跳的心率区域进行训练，那么仅仅是脱水就会使心率每分钟增加10次或更多次，使运动员的锻炼看起来比实际更艰难。

代谢当量通常用于临床环境，如心脏康复和职业治疗设施，以帮助监测和控制心脏手术或受伤后的运动强度。可以在老年人的训练计划中结合使用代谢当量，以衡量恢复或改善日常生活所需的体能方面的进展。

大多数人凭直觉依赖于主观疲劳评定量表的某些变化，以使锻炼强度与他们在锻炼或比赛中的感觉保持一致。应教导运动员和客户正确使用简单的主观疲劳评定量表（参见表8.1），这对确定适合不同任务的运动强度非常有用。当然，主观疲劳评定取决于个人对体育锻炼的评估和所感知到的舒适度，因此人与人之间的差异会导致他们的反应出现差异。例如，如果动感单车课程的教师要求学生将单车的阻力调节到"中等运动强度"水平（例如，在1~10的范围内，主观疲劳评定为5），那么学生在单车的实际阻力设置中就会存在很大的差异。那些勤奋训练的人会听从指示，而那些决定不那么努力训练的人可以选择调节运动强度。积极进取、经验丰富的运动员和客户已经习惯于逼迫自己并调整自己的努力程度，以适应训练和比赛的要求。

研究表明，提高核心稳定性和核心力量似乎与提升运动表现没有关系。

运动表现营养要点

在改善睡眠质量方面，研究表明，晚餐食用高血糖指数的、色氨酸含量较高的蛋白质（牛奶、鸡蛋和绿叶蔬菜等）可能会很有帮助。还有证据表明，喝酸樱桃汁可以延长睡眠时间。尽量避免在睡觉前摄入过多的咖啡因或酒精，也不要在睡前吃得太饱。

表8.1　主观疲劳评定是运动员衡量运动强度的一种简单方法

1	没有运动	休息
2	极轻度运动	易于维持，无须太多努力
3	轻度运动	需要一点努力，但可以持续1小时或更长时间
4		
5	适度的高强度运动	呼吸和心跳加快，但可以说话
6	高强度运动	可以说简短的句子，但不能长期保持这种运动
7		
8	强度极高的运动	呼吸困难，说不出话来
9	几乎接近最大强度的运动	上气不接下气
10	最大强度的运动	无法更努力，或最多再运动30秒

很大程度上改编自A.C.Utter等人发现的OMNI量表的一般原则，"Validation of the Adult OMNI Scale of Perceived Exertion for Walking/Running Exercise," *Medicine Science and Sports Exercise* 36, no.10 (2004): 1776-1780.

快速伸缩复合训练

　　快速伸缩复合训练通常是想要提高力量和速度的运动员的训练重点。在肌肉收缩之前拉伸肌肉，可以增加肌肉的力量和爆发力。实际上，所有涉及身体活动的运动（尤其是体育运动）都涉及离心和向心收缩的组合。快速伸缩复合训练（例如跳箱和跳跃）可以帮助运动员更好地利用伸展收缩运动。图8.2描述了快速伸缩复合训练的可能效果。

离心训练可以通过增加肌肉量、肌肉发力的速度，以及 II 型纤维的肌束长度和肌节数量来提高肌肉力量和爆发力。

运动表现营养要点

　　研究表明，β-丙氨酸是一种膳食补充剂，它可以有效地提高无氧爆发力。这可能是通过增加肌细胞缓冲高强度运动中产生的乳酸的能力来实现的。每天每千克体重摄入10毫克丙氨酸，可以有效提高血液和肌肉中的β-丙氨酸浓度。但是，正如肌酸负荷一样，每天都必须摄入β-丙氨酸来维持其功效。

　　请记住，作为快速伸缩复合训练组成部分的离心收缩会增加肌肉损伤、酸痛和其他组织受伤的风险，因此运动员和客户应该在他们习惯这种运动之前尽量少做这种训练，应先做低强度训练。

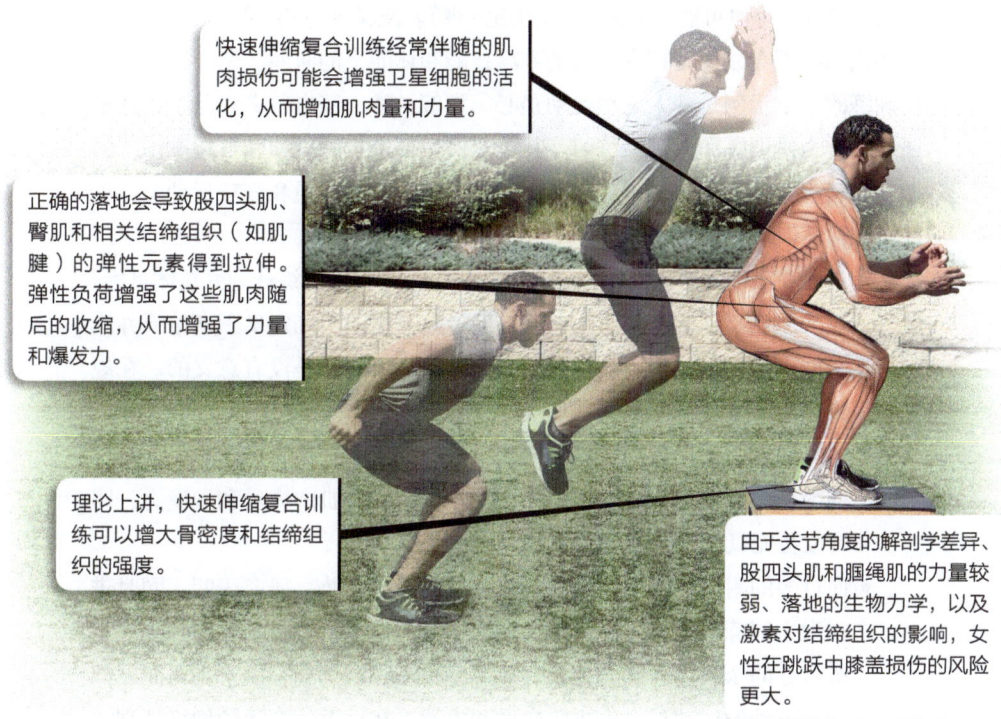

快速伸缩复合训练经常伴随的肌肉损伤可能会增强卫星细胞的活化，从而增加肌肉量和力量。

正确的落地会导致股四头肌、臀肌和相关结缔组织（如肌腱）的弹性元素得到拉伸。弹性负荷增强了这些肌肉随后的收缩，从而增强了力量和爆发力。

理论上讲，快速伸缩复合训练可以增大骨密度和结缔组织的强度。

由于关节角度的解剖学差异、股四头肌和腘绳肌的力量较弱、落地的生物力学，以及激素对结缔组织的影响，女性在跳跃中膝盖损伤的风险更大。

图8.2　快速伸缩复合训练触发了多种适应性，包括爆发力增强

弹震式训练

　　与许多运动中的运动速度相比，传统力量训练的运动速度比较缓慢。此外，举重运动中有相当一部分时间用来使负重在动作范围的末端减速。弹震式训练通过投掷、跳跃和击打动作来避免这种减速，从而增强神经肌肉的爆发力。弹震式训练的目的是增加运动单位的募集，以产生更快的爆发力发展速度。弹震式训练可以在各种负荷下进行，最好在运动员或客户掌握了良好的力量训练技能之后进行。弹震式训练的示例包括药球投掷、蹲跳（增加负重或不增加负重）和爆发性俯卧撑。

交叉训练

交叉训练（一次进行一项以上的运动或活动）为锻炼提供了多种选择。交叉训练还能用于开发新的补充性技能，促进训练适应性的产生，而进行体育运动专项训练时可能会遗漏运动适应性训练。交叉训练几乎没有什么风险，只要该训练不会减少花在发展运动专项技能和体能上的时间。运动员使用交叉训练的一个示例是铁人三项运动员必须训练游泳、骑自行车和跑步，通常还要结合力量训练和柔韧性练习。其他示例包括进行跑步和骑自行车训练的摔跤运动员和游泳运动员、参加有氧舞蹈课的足球运动员和篮球运动员，以及参加循环训练的冰球运动员。

适当的交叉训练应该能够提供多种选择，补充完善训练计划的总体目标。此外，有效的交叉训练应该有明确的目的。除非提前明确定义预期结果并满足运动员的训练需求，否则篮球运动员参加有氧舞蹈课是没有意义的。在规划如何将交叉训练纳入运动员的训练计划时，请牢记以下几点：

- 对高强度间歇训练的适应类似于耐力训练中看到的肌肉和心血管系统的变化。高强度间歇训练的一个优点是能提高肌肉力量和爆发力，同时改善无氧能力。
- 而过多的耐力训练可能会削弱其带来的力量优势。研究表明，同时进行耐力训练可能会阻碍力量的发展，在为那些将力量发展作为主要训练目标的个人设计训练计划时要牢记这一点。例如，由于受伤而腿部固定不动的运动员会失去肌肉量和力量。在重返体育活动训练计划中过早地引入耐力训练，可能有减弱力量发展的风险。
- 交叉训练可以提高耐力、力量和爆发力，从而对运动表现的改善起到补充作用。
- 交叉训练还可以帮助降低易受伤运动员因过度训练和过度劳累受伤的风险，并且可以将交叉训练作为受伤后重返体育活动的训练计划的一部分。

对高强度间歇训练的适应类似于耐力训练中看到的肌肉和心血管系统的变化。高强度间歇训练的一个优点是，能改善肌肉力量、爆发力和无氧糖酵解能力。

速度和爆发力训练课程是什么样的

表8.2提供了一个简短的速度和爆发力训练课程的示例。正如所有类型的训练课程一样，有无数种方法可以将速度和爆发力训练的要素结合在一起，以创造多样性和最大化训练刺激。

要改善垂直跳跃的表现，可以将增强式训练和抗阻训练相结合，从而提高力量、爆发力、协调性以及与跳跃相关的能力。

表8.2　**35分钟速度和爆发力训练课程示例**

阶段	目标	练习	时间或重复次数
热身运动	增加心率、呼吸和肌肉温度，为更加努力做准备	跳绳	2分钟
跳箱 • 轮次为2轮；两组练习之间有30秒的恢复时间 • 利用跳箱或站立台；爆发性但有控制的动作	开始利用跳箱进行运动，以便继续热身并为获得最大速度做准备	向前一步，形成反弓步	每组练习重复6次
		深度跳至垂直跳跃	重复6次
冲刺	冲刺后，保持（冲刺的）恢复率至少为2∶1	4次重复冲刺	在草坪上跑40~60码，或者在跑步机上跑20~30秒（跑步机上皮带移动的时间）
药球 • 轮次为2轮；两组练习之间有30秒的恢复时间 • 通过运动增强爆发性和延长运动时间	将核心运动、投掷运动和离心运动与冲刺运动穿插进行，以提高速度和爆发力	仰卧起坐	每组练习重复12次
		（药球）向地面下砸	重复12次
冲刺 • 以第1回合为基准来逼迫自己	冲刺后，保持（冲刺的）恢复率至少为2∶1	4次重复冲刺	在草坪上跑40~60码，或者在跑步机上跑20~30秒（跑步机上皮带移动的时间）
力量和训练 哑铃或杠铃	提高上半身和下半身的力量、爆发力和耐力	颈前深蹲	重复6次
		带过头举的反弓步	每组练习重复6次
		提踵	重复12次

示例来自：Kelly Schnell, BS, CSCS, ACSM-CPT, Inspyr Studios, Arlington Heights, IL.

针对速度和爆发力的膳食补充剂

　　数以百计的运动补充剂被标榜可以提高速度和爆发力，但其很少获得科学支持。运动员应该专注于已知的有效方法，适当训练和良好营养的正确结合，能够支持训练中产生的多种适应性。运动补充剂可能会提供一点点额外的帮助，但前提是已经有适当的训练和营养基础。

　　至少在实验室环境中，一些补充剂已被证明与提高速度和爆发力有关。肌酸和β-丙氨酸是两种膳食补充剂，在某些情况下，它们可以提高运动速度和爆发力。补充肌酸可以提升重复性高强度运动的表现，所以肌酸负荷可以作为包含重复爆发性运动的训练课程中的一种辅助手段。β-丙氨酸是一种氨基酸补充剂，可以增强肌细胞缓冲乳酸的能力，帮助人体维持高强度运动。

　　在向运动员或客户推荐补充剂之前，你需要考虑使用补充剂的风险与收益。补充剂是否已被证明有好处？如果有，由于有存在违禁物质的可能性，会给健康或比赛带来什么风险？这些都不是容易回答的问题，而且最好寻求对补充剂进行科学分类并提供建议的专业人士的意见。运动营养师（接受过运动营养培训的注册营养师）可以帮助评估与使用膳食补充剂相关的风险收益比。

在服用补充剂之前要问的问题
- 食物至上：运动员饮食是否适当？
- 如何改善运动员的饮食？
- 运动员的具体目标是什么？
- 运动员的饮食习惯是否有变化，可以帮助实现目标吗？
- 有没有膳食补充剂可以提供额外的好处？
- 有什么证据表明这些补充剂是有效的？
- 这些补充剂对健康有危害吗？
- 补充剂被违禁物质污染的风险是否很小？

本章小结

- 速度和爆发力是所有体育锻炼的重要组成部分，包括那些低强度的体育锻炼。
- 速度是对运动速率的度量，也是爆发力的一个重要方面；爆发力是对能量传递速率的度量。
- 对速度和爆发力训练的适应与对耐力训练的适应不同，但二者是相辅相成的。
- 高强度间歇训练可以提高速度和爆发力，以及最大摄氧量和耐力表现。
- 快速伸缩复合训练、弹震式训练、间歇训练和交叉训练都可以作为提高速度和爆发力的训练计划的一部分。

复习题

1. 描述速度和爆发力之间的区别。
2. 找出对速度和爆发力训练的三种适应性，以改善表现。
3. 讨论弹震式训练与快速伸缩复合训练和离心训练的区别。
4. 定义代谢灵活性，并描述其对运动员的重要性。
5. 解释交叉训练的优点和缺点。

有氧耐力训练

学习目标

- 了解与耐力表现相关的新陈代谢和生理基础。
- 了解身体如何应对长时间的体育锻炼并适应耐力训练。
- 了解无氧阈对耐力表现的重要性。

当你想到有氧耐力时，自然会想到马拉松跑、越野滑雪、公路自行车、公开水域游泳，以及其他长时间的运动和活动。毕竟，要想在这类活动中取得成功，就必须具有很强的有氧运动能力。换句话说，除其他特征外，耐力项目的成功还需要运动员具有较大的最大摄氧量。在日常生活中，有氧运动能力同样重要。尽管顶级耐力运动员的最大摄氧量超过70毫升/（千克·分）[女性为60毫升/（千克·分）]，但另一个极端是某个人完成日常生活基本任务所需的最大摄氧量仅为15毫升/（千克·分）。相比之下，久坐不动的男性和女性的最大摄氧量通常为30~40毫升/（千克·分）。适当的训练可以明显增加最大摄氧量，而增加的幅度取决于多种因素，其中只有某些因素是在运动者的控制之下的。

有氧训练主要的适应性是什么

在休息和运动过程中，肌肉利用氧气产生大量的ATP来收缩肌细胞，并为全身其他组织提供能量。在休息时，呼吸会变得缓慢，但呼吸速度足以使肺部吸入充足的氧气，并排出能量代谢过程中不断产生的二氧化碳。氧气分子进入血液，与红细胞中的血红蛋白分子结合，然后通过动脉、小动脉和毛细血管输送至单个细胞。一旦氧气分子进入细胞内，就会立刻进入线粒体，结合到电子传递链（呼吸链）上产生ATP。在运动过程中，所有这些事件都会加速：呼吸的速度和深度增加，心跳加快，左心室充满血液的速度加快，心输出量增加，小动脉扩张，更多的肌肉毛细血管充满血液。在肌细胞内，氧气供应的增加与糖原分解、脂肪酸分解、无氧糖酵解、乳酸生成、克雷布斯循环和电子传递链的增加相匹配。所有这些事件都通过一个测量值反映出来：最大摄氧量。最大摄氧量越高，肌肉产生收缩所需的ATP的速度就越快。

最大摄氧量增加是耐力训练中产生的众多适应性之一。由于最大摄氧量增加只是众多适应性之一，因此较高的最大摄氧量并不一定是耐力表现的良好预测指标。例如，毫无疑问，最大摄氧量为55毫升/(千克·分)的人比最大摄氧量为40毫升/(千克·分)的人更具竞争优势，但与最大摄氧量为50毫升/(千克·分)的人竞争时，这种优势可能并不存在。实质上，最大摄氧量只是对人体从吸入的空气中提取氧气并将其输送到活跃肌细胞的线粒体中的能力的一种度量。这种能力是有上限的，上限很大程度上取决于心脏泵血的能力，也就是心输出量。

心输出量的上限不仅决定了人进行耐力运动的能力，还决定了人独立生活的能力。并非所有人都渴望成为耐力运动员，但是所有人都很重视自己的自理能力。无论是为了改善身体表现，或者只是为了提高生活质量，适当的训练可以提升功能容量。

如第3章所述，最大摄氧量是指身体在剧烈运动中每分钟所摄取的最大氧气量。计算最大摄氧量的公式很简单：

$$\dot{V}O_{2max} = 心输出量 \times a - \overline{V}O_2 difference$$

心输出量等于每搏输出量乘以心率，以升/分为单位。换句话说，心输出量是心脏每分钟泵出的血液量。$a - \overline{V}O_2 difference$是指动脉血氧含量与静脉血氧含量之间的差值。例如，如果动脉血每100毫升血液含有20毫升氧气，而静脉血每100毫升血液含有14毫升氧气，那么每100毫升血液动脉血氧含量与静脉血氧含量之差就是6毫升氧气。这个方程式通常被称为菲克方程式，以19

世纪发明这个方程式的科学家命名。幸运的是，无须测量心输出量或采集血样就可以计算出最大摄氧量。测量吸入的空气和呼出的气体中的氧气和二氧化碳含量，以及肺通气量（每分钟通过肺部的空气量），即使以每次呼吸为基础，也能精确测量出氧气消耗量。

显然，对运动员来说，最重要的适应性是提升表现。更好的表现也是运动科学领域研究者的兴趣所在，这不仅因为提升运动能力对运动员的表现很重要，还因为有氧适能的改善与以下方面有关：降低患非传染性疾病（如心脏病、肥胖症和糖尿病）的风险、改善手术后的恢复，以及图9.1所示的其他与健康有关的问题。

线粒体包含1 000多种不同的蛋白质。训练可以增加线粒体的数量、线粒体内的抗氧化剂的数量，以及各种保护肌细胞免受压力的蛋白质的数量。

积极的生活
将体育锻炼作为你生活的一部分，可以带来健康方面的益处，这种益处可以延续到很久远的未来。

更少的跌倒和事故

更高的生活质量

改善身体状况

手术后存活概率更高

延长寿命

抑郁
代谢综合征

高血压

久坐不动的生活
久坐不动的人患许多疾病的风险更高。

2型糖尿病

心血管疾病

脑卒中

更高的全因死亡率

结肠癌

乳腺癌

图9.1 定期锻炼和健身有助于降低患多种疾病和失调的风险

为什么最大摄氧量对耐力如此重要

有氧能力（通过最大摄氧量测量）反映了肌肉从碳水化合物（葡萄糖）和脂肪（脂肪酸）的有氧代谢中产生ATP的能力。为了提升体能和耐力，需要提升通过有氧代谢生产ATP的能力，并维持这种生产能力。这种能力反映在最大摄氧量上。

如前所述，最大摄氧量最高的运动员并不总是第一个完成比赛。许多其他因素相互影响，决定了运动员的总体表现。在耐力运动中，最大摄氧量只是影响因素之一。但是，最大摄氧量是影响完成耐力项目的能力的主要因素之一。图9.2总结了决定最大摄氧量的因素。

运动表现营养要点

为了提升耐力表现，美国运动医学会建议在持续1小时以上的运动中每小时摄入30~60克碳水化合物（如果运动持续时间超过2小时，则每小时最多摄入90克碳水化合物）。蔗糖、葡萄糖和果糖等单糖的混合物，在促进快速吸收和增加活跃肌细胞中碳水化合物的氧化方面效果最好。

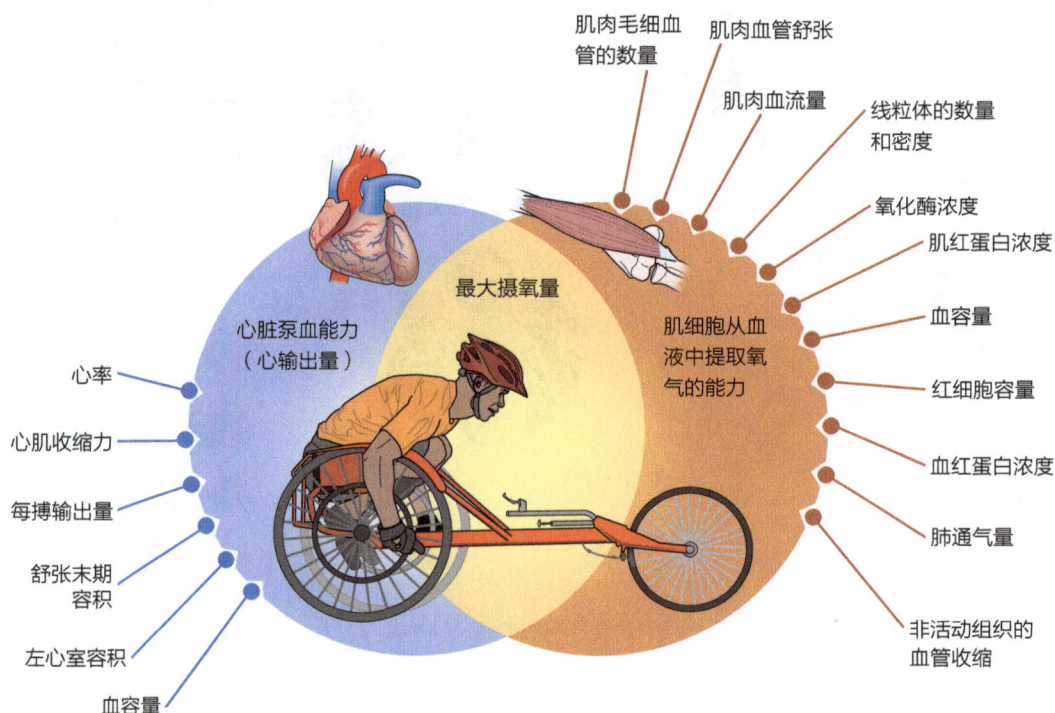

肌肉毛细血管的数量
肌肉血管舒张
肌肉血流量
线粒体的数量和密度
氧化酶浓度
肌红蛋白浓度
血容量
红细胞容量
血红蛋白浓度
肺通气量
非活动组织的血管收缩

最大摄氧量

心脏泵血能力（心输出量）

肌细胞从血液中提取氧气的能力

心率
心肌收缩力
每搏输出量
舒张末期容积
左心室容积
血容量

图9.2　决定最大摄氧量的因素，所有这些因素都受训练的影响

一些参加长达12小时或更长时间的超长耐力项目的运动员尝试了高脂肪、低碳水化合物饮食（生酮饮食），试图最大限度地增加脂肪氧化，节省肌糖原，并改善运动表现。这种饮食要求严格限制碳水化合物的摄入（每日热量少于10%），并会导致酮症——从脂肪酸中产生的酮类物质增加，例如乙酰乙酸和β-羟丁酸。研究表明，生酮饮食确实会增加脂肪氧化和糖原。然而，由于身体的代谢灵活性受限，总体表现通常会受到影响。换句话说，运动员在训练和饮食促进最大代谢灵活性时表现最佳，代谢灵活性是指在运动时同时使用脂肪和碳水化合物作为燃料的能力。

的确，在长时间的运动中，肌肉会自然地产生自由基分子，这些自由基分子会破坏肌细胞内部的重要结构和功能。此外，细胞内确实存在抗氧化剂，如谷胱甘肽、过氧化物酶和超氧化物歧化酶等分子，它们可以保护细胞免受自由基的破坏。膳食中的抗氧化剂，例如维生素C、维生素E和β-胡萝卜素（维生素A）也可以提供保护。似乎大量摄入这些维生素可以增强抵抗自由基的能力，事实并非如此。研究表明，补充抗氧化维生素并不能改善表现或帮助适应训练。事实上，补充抗氧化剂可能会延缓适应性的产生，因为人体需要产生一些自由基和暂时的炎症来产生有益的适应性。此外，补充大剂量的抗氧化剂会减少细胞中产生的抗氧化剂。应该鼓励运动员多吃含有水果和蔬菜的各种饮食，为肌细胞提供天然的维生素和植物营养素，以提供抗氧化保护，且不会妨碍适应性的产生。

哪些因素决定了有氧能力的提升程度

这个问题的一个明显答案就是训练。耐力训练计划也许是决定有氧能力（最大摄氧量）提高程度的最重要的因素。但是，不同个体对有氧训练计划的反应存在很大差异。以下是决定最大摄氧量总体改善的关键因素。

- 初始适应度。在训练前有较高最大摄氧量的运动员通常比开始训练时最大摄氧量低的运动员有较小的改善。
- 遗传性。一个人的基因决定了训练后最大摄氧量的改善上限。（请记住，目前还没有能够准确预测运动潜力的基因测试。）基因也决定了人们对训练的反应程度。高反应者比低反应者能更快、更大程度地改善。

在肌肉中，一些线粒体位于肌膜内，而另一些则位于肌纤维之间。这两种类型的线粒体对训练的反应方式似乎有所不同，但训练能增强这两种类型的线粒体产生ATP的能力。

- 性别。女性的最大摄氧量通常比进行同样训练的男性低10%～15%，尽管顶尖女运动员的最大摄氧量常常比许多男运动员高。
- 训练。即使通过训练达到较高的最大摄氧量，由于运动经济性和无氧阈随着训练量的增加而不断提高，耐力表现仍然可以得到提升。

为什么无氧阈很重要

在耐力运动中，血液中的乳酸水平会从静止值开始上升，然后保持相对稳定，直到冲过终点线。当运动强度过高时，血液中的乳酸就会开始积累，这表明活跃肌细胞越来越依赖于无氧糖酵解（无氧代谢）来产生ATP。如果不降低运动强度，肌细胞内的环境将变得越来越偏向酸性，维持运动速度就会变得越来越困难。不久之后，疲劳就会开始出现，运动速度也会减慢。

适当的训练可以提高无氧阈，并减少乳酸的积累。这意味着即使最大摄氧量保持不变，运动速度也会增加（参见图9.3）。

除了作为无氧代谢的副产品，乳酸还是一种燃料，心脏和骨骼肌可以用它来提升表现。

群体会对耐力表现产生什么影响

自20世纪60年代末以来，来自埃塞俄比亚和肯尼亚等国的东非跑步运动员一直在中长跑比赛中取得成功。遗传因素（即他们的基因组成）是否赋予了这些跑步者其他选手无法企及的竞争优势？还是非遗传因素（例如生活在高海拔地区或儿童时期非常活跃）为他们提供了长跑优势？这个谜团一直没有解开，但将以下几个关键特征相结合，可能有助于解开东非长跑运动员的成功之谜。

遗传：高有氧能力的遗传易感性。

儿童时期的体育锻炼：整个儿童时期进行的跑步、散步、骑自行车和全面体育锻炼。

在高海拔地区生活和训练：血红蛋白浓度、红细胞比容和血容量更高。

身体大小和尺寸：较长的腿和较短的躯干带来更高的跑步经济性。

肌纤维类型：具有较高氧化能力的I型纤维占有更高的比例。

传统饮食：富含碳水化合物的饮食有助于加速恢复并促进适应训练。

经济动力：长跑成功被视为提高经济和社会地位的一种方式。

对于可以将无氧阈从最大摄氧量的75%提高到最大摄氧量的85%的运动员，即使最大摄氧量保持不变，他也可以提高跑步速度。

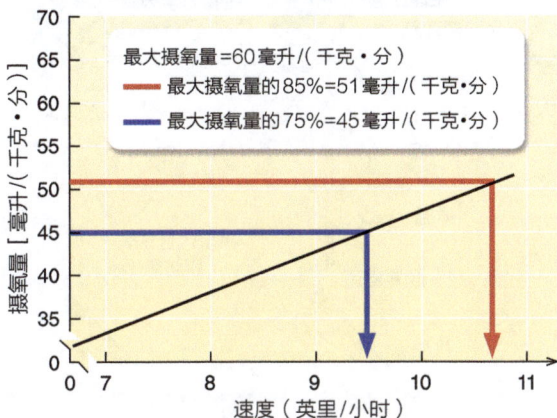

图9.3 即使最大摄氧量保持不变，无氧阈的改善也可以提高跑步速度。该图说明了无氧阈的改善如何转化为更快的速度

源自：W.L. Kenney, J.H. Wilmore, and D.L. Costill, *Physiology of Sport and Exercise*, 7th ed. (Champaign, IL: Human Kinetics, 2020), 288.

还有哪些因素影响耐力表现

切记不要将有氧能力和耐力表现混为一谈。虽然这两者之间确实有些联系（有氧能力较强的人往往有更好的耐力表现），但有氧能力最终会随着训练而趋于平稳，而耐力表现可以持续得到改善。

运动的一个重要特征是运动的能量成本，这被称为运动经济性。运动的经济性对耐力运动至关重要，因为不经济的运动需要ATP能量，而这些能量对前进运动没有任何贡献。运动不经济的一个简单示例就是跑步时的弹跳过度。每次弹跳都需要对于前进没有任何帮助的能量。每次弹跳都会损失一部分能量，这些能量是弹性能量，而不是来自ATP的能量。但对运动员来说，利用肌肉和结缔组织的弹性能量以促进向前运动也很重要。

图9.4显示了运动科学家认为的耐力表现的决定因素。耐力运动员的训练计划应该反映这些特征。

一些运动科学家认为，在100英里长跑等超耐力运动中，运动经济性在决定运动表现方面不如其他因素（如乳酸阈）重要。

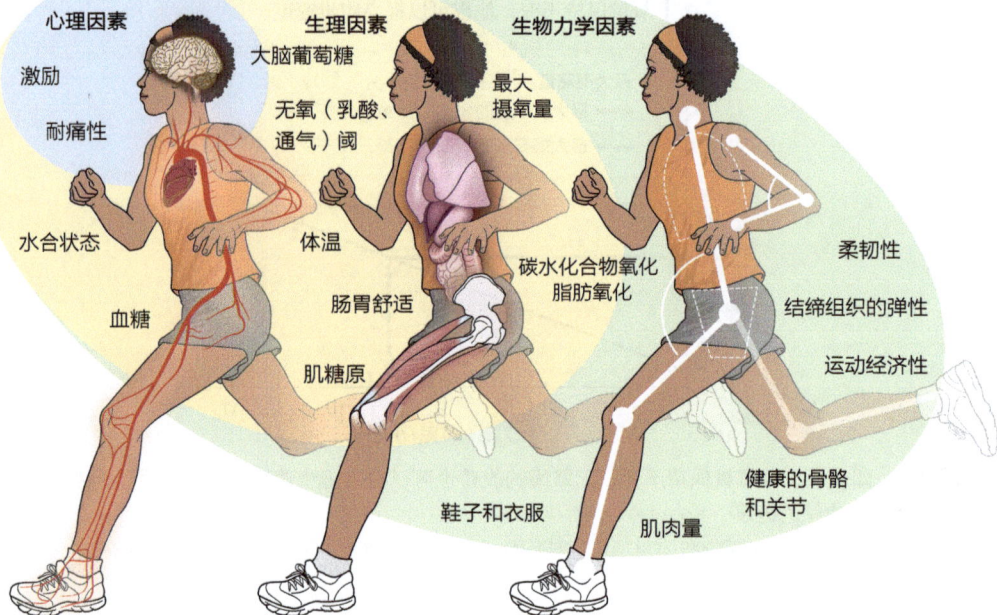

图9.4　耐力表现的决定因素

心理因素
激励
耐痛性
水合状态
血糖

生理因素
大脑葡萄糖
无氧（乳酸、通气）阈
体温
肠胃舒适
肌糖原

生物力学因素
最大摄氧量
碳水化合物氧化
脂肪氧化
鞋子和衣服
肌肉量
柔韧性
结缔组织的弹性
运动经济性
健康的骨骼和关节

什么是红细胞比容，为什么要关心它

　　红细胞比容是一个科学术语，指的是红细胞总体积占血液总容量的百分比。确定一个人的红细胞比容是在实验室里由受过训练且有经验的人执行的一个简单程序。将少量血液注入一个细玻璃试管中，然后在离心机中旋转该玻璃试管，将红细胞与血浆分离。只需测量由红细胞组成的部分的长度，并将其与玻璃试管中所有液体的长度进行比较，即可得出红细胞比容。

　　就像生物学中的所有事物一样，没有一个代表正常状况的红细胞比容值。在健康的年轻人中，红细胞比容通常约为45%，换句话说，血容量的45%为红细胞容量。在健康的年轻女性中，红细胞比容的平均值约为40%（这些值适用于处于正常水合水平的人；人为脱水会增加红细胞比容，因为脱水会降低血浆容量）。

　　一些耐力运动员非法使用自体血液回输和注射促红细胞生成素来增加红细胞的数量，提高红细胞比容和血液携氧能力，从而改善表现。一些运动员天生具有较高的红细胞比容，但大多数人的红细胞比容较低。男性红细胞比容的正常范围为41%~50%，女性红细胞比容的正常范围为36%~44%。

有些人错误地认为，经过数月的训练，红细胞比容会增加，因为人体会产生更多的红细胞来适应训练。正常反应是训练后红细胞比容会略有下降，如右图所示，因为即使人体确实产生了更多的红细胞，但血浆容量（血液的液体部分）的增加大于红细胞容量的增加。由于存在更多的红细胞、更多的血红蛋白和更大的血容量，所以血液能够携带和输送更多的氧气。

红细胞比容超过50%会增加患心脏病、血栓和脑卒中的风险，因为血液黏度会随红细胞比容的上升而增加，使心脏更难泵血，从而更容易出现血栓。

总血容量=5升　　　　总血容量=5.7升
红细胞比容=44%　　　红细胞比容=42%

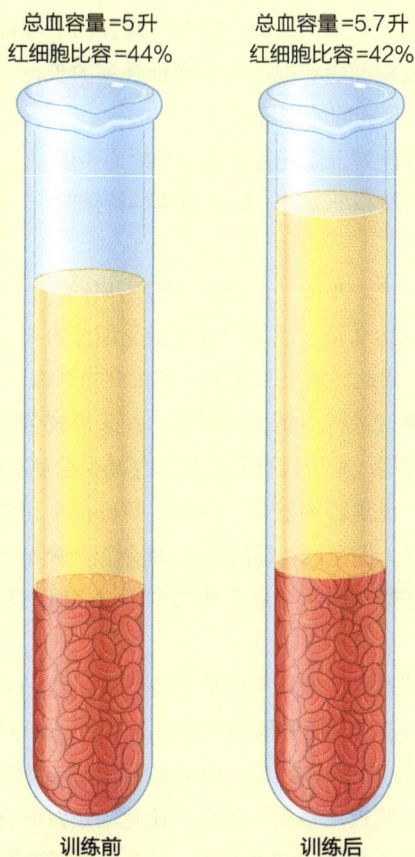

训练前　　　　　训练后

虽然训练增加了红细胞的数量和总血容量，但训练后的红细胞比容较低，因为血浆容量的增加大于红细胞容量的增加

经许可源自：W.L. Kenney, J.H. Wilmore, and D.L. Costill, *Physiology of Sport and Exercise*, 7th ed. (Champaign, IL: Human Kinetics, 2020), 278.

增强有氧耐力的最佳方法

没有提升耐力表现的最佳方法。各种运动中的耐力运动员已经通过各种训练方法取得了巨大的成功。最好的指导也许是：训练必须适合运动员的身体和心理特征，并根据运动员生活的地方进行调整。居住在大城市的耐力运动员的训练方式与居住在山区的运动员的训练方式不同。在这两种情况下都可以实现成功，但训练方法将有所不同。

耐力运动员通过不同距离的间歇训练（包括重复进行100米跑步），在国际比赛和奥运会上取得了成功。长距离慢跑训练对许多人有效，为提高无氧阈而设计的阈值训练也很有效。山地训练、法特莱克训练（速度训练，包括在长时间训练中以不同间隔增加速度的训练）、高强度间歇训练、力量训练和柔韧性训练都可以成为耐力训练的一部分。同样的道理也适用于那些对运动不感兴趣但想积极改善健康状况的人。在低强度的步行、游泳、骑自行车和其他活动中，可以采用相同的训练方法。

当设计一个训练计划来提升有氧能力和耐力表现时，应遵循以下的一般指导方针，以适应不同持续时间和目标的训练计划。

增加心输出量，提高无氧阈，提高运动经济性，这些应该是耐力运动员训练计划的首要目标。

1. 从轻松有趣的锻炼开始。无论客户是刚从休赛季归来的经验丰富的运动员，还是刚开始接受训练的新人，都应该先建立一个坚实的训练基础，借此完成更长时间、更苛刻的训练。示例如下。

- 使用较轻的重量进行力量循环训练，并采用较多的重复次数。经过数周的渐进式训练，采用较重的重量，并减少重复次数。

- 采用低强度、低里程的散步、跑步、骑自行车和游泳训练，重点放在适当的器械上（提高运动经济性），偶尔进行爬坡或类似的挑战来开始耐力训练。在数周时间内逐渐增加训练持续时间和距离。少关注运动强度。

- 通过每周不超过两次的短期间歇训练，开始让运动员或客户了解高强度间歇训练的要求。随着周数增加逐渐增加运动强度。

2. 准备迎接更高强度的运动。让运动员为比赛做好准备。一旦建立令人满意的训练基础并临近比赛季，就应该让运动员做好身体准备和精神准备（有动力），以增加训练强度和持续时间。对于有兴趣改善体能的客户，此阶段的训练会让他们更上一层楼。

- 把力量训练的重点转移到以下方面：发展持续的肌肉力量，同时增强耐力比赛所需的核心力量。此时也是引入简单的灵敏性训练的好时机，耐力运动员经常忽略这些训练，并将重点放在发展运动专项技能的训练上。

- 逐渐增加训练的持续时间和强度，包括无氧阈训练、低强度和长时间训练、速度训练（法特莱克训练）和高强度间歇训练（HIIT）的持续时间和强度。
- 逐渐增加训练强度和持续时间，在训练负荷达到稳定状态甚至减少时，可以休息几天或一周，以便恢复和适应。
- 继续强调选择适当的器械的重要性。

3. 比赛季的训练。赛季开始后（或对于健身客户而言，在建立了新的健身水平后），应该改变训练计划，以符合比赛带来的额外压力以及继续改进的需求，同时减少受伤和过度训练的风险。

- 在力量训练中，从自重训练和器械抗阻训练过渡到体重训练和弹力带训练，以保持或增强力量，并继续强调专项运动训练。
- 允许进行长时间、长距离的训练来达到平稳状态。逐渐增加运动强度，以符合比赛项目的要求。
- 将高强度训练限制为每周一天，其他时间应专门用于低强度恢复训练，以及持续时间受限的配速训练。

4. 针对锦标赛的减量训练。根据锦标赛的性质以及运动员或客户的个人需要，不同的训练季可能会有很大的不同。减量训练应该在决赛前2~4周开始，根据个人的身体和心理需求进行定制，以减少训练和休息时间。

- 从力量训练过渡到使用稳定球、弹力带和体重的维持训练和预防损伤的训练。
- 在耐力训练中，保持与锦标赛项目相匹配的持续时间和距离。阈值训练有助于保持比赛所需的速度。

通过耐力训练，身体能以令人难以置信的方式适应，如表9.1所示。

耐力训练建议源自：Bill Bishop, Head Coach at Bishop Racing, CEO at The Everest Platform, Chicago, IL.

如果训练的益处是特定于训练类型的，那么耐力运动员的大多数训练都应该强调利用碳水化合物和脂肪产生ATP的有氧运动。有了这个明显的观察结果，耐力运动员为什么还要花时间进行无氧训练呢？你的常识可能已经提供了这个答案的重要部分：耐力运动员需要一些短跑能力（一些无氧能力）来快速超越竞争对手，并在必要时冲刺到终点。但是，耐力运动员还有其他方法可以从无氧和高强度间歇训练中获益。

高强度训练可以改善有氧能力和表现。乳酸阈、无氧能力，甚至有氧能力，都可以通过耐力训练中反

高强度间歇训练通过提升短跑能力，增加最大爆发力，并提供额外的刺激来产生提升有氧能力所需的适应性，这些都能让耐力运动员受益。

复进行的高强度训练来提升。例如，在长达一个小时的跑步、骑自行车或越野滑雪训练中，重复进行练习3分钟然后再放松5分钟的训练，可以提高无氧阈。这种速度训练（法特莱克训练）的无数变化和传统的间歇训练，可以增加耐力训练的多样性和高强度的挑战。

表9.1 **适应耐力训练**

心肺适应性	肌细胞适应性
静息心率每周下降约1次/分。静息心率低于50次/分在耐力运动员中并不罕见	从血液中提取氧气的能力增强（动脉血氧含量与静脉血氧含量之间的差值增加）
次最大运动时的心率较低，但最大心率不变	肌红蛋白含量可增加80%
在刻苦训练后心率恢复较快	线粒体大小和数量增加
肺部最大通气量增加	参与生产ATP的氧化酶的含量和活性增加
血容量增加	次最大强度运动中脂肪酸的使用增加（RER降低），从而减少了对肌糖原的依赖
左心室容积增加	I型纤维横截面积增大
左心室壁厚度增加，收缩强度增加	临界爆发力（乳酸或无氧阈）增加
舒张末期容积增加（两次心跳之间的充盈程度提高）	运动经济性改善
最大心输出量增加（由于每搏输出量增加）	
肌肉毛细血管的数量和密度增加	
毛细血管募集增加	
流向肌细胞的血液增加	
改善了血液从非活跃组织到活跃肌细胞的分布	
血管阻力降低（使心脏更容易泵血）	
红细胞量增多	
血红蛋白含量增加	
红细胞比容不变或略有降低	
血液黏度降低（使心脏更容易泵血）	
最大摄氧量增加10%~20%	

高强度间歇训练的特点及其给耐力运动员带来的好处

- 高强度间歇训练增强了肌细胞进行有氧和无氧代谢的能力。高强度间歇训练会导致最大摄氧量、血容量和氧化酶浓度增加，这些与常规耐力训练类似。
- 重复冲刺或高强度运动20秒至3分钟，然后进行低强度运动，这样做可以提升无氧和有氧能力。
- 有效的高强度间歇训练可以在20分钟内完成。
- 少量的高强度间歇训练和大量的传统耐力训练在改善生理和代谢能力（从而提升耐力表现）方面一样有效。
- 高强度间歇训练不应该完全取代传统的有氧训练，但可以定期用它来给耐力运动员提供新的挑战，这将有益于改善他们的表现。

耐力运动员应该进行力量训练吗

第8章简要介绍了该主题，这对耐力运动员来说是个好消息。耐力训练带来的好处并不会因力量训练而减少（但过多的耐力训练会削弱力量训练的效果）。精心设计的力量训练计划可以帮助耐力运动员保持甚至增加肌肉量，这是训练季较长时可采用的重要适应措施。

尽管耐力运动员通常都很苗条，但保持足够的肌肉量对于维持运动表现很重要。过度训练和能量摄入不足导致的肌肉量减少会影响表现。每周进行两次30分钟的力量训练就足以防止肌肉量减少。

野外游泳运动员、铁人三项运动员、自行车运动员和越野滑雪运动员都是耐力运动员的好例子，对他们来说，上半身和下半身的肌肉对其运动成功与否至关重要。非赛季和赛季的力量训练对于增强力量、保持或增加肌肉量都是必不可少的，这种适应性训练使得耐力运动员能够在更高水平上进行训练和比赛。

例如，如果一名长距离游泳运动员赛季前的背阔肌最大力量是45千克，而且每次比赛都要求游泳运动员在每次手臂划水时能够施加30千克的力量，那么该运动员将反复使用67%的最大力量。如果该游泳运动员能够将背阔肌的最大力量提高到54千克，那么以同样的速度游泳只需要56%的最大力量，这会使得游泳变得更容易。如果游泳运动员使用新的最大力量的65%，施加的力量将会是35千克，这会使得游泳运动员在相同的相对努力下游得比以前更快。

运动表现营养要点

低肌糖原储存量的训练已被证明能够增加与碳水化合物和脂肪氧化有关的氧化酶的浓度，这种适应性训练通常可以提升耐力表现。这种"训练量低"的策略只能定期使用，因为在肌糖原含量低的时候，训练能力会大大降低。此外，在进行低肌糖原储存量的训练时，增加运动员的蛋白质摄入量有助于保持蛋白质正平衡。

把耐力训练和力量训练相结合的建议

- 当运动员在同一周内进行高强度的力量训练和高强度的耐力训练时，请注意每天的疲劳程度。如果训练表现开始受影响，请减少训练量。
- 经过一段时间的艰苦的力量训练后，在理想情况下，运动员应进行至少12小时的恢复，然后再进行耐力训练。
- 在力量训练之后，需要足够多的时间来恢复至适当的跑步、骑自行车或游泳技能水平。
- 如果可能，应在力量训练前进行耐力训练。例如，上午进行耐力训练，下午或晚上进行力量训练。
- 当运动员将注意力转移到耐力训练上时，每周进行一到两次力量训练就足以保持肌肉力量。
- 改变力量训练的模式、持续时间和强度，以优化适应性，并防止力量训练干扰耐力训练。

参考资料：Berryman, N. et al. 2018. Strength training for middle- and long-distance performance: a meta-analysis. *Int J Sports Physiol Perform*. 13(1): 57–63.

Doma, K. et al. 2019. Training considerations for optimising endurance development: an alternate concurrent training perspective. *Sports Med*. 49(5): 669–682.

为什么耐力对短跑运动员和团体赛运动员很重要

提升有氧能力是所有运动员抵抗疲劳的主要手段，无论他们从事何种运动或活动。即使是高强度的运动，也会对运动员的有氧能力造成压力，因为从反复的爆发性运动中恢复的能力取决于有氧能力。低强度运动（例如高尔夫球和棒球）对有氧能力的要求较高，因为这些运动的持续时间较长。

疲劳会影响运动表现。有氧能力的提升可以延缓疲劳，甚至在非耐力运动中也可改善运动表现。这些运动项目的运动员在比赛中并不主要依靠有氧代谢，但他们能够持续保持精神集中，从反复的爆发性运动中恢复过来，承受艰苦的训练，并在炎热环境中坚持进行比赛，都受益于有氧能力的提升。

这并不意味着棒球运动员需要像越野跑运动员那样进行训练。但棒球运动员确实可以从旨在提升有氧能力的训练中受益。这类训练可能并没有占运动员整体训练的很大比例，但不应忽视这类训练。

疲劳对表现的影响

- 肌肉力量降低
- 耐力降低
- 注意力不集中和警觉性减弱
- 灵敏性和协调性减弱
- 力量降低
- 速度下降
- 更慢的反应速度和更长的运动时间
- 受伤风险增加

本章小结

- 有氧训练可以使肌肉、心脏、肺部、肝脏和其他组织产生许多适应性，从而提升了进行更长时间、更高强度运动的能力。
- 增强有氧适能对非耐力运动员也很重要，因为在短时间和停歇运动中，要求有足够的有氧适能来加快恢复速度并提供艰苦训练所需的耐力。
- 最大摄氧量是反映有氧适能的一个重要指标，同样重要的还有维持高比例最大摄氧量的能力和保持运动经济性的能力。
- 定期进行高强度间歇训练可以有效维持或提高最大摄氧量，并提高在耐力训练中的速度。

复习题

1. 解释为什么最大摄氧量最高的运动员并不总是能够赢得耐力比赛。
2. 描述耐力训练的三种适应方法，并解释为什么每种方法都与提升表现有关。
3. 探讨无氧阈对耐力表现的重要性。
4. 定义红细胞比容并解释其如何受训练影响。
5. 描述高强度间歇训练对耐力适应性的好处。

第 3 部分

特殊注意事项

高温、寒冷和高海拔环境

学习目标

- 了解在不同的环境中进行训练和竞技如何带来特殊的挑战，使身体更难发挥最佳表现。
- 了解身体如何对不同的环境进行反应和适应。
- 体会如何设计训练计划和调整饮食，以最大限度提高身体对环境压力的反应。

高温、寒冷和高海拔环境是常见的环境压力因素，它们会影响人体对运动的生理反应，从而改变人体保持速度、爆发力，特别是耐力的能力。简而言之，凉爽天气下的表现通常比寒冷或炎热天气下要好。在许多项目中，在高海拔地区的表现会受到影响，在某些项目（例如短跑、跳跃和一些投掷项目）中，这种环境却可能提升表现。

在本章中，我们会逐一讨论这些环境压力因素，因为这是说明人体如何以常识性方式调整和适应各种环境的好方法。阅读本章时请记住，你的DNA具有一种内在能力，可以创造一些新的蛋白质，这些蛋白质可以确保你生存下来，并成功适应通常不会遇到的环境压力，例如极端寒冷、高温和高湿，以及海拔超过5 000英尺（1 524米）的环境。

环境温度太高会影响表现

即使不是很热，表现也会受到影响。研究表明，与在4.4~15.5摄氏度的温度下运动相比，超过15.5摄氏度的温度足以影响长时间运动的表现。当温度上升到15.5摄氏度以上，对表现的负面影响就会逐渐增加。在高温下锻炼会给心血管系统造成巨大压力。心脏不仅需要将大量的血液输送到活跃的肌肉，还需要将大量的血液输送到皮肤，使肌肉收缩产生的热量可以散失到环境中。此外，大脑对热非常敏感，因此，每当内部（核心）温度大幅升高时，大脑就会采取行动来减慢人体（以及产生热量的）速度，以防核心温度进一步升高到危险水平（例如"中枢疲劳"）。

图10.1说明了运动过程中热量产生和损失（热量平衡）的基本知识。运动过程中肌肉产生的热量必须散失到环境中，以防止过热。在剧烈运动过程中，大部分热量会随着皮肤上的汗液蒸发而流失。在凉爽的日子或在凉爽的房间中，当温暖的身体转移到凉爽的环境时，会通过热辐射散失热量。你还可以借助对流来散去额外的热量，因此在大风天或在风扇前锻炼会更有效。热传导是热量损失或增加的最终途径，但它要求身体与温度较低或温度较高的物体直接接触。刚从游泳池出来的孩子躺在温暖的混凝土地面上，就是利用了热传导的原理。

在体育锻炼过程中，脱水和体温过高紧密相关，因为长时间或大量出汗时，体内的液体就会流失。脱水会降低心脏为活跃肌肉供应血液的能力，同时也使皮肤无法获得足够的血液以协助散热。在运动期间保持体内水分充足有助于维持血容量和心脏向肌肉和皮肤输送血液的能力，从而防止或限制运动表现的下降。

从实际的角度来看，要想在艰苦的锻炼和比赛中获得最佳表现，最好的办法就是始终保持身体凉爽。热身运动旨在实现以下目标：预热肌肉，同时防止体内温度过高。研究表明，通过预冷可以改善运动员在温暖环境中的表现，所以一些运动员会使用冷水背心和冷水浸泡、在空调房间中休息，以及喝冷饮或冰沙等方式降低体温。研究还表明，包含各种运动强度的持续5~15分钟的热身通常足以引起肌肉温度的小幅上升，并让大多数运动员在训练和比赛前做好身体和心理准备。中场休息或其他比赛休息时间结束后，通常可以通过2分钟的高强度运动来重新热身。如果进行下场比赛前的恢复时间很短，那么热身之后的放松运动就很重要，因为其可以在再次开始比赛前尽可能地降低体温。诸如足球、网球、排球、摔跤和垒球之类的体育比赛通常都要求运动员一天之内参加多场比赛，并且这种情况可能持续两天或更长时间。在这种情况下，运动员必须在比赛之间放松下来并补充水分。

人类是恒温动物：静止时的核心温度被限制在一个狭窄的范围内（36.1~37.8摄氏度）。

不能仅通过温度来测量热应激。环境热应激是由风速、相对湿度、热辐射和环境温度共同决定的。

风（或人体在静止的空气中移动）通过对流（空气在皮肤上的移动）增加身体热量的流失。

来自太阳的热量

所在环境比较凉爽时，血液中产生的热量可以通过皮肤辐射到较凉爽的环境中。

在炎热的天气中，热量可以从地面辐射到身体上。

活跃肌肉产生的热量被循环的血液吸收，并传输到身体的其他部位，包括皮肤。

当体温上升到足以激活汗腺时就开始出汗。随着汗水从皮肤上蒸发，热量也迅速从体内散失。在运动过程中，出汗是散发热量最重要的途径。

热损失
热增益

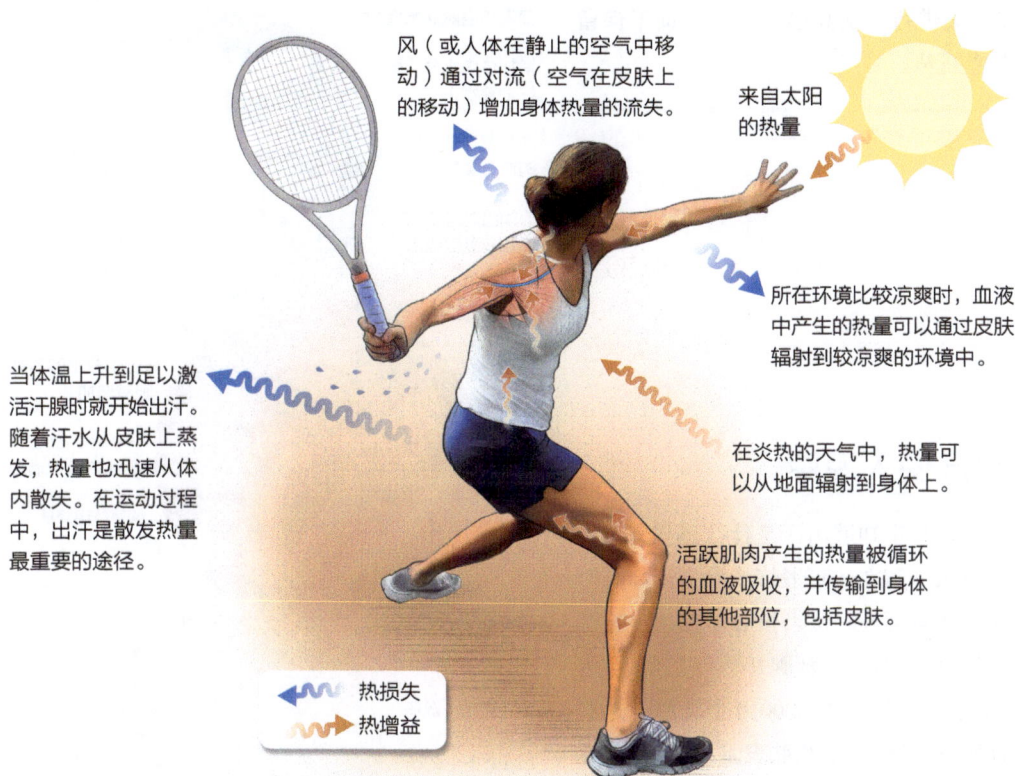

图10.1　运动过程中，肌肉产生热量，体温自然会升高，因此必须将大部分热量散失到环境中，以防核心温度升高到危险的程度。根据环境条件，热量的获得和流失可通过各种途径实现，以确保人体不会过热

在高温环境下训练可以提升表现

　　为什么在高温环境下运动会降低运动表现，而在高温环境下训练却能提升运动表现？高温环境下的运动表现始终比凉爽环境下的运动表现差，因为人体只有这么多的血液可流动。当皮肤的血流量上升到很高的水平时（例如热暴露和运动期间），肌肉的血流量无法增加到足以维持最佳表现的程度。但是，因为进行热适应训练可获得适应性，所以在高温环境下进行训练（适应高温环境）可以提升在所有环境中的表现。这些适应性如图10.2所示，这就是为什么许多精英运动员要接受热适应训练来改善在所有天气下的表现。

　　热适应训练有利于提升人们在凉爽环境中的表现，因为随着热适应训练而产生的适应性（如血容量增加）可提升艰苦锻炼的能力。在没有热暴露的情况下，热适应带来的好处每天会减少约2.5%，但定期在高温下进行训练（例如，每5天进行一次高温训练）有助于保留这些优势。

> 为了实现充分的热适应需要在温暖的环境中进行训练。仅在静息时暴露于高温下是不够的。如果无法在炎热的环境中进行常规训练，那么将凉爽天气下的训练和被动高温训练（热水浴、桑拿浴）相结合，可证明定期进行热适应训练的好处。

出汗使人凉爽

你肯定知道出汗是什么感觉，但很少有人了解在体育锻炼或暴露于高温时出汗的重要性。每当核心体温超过出汗阈值时，皮肤中的汗腺开始产生汗液。人出生时身体大约有200万个汗腺，这些汗腺将水分分泌到皮肤表面，使人能够在炎热的天气和剧烈的体育锻炼中生存下来。随着水分子从皮肤上蒸发到空中，热量会流失到环境中。事实上，在剧烈运动中，肌肉产生的热量有80%是通过汗液蒸发从体内散失的。但是，从皮肤上滴落的汗液不具有降温功能，从皮肤上蒸发的汗液才有这一功能。

在炎热的环境中，出汗是安全保持凉爽的有效方法。这解释了为什么人类比大多数动物更擅长在高温下进行长时间运动。不出汗的动物的喘气速度不足以散去运动产生的全部热量。在人体中，当体温略高于正常静息温度（98.6华氏度或37摄氏度）时，大脑中的下丘脑会感觉到温度升高，并向交感神经发出信号，要求扩张皮肤中的血管并激活汗腺（参见图10.3）。

口渴和自愿饮水增加
增加体内水分（更好地补水）
血容量增加（肌肉血流量更大）
心输出量增加（肌肉和皮肤血流量更大）
改善水合作用

汗腺中分泌的乙酰胆碱增加
汗腺中乙酰胆碱受体的数量增加
静息体温降低（提高对高温的耐受性）
减轻心脏压力（降低心率）

更大的皮肤血流量（更好地散热）
皮肤出汗更多（更好地散热）
出汗更早（散热更快）
出汗更多（更好地散热）
汗液中的盐分减少（改善水合作用和增加血容量）
出汗更快
皮肤血流量增加更快
出汗反应增强

热舒适度改善
运动能力提升
口渴和自愿饮水增加
乳酸生成减少
肌糖原分解减少
产生更多的热激蛋白（提高耐热性）
较低的核心温度（更好的表现）

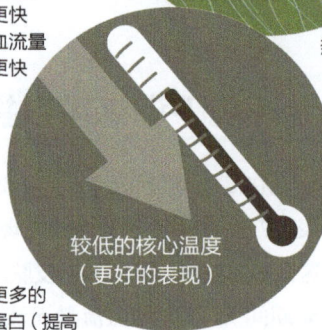

图10.2 通过在温暖的天气中进行训练来适应高温。在最初两周的温暖天气训练中，逐渐增加锻炼的持续时间和强度会使身体产生各种适应性，从而提升在高温下的运动能力。人与人之间耐热性的差异是热适应程度和适能水平的不同导致的

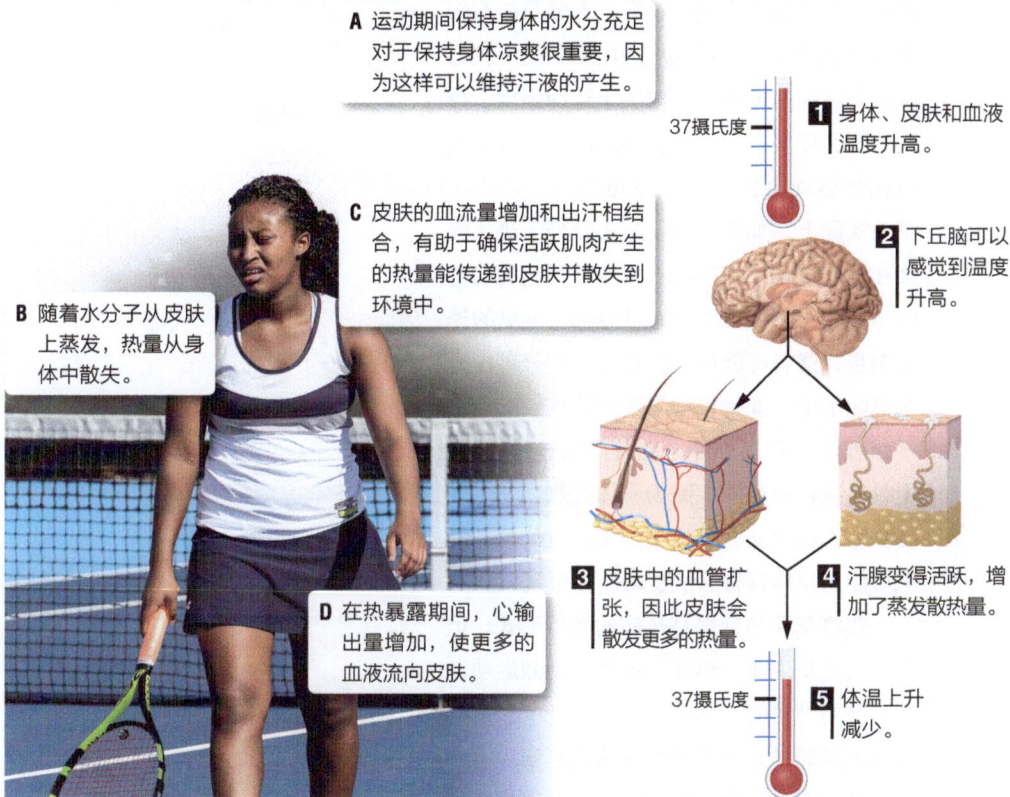

A 运动期间保持身体的水分充足对于保持身体凉爽很重要，因为这样可以维持汗液的产生。

B 随着水分子从皮肤上蒸发，热量从身体中散失。

C 皮肤的血流量增加和出汗相结合，有助于确保活跃肌肉产生的热量能传递到皮肤并散失到环境中。

D 在热暴露期间，心输出量增加，使更多的血液流向皮肤。

37摄氏度

1 身体、皮肤和血液温度升高。

2 下丘脑可以感觉到温度升高。

3 皮肤中的血管扩张，因此皮肤会散发更多的热量。

4 汗腺变得活跃，增加了蒸发散热量。

37摄氏度

5 体温上升减少。

图10.3 出汗是体温调节的重要部分，因为在运动过程中出汗是人体热量散失到环境中并维持体内安全温度的主要途径

众所周知，炎热潮湿的天气会让人感到很不舒服。空气的湿度影响热量散失的速度，因为湿度会直接影响汗液的蒸发。当空气中的水蒸气多于皮肤上的水蒸气时（通常发生在相对湿度很高的地方），汗液就无法从皮肤上蒸发掉，因为周围的空气已经包含了足够多的水蒸气。反之，在干燥的沙漠环境中进行运动时，汗水会从皮肤上迅速蒸发，以至于你几乎没有注意到自己在出汗。这种快速蒸发有助于有效地散热，但会增加脱水的风险，因为你会错过皮肤和衣服的汗湿阶段（这些迹象会提示你正在流失水分，应该喝水来补充水分）。随着湿度的升高，散热变得越来越困难，从而增加了早期疲劳、热衰竭和中暑的风险。

在高温中运动的危险性

人体向环境散发热量的能力是有限的。达到散热能力极限时，如果继续

运动，核心温度会继续升高。大脑只能在短时间内忍受40~41摄氏度的内部温度。核心温度升高的速度和程度取决于运动强度、持续时间和环境条件。在炎热潮湿的环境中进行剧烈运动会使核心温度迅速升至危险水平。实际上，如果在热量散失受到阻碍（例如在运动过程中穿橡胶衣服这种不明智的危险举动）的情况下，以每分钟0.1英里的速度跑步，就有可能让体温在15~20分钟内升至危险水平。如果核心温度保持在较高的水平，哪怕只有几分钟，也有可能导致中暑。中暑往往是致命的，因为身体过热太长时间会损害大脑功能，导致全身蛋白质分解，结果可能是身体器官系统衰竭，甚至死亡。

热痉挛和热衰竭是热病的其他形式，但并不会危及生命。热痉挛可能是剧烈运动和脱水共同导致的。某些运动员汗液中大量钠的流失可能导致严重的全身肌肉痉挛。当心输出量跟不上运动需求时，就会出现热衰竭（高温下运动时出现的异常疲劳）。当热量增加使系统不堪重负时就会出现热衰竭，而脱水会使这种情况严重恶化。在高温下进行正常运动时，可以用风扇或空调为运动员降温，让运动员脱掉多余的衣服和帽子。恢复水合作用通常足以使运动员在比赛前恢复正

在同一活动中，每个人的出汗率有很大差异，从每小时300毫升到每小时3 000毫升以上不等。

可补偿性热应激是指核心温度升高但趋于稳定时的热应激。不可补偿性热应激是指核心温度持续上升（因为身体无法足够快地散热）时的热应激。

运动表现营养要点

在高温环境下运动时，将冷水倒在头皮、面部和颈部会让人感觉良好，并能改善热舒适度。不幸的是，这种缓解只是暂时的，因为局部降温不足以降低身体的核心温度。大量饮用足以使脱水达到最低限度的冷饮是防止过热的好方法。应该鼓励和训练运动员在运动过程中更好地补水，这样在出汗量大时，他们就能更频繁地消耗大量的水。

常体温。但是，中暑是一种危及生命的紧急情况，发生这种情况时，需要尽快为运动员降温。

增加患热病风险的因素

- 空气温度高
- 湿度高
- 近期患病或感染
- 运动强度大
- 身材状况不佳
- 不适应高温天气
- 患有心血管疾病
- 有除太阳以外的热源（例如，顶灯、散热器、热水浴缸）
- 脱水
- 妨碍散热的衣服和设备
- 宿醉
- 被不了解高温下运动的危险性的教练强迫继续运动。

中暑的特征是中枢神经系统功能障碍（精神错乱、虚脱，有时甚至失去意识），这是一种必须迅速处理的医疗紧急情况。中暑的其他症状可能包括核心温度超过40摄氏度、心率加快、血压下降和呼吸急促。让运动员立即降温可以挽救其生命。在紧急救助过程中，应将运动员的躯干浸入冰水进行冰水浴，以快速降低核心温度。如果无法进行冰水浴，应用冷水和湿毛巾给运动员持续降温。经历过中暑的运动员应该在接受热适应训练后的数周内逐渐重新参与体育活动，确保运动员能够忍受训练，且没有中枢神经系统功能障碍。

在突如其来的热浪中死亡的人，大多数是由于心血管疾病导致心脏和血管功能受损的老年人。这些人可能会脱水，也可能不会，但往往生活在没有空调或风扇的环境中，缺乏快速散热以防致命高温的生理能力。

高温瑜伽：是真的有帮助还是炒作

高温瑜伽（Bikram瑜伽）是一种包含26种瑜伽姿势的瑜伽运动，要求在约40摄氏度和相对湿度为40%的环境中进行90分钟的练习。这真是一个炎热、让人出汗的环境！高温瑜伽有什么好处？要回答这个问题，需要阅读一些书籍，以确定高温瑜伽的益处，以及支持这些说法的证据。

在过去，高温瑜伽的拥护者声称，大量出汗有助于排出皮肤中的毒素，而且高温使身体变得更加灵活。尽管已经进行了一些研究，但关于高温瑜伽的科学研究并不多。一些研究结果证实了人们的预期：瑜伽运动会适度增加耗氧量，从而增加能量消耗。瑜伽初学者消耗的能量往往比有经验的学生少——每90分钟消耗的能量为200~500千卡。这相当于每分钟消耗2~6千卡的能量，所以该运动属于轻度至中度的运动。

在高温下练习瑜伽会提高核心温度和心率并引起出汗。事实上，一项研究指出，练习高温瑜伽的人的心率一般为最大心率的72%~86%，而初学者的心率则较低。在任何情况下，热应激都会增加心血管系统的压力，这是因为流向皮肤的血液增加，并且汗液会造成体内水分流失。通过饮用足够的液体来防止脱水，这对保护心血管健康和防止核心温度升高到危险水平至关重要。此外，应禁止患有多发性硬化症或心血管疾病的人暴露在高温环境下。

虽然没有可靠的证据表明高温锻炼可以"软化"身体，或者可以通过汗液排出毒素或杂质，但是高温瑜伽练习者可以体验到热适应带来的生理好处，同时在力量、柔韧性和有氧适能方面也会有一定改善，这些都与轻度至中度的运动有关。

源自：Pate, J.L., & Buono, M.J. (2014). The physiological responses to Bikram yoga in novice and experienced practitioners. *Alternative Therapies in Health and Medicine*, 20(4): 12-18.

冷应激会影响表现

许多环境条件会导致人体迅速散失热量并降低核心温度。幸运的是，尽管冰球、高山速降、越野滑雪等运动通常是在寒冷的条件下进行的，但运动中会产生热量，运动员也能保持体温，尤其是在他们的衣服有足够的保温性来减少热量流失的时候。图10.4说明了人体在低温环境下的主要生理反应。

在寒冷环境中进行锻炼时，如果汗水浸透衣服，出汗会加速热量的流失。

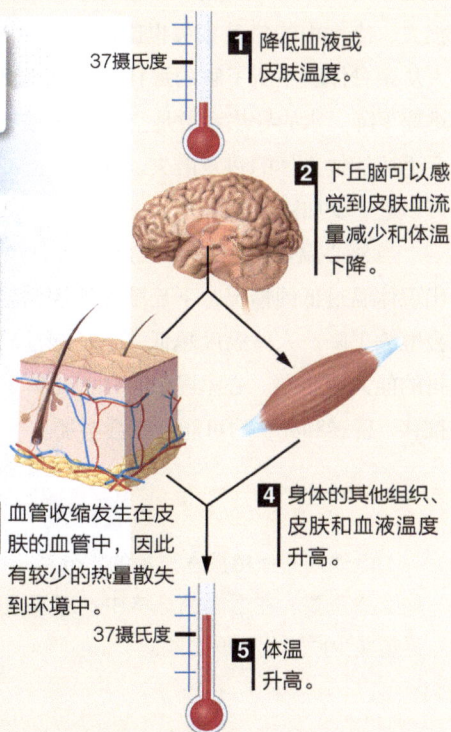

适应低温环境的效果不如适应高温环境的效果明显。然而，在寒冷环境中进行训练的运动员可能会适应寒冷，从而使其核心温度略微下降而不会引起颤抖。反复暴露在寒冷环境中的人可以通过增加新陈代谢产生的热量（称为非颤抖性产热）、更多的颤抖次数以及更有效的血管收缩来适应寒冷环境。行为调节是在寒冷环境中温度调节机制的重要组成部分，甚至比在高温环境中更重要。增加衣服、移到较温暖的地方、寻找庇护所、调整运动强度是保暖的常见行为调节措施。

在寒冷的天气中，风速特别重要，因为风会增加对流和蒸发热损失。

1 降低血液或皮肤温度。

37摄氏度

2 下丘脑可以感觉到皮肤血流量减少和体温下降。

颤抖性产热（热量产生）是人体在极端寒冷下的重要体温调节措施。

非颤抖性产热也可以促进热量的产生，因为全身的细胞会增加新陈代谢活动，从而产生更多热量。

3 血管收缩发生在皮肤的血管中，因此有较少的热量散失到环境中。

4 身体的其他组织、皮肤和血液温度升高。

37摄氏度

5 体温升高。

图10.4 在寒冷环境下进行运动的过程中，运动员的衣服可能会非常温暖，因此皮肤血管会扩张并出汗。但是，当停止运动或降低运动强度时，核心温度会迅速降至正常水平以下。发生这种情况时，下丘脑会向交感神经系统发出信号，以收缩皮肤血管（血管收缩）并引起肌肉颤抖。这些反应减少了热量损失，并增加了热量的产生

暴露在极端寒冷的环境中或长时间暴露在寒冷环境中，可能会使人体难以维持体温。当核心温度降至正常水平以下时，肌肉中募集的运动单位就会减少，肌细胞缩短的速度就会减慢。这两种变化会削弱爆发力的产生、表现和热量的产生。颤抖是肌肉产生额外热量的一种有效方式，但颤抖需要大量的ATP，这意味着肌糖原储备量会迅速下降。运动和受冻的正常反应是儿茶酚胺类激素的分泌增加。肾上腺素和去甲肾上腺素可以帮助血管收缩，并增加脂肪细胞中游离脂肪酸的释放，从而帮助肌肉颤抖。在非常寒冷的条件下，脂肪细胞周围的血管收缩实际上减少了脂肪酸向血液的释放，从而减少了肌肉颤抖所需的燃料。

暴露于冷水中对人体维持体温的能力有特别大的负面影响。实际上，即使人体试图通过最大限度地收缩皮肤血管、通过肌肉收缩增加产热、加快新陈代谢和颤抖来减缓热量的损失，冷水中的热量损失也比冷空气中高4倍。正如大多数人从亲身体验中所了解的那样，浸入或喷洒冷水会导致体温迅速下降。水的导热系数是空气的26倍，这意味着浸入水中会迅速加快人体的热量散失。通过对流冷却，流动的水甚至可以进一步加快热量散失。

当核心温度降至94华氏度（34.44摄氏度）以下时，会出现体温过低的情况，下丘脑无法控制温度调节，核心温度会继续下降。人体温度越低，下丘脑控制血管收缩和肌肉颤抖的能力就越差。心率降低、体温下降、嗜睡，随着时间的推移，昏迷和死亡的可能性就会增加。

适应寒冷包括习惯寒冷环境、代谢适应和绝热适应。冷水游泳者体内存储多余的脂肪绝非偶然！

运动表现营养要点

运动期间保持摄入充足的水分对于维持重要的生理功能和防止表现下降至关重要。在温暖的环境中，出汗速率会增加，因此也必须增加补水，尽量减少脱水的负面影响。

在高海拔地区运动

第3章讨论了这样一个事实，除了少量的二氧化碳，你呼吸的空气中约含21%（实际上是20.93%）的氧气。在海平面和低海拔地区（低于1 500英尺或457米），大气压力足够高，可确保你的肺部暴露在足够的氧气分子（O_2）中，这样呼吸就会变得容易，尤其是在休息时。但是在地球上最高的地方——珠穆朗玛峰，大气压力仅为海平面气压的33%。因此，氧气稀薄，以致呼吸变得困难，血液中的氧气含量降低了。大气压力降低通常被称为低气压，血液中氧气含量降低被称为缺氧。尽管珠穆朗玛峰山顶的空气中仍然含有21%的氧气，但是这个高为8 848米（29 028英尺）的地方的大气压力非常低，因为上方产生压力的空气要少得多（参见图10.5）。在高海拔地区，呼吸速率必须非常快，这样才能将足够的氧气吸入肺部，以满足代谢需求。

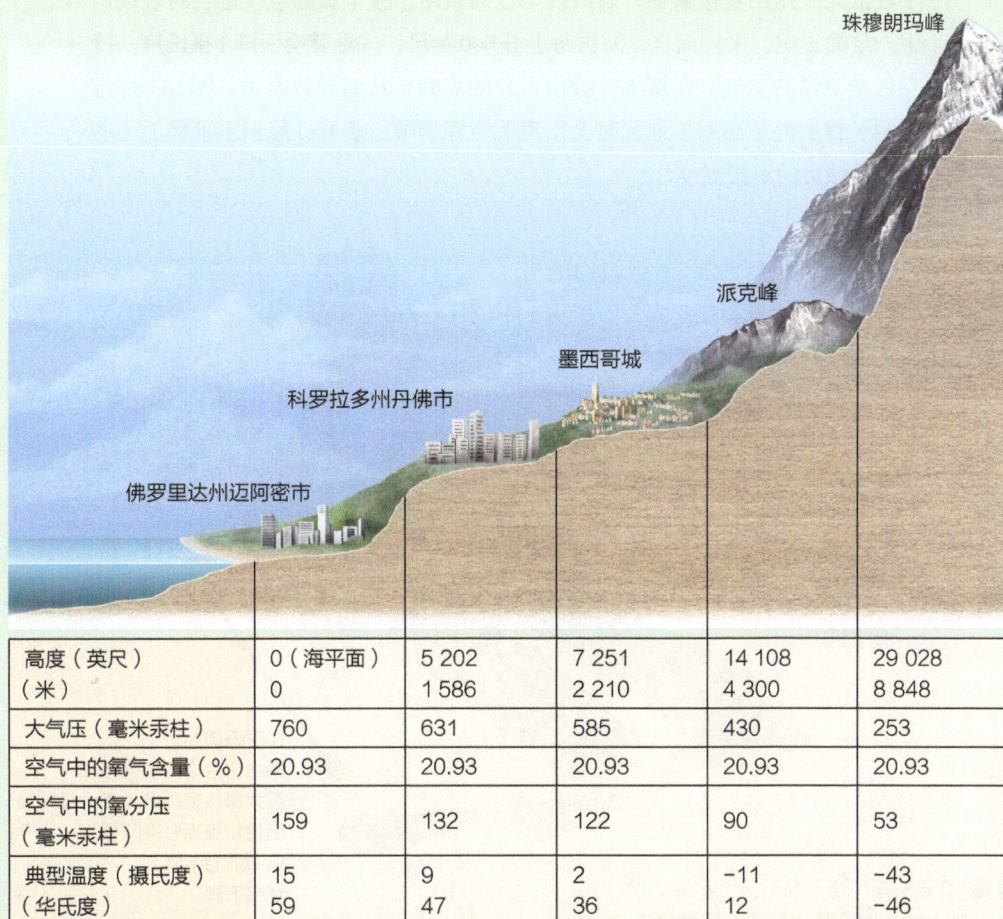

高度（英尺） （米）	0（海平面） 0	5 202 1 586	7 251 2 210	14 108 4 300	29 028 8 848
大气压（毫米汞柱）	760	631	585	430	253
空气中的氧气含量（%）	20.93	20.93	20.93	20.93	20.93
空气中的氧分压 （毫米汞柱）	159	132	122	90	53
典型温度（摄氏度） （华氏度）	15 59	9 47	2 36	-11 12	-43 -46

图10.5 随着海拔的升高，空气中的氧气含量保持不变，但气压下降，从而降低了肺部接触到的氧气数量

经许可源自：W.L. Kenney, J.H. Wilmore, and D.L. Costill, *Physiology of Sport and Exercise*, 7th ed. (Champaign, IL: Human Kinetics, 2020), 333.

181

　　在高海拔地区进行运动时，持续超过2分钟的活动会降低运动能力，因为最大有氧能力和爆发力会随着氧气分压的降低而降低。在产生适应性之前，进入一定海拔高度地区后的早期，这种状况尤为明显。此外，高海拔会增加患病、持续疲劳、体重减轻和过度训练的风险。为了描述海拔高度对人体的影响，我们按以下方式对海拔高度进行了分类。

　　低海拔是指海平面以上1 500~7 000英尺（457~2 134米）。

　　中等海拔为7 000~10 000英尺（2 134~3 048米）。

　　高海拔为10 000~18 000英尺（3 048~5 486米）。

　　极高海拔为超过18 000英尺（>5 486米）。

　　在海拔5 000英尺（1 524米）以上的地区，表现可能就会受到影响。除了较低大气压的直接影响，高海拔地区的较冷、较干燥的空气也会对表现产生一定的影响。平均而言，海拔每上升500英尺，气温就会下降1摄氏度。冷空气是干燥的空气，会增加呼吸中水分的流失，从而导致脱水。图10.6详细说明了首次处于高海拔地区时会出现的生理调节，表10.1展示了世界上一些高海拔城市的海拔高度。

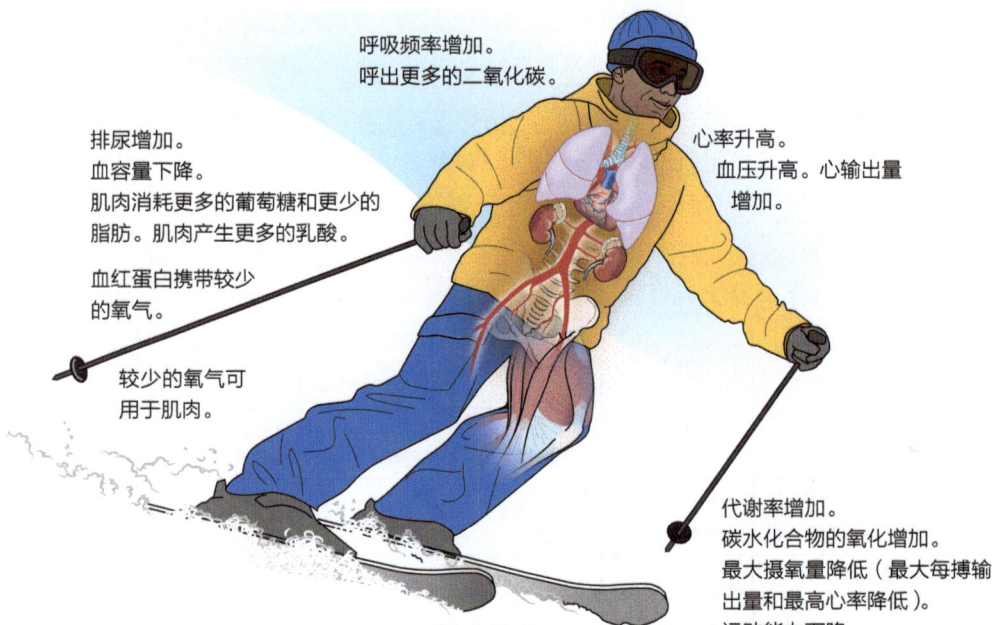

呼吸频率增加。
呼出更多的二氧化碳。

排尿增加。
血容量下降。
肌肉消耗更多的葡萄糖和更少的脂肪。肌肉产生更多的乳酸。

血红蛋白携带较少的氧气。

较少的氧气可用于肌肉。

心率升高。
血压升高。心输出量增加。

代谢率增加。
碳水化合物的氧化增加。
最大摄氧量降低（最大每搏输出量和最高心率降低）。
运动能力下降。
食欲下降。

图10.6　首次处于高海拔地区时，会出现一些生理调节，帮助人体应对空气中氧气分压的降低

在高海拔地区生活三周或更长时间后会出现各种生理适应性，从而提升应对高海拔地区各种压力的能力（参见图10.7）。能够在高海拔地区生活后，在高海拔地区训练和比赛的能力会有所提升，但与生活在海平面地区时相比，这些能力仍然有所下降。

表10.1　世界上一些高海拔城市的海拔

城市	英尺高度（米）
秘鲁拉林科纳达	16 830（5 130）
中国那曲	14 800（4 511）
玻利维亚埃尔奥托	13 620（4 151）
秘鲁胡利亚卡	12 546（3 824）
中国拉萨	12 001（3 658）
玻利维亚拉巴斯	11 980（3 652）
美国科罗拉多州利德维尔	10 152（3 094）
美国科罗拉多州布雷肯里奇	9 602（2 927）
美国科罗拉多州迪瓦德	9 165（2 793）
美国加利福尼亚州马麦斯湖	7 920（2 414）
美国科罗拉多州阿斯彭	7 907（2 410）
墨西哥墨西哥城	7 382（2 250）
美国新墨西哥州洛斯阿拉莫斯	7 320（2 231）
美国怀俄明州拉勒米	7 163（2 183）
美国佛蒙特州萨米特	7 000（2 134）
美国新墨西哥州阿尔伯克基	6 120（1 865）
美国科罗拉多州丹佛	5 202（1 586）

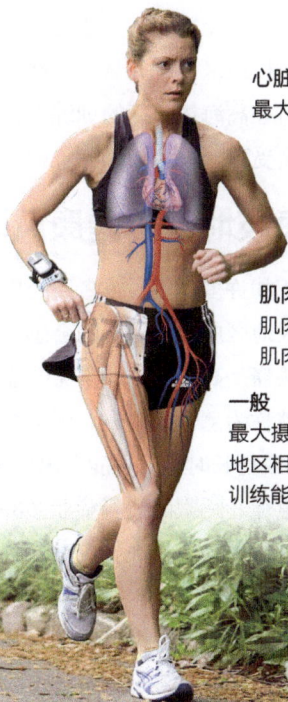

心脏
最大心率和心输出量较低（与海平面地区相比）。

血液
红细胞容量增加。
血容量先下降，然后回升到低海拔值。
血液携氧能力增强。

肌肉
肌肉量减少，氧化酶浓度也会降低。
肌肉毛细血管密度增加。

一般
最大摄氧量和运动能力提升（与第一次进入高海拔地区相比）。
训练能力仍然降低（与海平面地区相比）。

图10.7　在高海拔地区生活三周或更长时间后会产生生理上的适应性，从而改善在高海拔地区的运动能力，但在海平面地区的运动能力不一定会提升

在高海拔地区训练会提升在海平面地区的表现吗

对于许多运动员来说，至少需要在中等海拔（2 000~3 000米）地区生活三周，以进行呼吸、心血管和肌肉适应，从而完成更艰苦的训练。在高海拔地区通常需要更长的适应时间。各种适应性训练可以提升在高海拔地区的有氧运动能力。但是，这些适应性是否有助于提升在海平面地区的表现呢？答案仍然不是很清楚。

大多数运动员在高海拔地区的训练强度和持续时间都有所降低，而且在高海拔地区的训练刺激减少，导致了训练反应的减弱，这可能是在高海拔地区训练不能持续改善在海平面地区表现的原因。大多数运动员似乎会在低海拔地区更加努力地进行训练，并从增加的训练刺激中获益。此外，在高海拔地区待一段时间会导致脱水、血容量和肌肉量减少，所有这些都会影响表现。此外，在海平面地区生活一两周后，在高海拔地区获得的额外红细胞会被身体破坏。

利用高海拔环境作为改善在高海拔和海平面地区表现的策略，取决于运动员能在高海拔地区花费的时间，以及目标是为高海拔比赛做准备，还是利用与高海拔相关的适应性来获得在海平面地区的竞争优势。一些教练和运动员表示，他们在比赛中取得了成功，比赛是在他们从高海拔地区回来的几天后，在某些高海拔训练适应性开始降低之前进行的。

对于高海拔比赛，运动员应该在尽可能接近比赛地区高度的地方进行训练，以免没有足够的时间应对高海拔环境带来的不利影响。当比赛时限为一天时，此选项是最佳选择。对于分散在几天内进行的比赛，最佳策略是至少在赛前两周在高海拔地区进行训练，以便在比赛开始之前消除不利影响。

对于耐力运动员，最好的办法也许是生活在高海拔地区，以便从缺氧引起的适应性中获益，但在低海拔地区进行训练，可以维持高强度的训练刺激，并推动产生更强的适应性。简而言之，尽管目前还没有足够的研究得出其适用于所有场合或所有运动的明确结论，但在高海拔地区生活、在低海拔地区训练似乎从理论上讲是合情合理的。一些运动员使用低氧睡眠帐篷来模拟高海拔地区的生活，以刺激血容量和血红蛋白的增加，从而改善耐力表现。研究表明，生活在海拔2 000~2 500米的地方似乎可以激发最佳反应。每个运动员对高海拔环境的反应存在很大差异。毫无疑问，一些运动员会迅速适应在高海拔地区训练并从中获益，另一些运动员则将在高海拔地区的训练中苦苦挣扎，表现也会受到影响。

高海拔地区的健康风险

正如许多休闲滑雪者所经历的那样，在高海拔地区度假有时真的会感到头痛。实际上，头痛是高原反应最常见的症状，高原反应也被称为急性高山病。到达高海拔地区后6小时或更长时间，可能会出现头痛、恶心、呼吸急促、睡眠障碍等症状。3~4天后，症状会有所减轻或消失。更高的海拔会引起更严重的症状，并引起更多的人出现症状。在严重的情况下，医生可以开一些药物（例如乙酰唑胺和布洛芬）来缓解症状。人们对海拔高度的反应有很大的差异，主要取决于健康水平、营养状况、恢复能力、对低氧的敏感性和以前所在的海拔高度。

　　急性高山病可能会使度假者几天内无法滑雪，而在海拔较高的地区，高原肺水肿和高原脑水肿可能危及生命，如图10.8所示。

运动表现营养要点

　　在极端环境中生活和训练需要补充适当的营养。暴露在高温、寒冷和高海拔环境会增加人体对液体、钠、碳水化合物和能量的需求。铁摄入量（每天100~200毫克）的增加对于适应海拔高度以跟上血红蛋白和红细胞的增加也很重要。

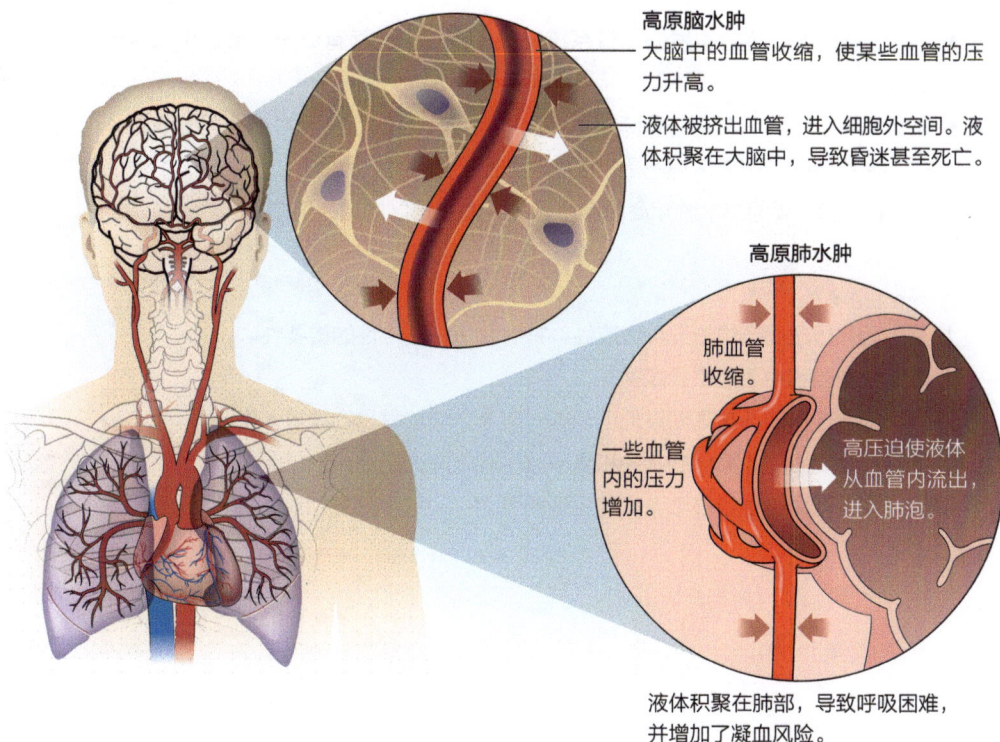

高原脑水肿
大脑中的血管收缩，使某些血管的压力升高。

液体被挤出血管，进入细胞外空间。液体积聚在大脑中，导致昏迷甚至死亡。

高原肺水肿

肺血管收缩。

一些血管内的压力增加。

高压迫使液体从血管内流出，进入肺泡。

液体积聚在肺部，导致呼吸困难，并增加了凝血风险。

图10.8　出现高原反应必须立即治疗

本章小结

- 在温暖潮湿的环境中运动会增加患与热相关的疾病的风险，因为身体无法迅速散发热量来防止核心温度逐渐升高。
- 脱水会减少血容量和皮肤血流量，从而增加患与热相关的疾病的风险，进一步阻碍身体的热量散失。
- 每天在高温下进行锻炼，坚持10天至2周的时间，身体就会出现许多适应性变化，从而提升运动能力，降低患与热相关的疾病的风险。
- 皮肤上的汗液蒸发是运动过程中散热的主要途径。
- 热衰竭表明心血管功能不全，而中暑则表明中枢神经系统功能出现异常。
- 经常暴露在寒冷环境中会增加人体对寒冷的耐受性，因为人体会进行调节来减少热量的损失和增加热量的产生。
- 在海拔5 000英尺（1 524米）以上的地方，氧分压降低导致最大摄氧量降低，运动表现会受到影响。
- 在高海拔地区训练会引发心血管系统产生适应性，从而有助于改善在高海拔地区的表现。
- 对于某些运动员来说，在高海拔地区训练可以提升他们在低海拔地区的表现，但高海拔地区训练负荷的减少使得其他运动员无法获得类似的提升。
- 急性高山病、高原肺水肿和高原脑水肿是高海拔地区的健康风险。

复习题

1. 列出因热适应而产生的三种适应性，并解释每种适应性的重要性。
2. 讨论热衰竭和中暑的主要区别。
3. 解释为什么运动员在高海拔地区训练时应考虑增加每日的铁摄入量。
4. 描述急性高山病、高原肺水肿和高原脑水肿之间的区别。
5. 确定两种有助于稳定核心温度的生理调节。

儿童和孕妇训练

学习目标

- 了解儿童的成熟阶段以及女性的怀孕阶段如何影响训练计划的设计。
- 了解儿童应如何应对并适应体育锻炼和定期训练。
- 了解在为儿童和孕妇设计训练计划时，要充分考虑的各种因素。

运动员和客户的体形、年龄和体能各不相同，每个人都有独特的目标、兴趣、时间规划和期望的挑战。儿童和孕妇代表了两种类别的运动员和客户，他们对设计和实施有效的训练计划提出了独特的挑战。幸运的是，定期进行体育锻炼对孕妇及其婴儿的健康有积极影响，并在儿童的健康成长和发育中起着至关重要的作用。

儿童对运动训练有不同的反应吗

不论年龄如何，定期进行体育锻炼会让人终身受益。这就是鼓励儿童每天至少进行60分钟中等强度至高强度体育锻炼的原因。人体是为了运动而设计的，完成体力任务和适应不断增加的体力要求。一生中任何时候缺乏体育锻炼都会对健康、寿命和生活质量产生严重的负面影响。长时间坐在办公桌前、电视机前或计算机前会带来负面的健康后果，而这些负面影响可以通过每天频繁地运动来降至最低。你可能也认识到，在生活早期养成良好的体育锻炼习惯，有助于你随着年龄增长保持这些习惯，尤其是在生活充满挑战的时期，这时似乎更容易为了其他优先事项而放弃体育锻炼。首先，也是最重要的，任何年龄段的体育锻炼都应该是有趣的，因为享受是持续任何行为的强大动力，可以发展新友谊的社会活动也是如此。对于儿童来说，体育锻炼的趣味性应该成为运动和健身计划的核心。除了必须保持体育锻炼的趣味性之外，重要的是要认识到，在许多方面，儿童不仅仅是缩小版的成年人。在为儿童设计安全有效的训练计划时，必须考虑儿童和成年人对体育锻炼和训练的反应方式的不同。

成年人和儿童之间的差异的一个示例是，在为儿童设计训练计划时，儿童的年龄和他们的成熟度之间往往有很大的差异。其年龄和成熟度有时候会脱节，尤其是在情感和行为方面。你可能认识一些相对于其年龄更成熟或更不成熟的朋友或孩子。但这些判断都基于他们的情绪反应或行为是否符合特定年龄的预期。

从身体的角度来看，成熟度是由一些客观因素决定的。从婴儿期（出生到第一个生日）到儿童期，再到青春期，直到最终成年，人们身体成熟（经历成熟）的速度略有不同（参见图11.1）。在任何特定的发育时期，身体的成熟度都由实际年龄、骨骼年龄和性成熟阶段决定。

在某些运动中，分年龄组比赛是让儿童与其他具有类似成熟度的孩子进行比赛的一种常见方式。在其他运动中，会根据体重对运动员进行分类，以使比赛更加公平。这种规则可以帮助实现公平竞争，但不能解释不同的人具有不同的成熟度。例如，10~12岁的游泳运动员在身高、体重、性成熟度、力量、耐力和速度方面有很大

到两岁时，大多数儿童的身高已经达到了成人身高的50%。

的差异。同样体重级别的14岁和18岁的摔跤运动员在成熟度上可能也有类似的巨大差异。尽管要使比赛公平地反映出年龄变大过程中产生的差异，只有这么多事情可以做，但在制订训练计划时务必要牢记这些差异。

训练对儿童的骨骼发育有益还是有害

和骨骼肌和心脏一样，骨骼也可以适应定期锻炼所施加的压力。精心设计的训练计划、一般的游戏活动和适当的营养（摄入充足的钙和维生素D）可以刺激适应能力增强，从而使骨骼更强壮、更健康。

在胎儿发育的过程中，大多数骨头是由软骨形成的，这个过程（骨化）一直持续到成年期。骨头随着软骨变硬而生长。图11.2中被称为骺板（但通常称为生长板）的部分表明一块骨骼仍在生长。停止生长的骨骼的

发育
发生在细胞分化为功能
器官系统时。

成熟
是一个完全成长和功能
化的过程。

生长
是指整个身体或身体任何
部位的大小的增加。

虽然对生长、发育和成熟的
定义不同，但随着年龄的增
长，它们会同时发生。

出生	年龄1岁	年龄2岁	年龄3岁	年龄4岁	年龄5岁	年龄6岁	年龄7岁	年龄8岁	年龄9岁	年龄10岁	年龄11岁	年龄12岁	年龄13岁	年龄14岁	年龄15岁	年龄16岁	年龄17岁	年龄18岁

婴儿期
从出生到
第一个生日

儿童期
从第一个生日
到青春期开始

青春期
从青春期开始到骨骼发育完全（女孩
16~19岁，男孩18~22岁）

图11.1 虽然对生长、发育和成熟的定义不同，但在年龄增长的过程中，它们会同时发生

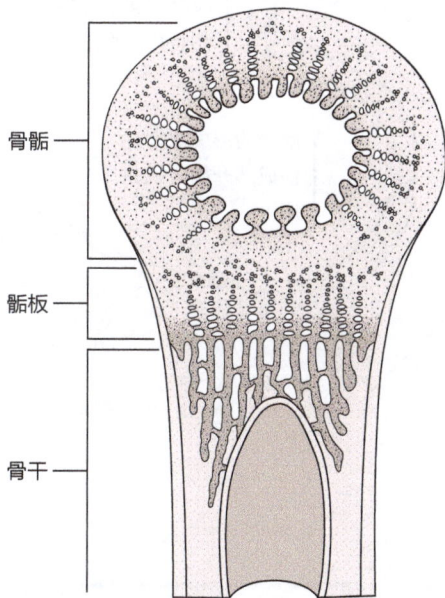

骨骺

骺板

骨干

图11.2 儿童的长骨（如手臂和腿部的骨头）末端部分由软骨构成。当软骨在生长板处变硬时，长骨就会开始生长

生长板被认为是闭合的。由于女性体内的雌激素传递了闭合生长板的信号，女孩骨骼中的生长板通常比男孩早几年闭合。

任何年龄的人定期进行体育锻炼都有利于骨骼健康，儿童尤其如此。高强度的运动（例如跑步和反复跳跃），通过使骨骼承受足够的压力和应力来刺激骨骼的形成，从而促进适应性的产生。骨密度（一种反映骨骼健康和强度的指标）会在人20多岁时达到峰值，随后逐渐下降。老年期骨密度缓慢下降，因此年轻人具有较高的峰值骨密度对一生有益。在儿童期和青春期补充适当营养并进行适当锻炼，可以创造更大的峰值骨密度，这是在一生中保持健康骨骼的重要影响因素。女性更年期会导致骨质加速流失，早期骨密度低的人患骨质疏松症的风险增加。

肌肉量通常在女孩16~20岁和男孩18~25岁时达到峰值。

儿童神经系统的发育

定期进行体育锻炼，无论是有组织的体育锻炼还是只是户外玩耍，都需要儿童不断发育的神经系统来适应各种需求。随着大脑和运动神经的髓鞘形成，这些适应过程会年复一年地发生（参见图11.3）。髓鞘形成加速了神经冲动的传递，这意味着更快的反应时间和更协调的运动。随着神经系统的发育和髓鞘形成，儿童会学习新的动作和运动技能，并在以后的生活中更加精通这些技能，从而减少对参加体育锻炼和健身活动的恐惧。

血压与身体大小有关，儿童的血压低于成人。

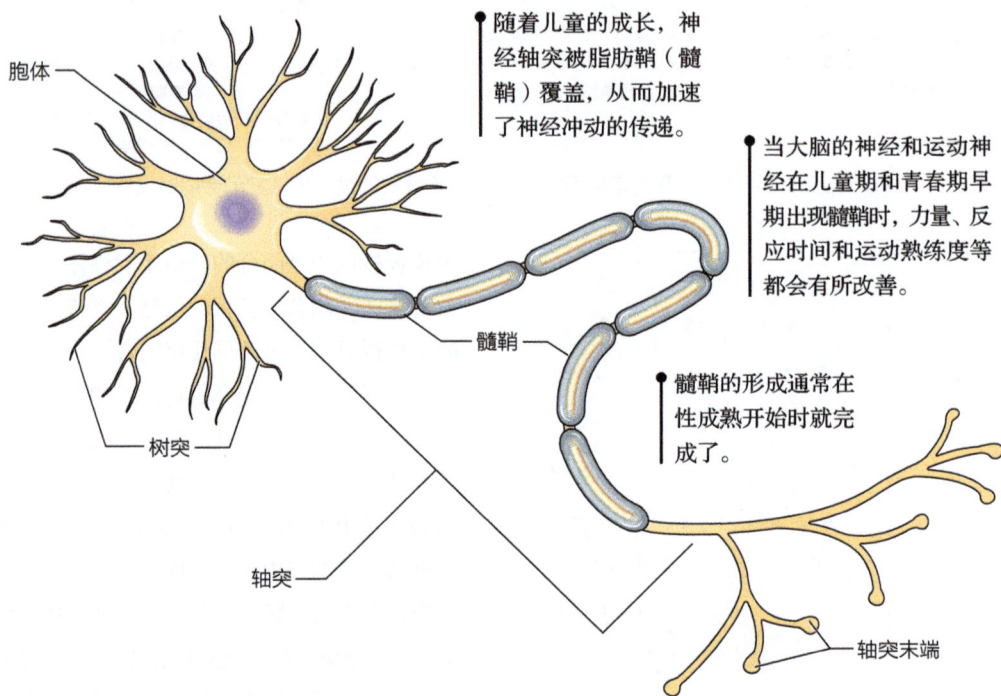

胞体

随着儿童的成长，神经轴突被脂肪鞘（髓鞘）覆盖，从而加速了神经冲动的传递。

当大脑的神经和运动神经在儿童期和青春期早期出现髓鞘时，力量、反应时间和运动熟练度等都会有所改善。

髓鞘

髓鞘的形成通常在性成熟开始时就完成了。

树突

轴突

轴突末端

图11.3　神经纤维周围的髓鞘在儿童时期发育，并改善神经冲动的传递

即使是一名优秀的年轻运动员，也无法保证其和一个成年运动员一样优秀。一项针对不同年龄组的游泳运动员的研究表明，在17~18岁游得最快的运动员中，只有一小部分（低于20%）运动员在10~12岁的时候就成为游得最快的运动员。

儿童能通过训练增强力量吗

这个问题的回答是肯定的，儿童可以通过适当的训练（包括抗阻训练）来增强力量。

在儿童变成熟的过程中，力量会增强，这是因为肌肉会自然变大，而且在性成熟期前后神经系统的髓鞘形成已经完成。更大的肌肉是肌细胞肥大引起的，而不是增生（细胞数量增加）引起的。青春期会让男孩和女孩的肌肉力量快速增加。随着青春期的结束，生长速度开始减慢，除非进行体力劳动或日常锻炼，向肌肉施加足够大的压力来刺激增强力量所需的适应性，否则肌肉力量会达到稳定状态。

在青春期之前，力量会增加，而肌肉的大小不会发生任何变化。请记住，通过改善协调性，可以募集更多的运动单位，发展更高水平的运动专项技能，从而增加力量，而这些都不要求增大肌肉。力量训练的所有基本原则都适用于儿童。但是，应格外注意使用适当的力量训练技巧并防止受伤。有关的建议参见"儿童和孕妇训练"。

运动表现营养要点

那些经常在上学或进行早操之前不吃早餐的儿童，失去了有利于他们在学业和运动方面成长和发展的大好机会。如果所有孩子都食用营养丰富而又均衡的早餐，那就太好了，但孩子们往往无法做到这一点。与其试图说服不情愿的孩子食用有益健康的早餐，不如先说服他们吃点或喝点东西（任何东西），这样做只是为了让他们在离家之前养成吃早餐的习惯。即使是喝一口牛奶或吃一口苹果也比什么都不吃要好，这些简单的步骤最终可能会演变成更接近理想的吃早餐行为。

儿童什么时候应该专门从事一项运动

定期进行体育锻炼可以帮助儿童发展运动技能，例如平衡性、灵敏性和协调性。这些在运动中很重要，而且有助于建立与健身相关的技能的基础。基于这个原因，儿童应该体验各种各样的体育运动和活动，以便学习新的技能和运动模式，并提高自己的身体素质，使自己终身受益。对237名NBA球员的研究表明，与只专注于篮球的球员相比，那些从小参加各种运动的球员参加的NBA比赛更多，有更长的职业生涯，受伤的可能性更小。

运动技能（包括专项运动技能）水平可以在青春期得到迅速提高，这也是儿童参加各种活动十分重要的另一个原因。生命早期获得的技能可以终身使用。

源自：Rugg, C. et al. 2018. The effects of playing multiple high school sports on National Basketball Association players' propensity for injury and athletic performance. *The American Journal of Sports Medicine*. 46(2): 402-408.

儿童训练

- 无论运动员的年龄如何，掌握正确的运动技巧始终都应该是头等大事。这一点对于年轻运动员来说尤其适用。
- 训练场地应由合格的成年人进行监督，并且没有危险。
- 从自重练习过渡到力量练习，这些练习使用非常轻的重量，以帮助儿童学习正确的技术。在青春期之前，技术发展尤其重要，因为那时肌肉量几乎没有变化。
- 进行能增强全身肌肉力量的练习。
- 保持低训练量（每周不超过3次），保持练习的简单性，并逐渐增加每次课程中的练习次数。
- 教授儿童所有基本的运动和举重技巧，这些技巧的掌握应该在数年而不是数月内完成。
- 在教授新技巧时，总是从很少或没有抗阻开始。
- 随着儿童进入青春期，开始从一般的抗阻练习过渡到运动专项抗阻练习。
- 青春期后，力量训练的训练量和强度可以逐渐增加。

儿童应该节食吗

随着越来越多的儿童变得超重或肥胖，毫无疑问，增加日常体育锻炼是减肥的重要手段，而且应该从一开始就防止体重增加。目前的准则要求儿童每天至少进行60分钟的体育锻炼。美国儿科学会建议，超重儿童应该增加日常体能锻炼（能量输出），并选择适当比例的健康均衡饮食来适度限制能量的摄入，通过这些方式逐渐减轻体重（例如，每周减轻1磅，即0.45千克）。最好建议父母咨询儿科医生或注册营养师，以帮助其孩子减轻体重。

儿童如何对运动做出反应

如果不考虑儿童在生理方面的局限性，他们几乎可以参加所有类型的运动，且不会对健康造成风险。例如，儿童的无氧运动能力有限，因为他们的肌肉含有的无氧（糖酵解）酶较少。出于这个和其他原因，应该等到青春期（12岁以上）再进行高强度训练。图11.4说明了儿童对锻炼的反应。是否应该修改训练计划，让儿童适应训练？简单的回答是"不应该"。虽然儿童与成人在适应训练的程度方面有所不同，但与成年人相比，儿童在以类似的方式适应运动训练的压力。简而言之，没有理由改变第5章所述的训练计划设计原则。以下是儿童对训练的预期反应。

儿童的最大摄氧量和运动经济性均低于成人。

- 儿童可以通过训练减少体重和体脂，但他们瘦体重的增加量要少于成年人。
- 儿童肌肉的无氧糖酵解能力、PCr和ATP含量都会随着训练而增加。
- 定期训练对儿童成年后的身高没有影响。
- 儿童最大摄氧量的改善幅度为5%~15%，而成年人的改善幅度为10%~20%。
- 青春期后最大摄氧量的改善可能是心脏发育后心输出量增加导致的。

儿童训练的安全限制是什么

人们对耐力训练如何影响儿童（12岁及更小年龄）的了解并不多，因为尚未对这个主题进行充分研究。显然，儿童可以适应耐力训练，并能在游泳、跑

膳食补充剂对儿童来说安全吗

儿童应该食用膳食补充剂吗？市场上有50 000多种膳食补充剂，其中大多数没有充分证据证明其安全性或有效性，尤其对于儿童而言，因此无法为儿童在食用补充剂方面提供一个全面的建议。儿童和成年人都应该能够通过均衡饮食摄取所有必要的营养素，这些饮食包括水果、蔬菜（包括各种豆类，例如蚕豆、豌豆、扁豆）、瘦肉和鱼、全谷物、坚果和乳制品。如果父母担心孩子们的饮食并不总像他们希望的那样健康，摄入低剂量的多种维生素和矿物质补充剂可以确保其充分摄入微量营养素。除非得到医生的建议，否则通常没有理由让儿童食用其他的膳食补充剂，尤其是运动补充剂，例如肌酸和β-丙氨酸。

儿童的最大摄氧量低于成年人，但随着年龄的增长，直到青春期结束，最大摄氧量会逐渐增加。

最大摄氧量会随着训练的进行而增加，但与成年人的增加量相比，儿童的增加量相对较小。但是，儿童的表现改善可能很大。

儿童的血压比成年人低，因为他们的身体和心脏都比较小。

虽然儿童运动时的血压较低，但并不会限制血液流向肌肉，因为儿童的外周阻力较小。

儿童的最大心率高于成年人。

儿童的心脏较小，每搏输出量较小，因此在进行类似运动时，他们的心率要比成年人的高。

儿童的最大通气量低于成年人。

与成年人的肌肉相比，儿童的肌肉能够从血液中提取更多的氧气，这是对较小的每搏输出量的另一种补偿。

儿童的运动经济性低于成年人，但随着训练和年龄的增长，运动经济性会稳步提高。

儿童的体表面积与体重的比例比成年人大，这意味着儿童能够比成年人更快地吸收或散发热量。

与成年人相比，儿童出汗更少，对热的适应也更慢。

与成年人相比，儿童的无氧糖酵解能力较差，因此他们的高强度运动能力较差。因此，儿童产生的乳酸较少。

与成年人相比，儿童运动时的肌糖原含量较低，对脂肪氧化的依赖性更高。

儿童和成年人的肌细胞中ATP和磷酸肌酸的含量相似，所以短暂的剧烈运动对儿童没有影响。

图11.4 虽然儿童和成年人对运动的某些生理和代谢反应存在差异，但这些差异并不妨碍儿童参加几乎所有类型的运动

步和骑自行车等运动中取得显著的表现的改善。关于儿童训练如何影响其总体生长、骨骼发育、月经、骨伤风险、社会化和心理发展，还有一些尚未解决的问题。在这些方面，研究落后于实践经验，因为在许多体育运动中（游泳是一个很好的示例），年幼的儿童经常每天训练几小时，却没有任何关于成长和发展问题的记录。但是，在为儿童设计训练计划时，你需要注意确保训练和营养能够最有效地促进其身体和心理的自然生长和发育。

　　一般规则是，儿童在青春期后期（15岁及更大年龄）可以像成年人一样开始训练，直到他们的肌肉骨骼生长阶段结束，那时他们的身体能够更好地适应剧烈训练的强度、持续时间和频率。毫无疑问，一些年轻的体操运动员、游泳运动员和跑步运动员参加的训练计划，许多成年运动员似乎都无法应付，似乎也没有任何长期的负面影响。的确，许多年轻运动员已经厌倦了艰苦训练对生理和心理的需求。这是一个很好的示例，教练的指导艺术和经验往往是决定儿童的训练强度、持续时间、训练频率的最佳指南。

运动表现营养要点

　　建议将儿童的咖啡因摄入量限制在每天每千克体重2.5毫克。

月经、激素和运动表现

　　虽然运动科学家之间仍存在一些争议，但月经似乎并不影响对运动的生理和代谢反应，也不会影响运动表现，除非月经症状严重到限制运动的程度。实际上，在月经周期的每个阶段，都有女性运动员创造过各项运动的世界纪录。毫无疑问，月经及激素会影响体温、体液平衡和新陈代谢，但这些变化对表现的综合影响尚不明确。

　　月经开始（初潮）的年龄似乎不受运动类型的影响。任何运动中身材苗条的女孩最有可能因为身体脂肪含量低而月经初潮推迟。热量限制可能导致运动员和非运动员的月经周期紊乱（例如，无月经或不频繁）。这种能量不足在运动员身上可能会被放大，因为运动员每天的训练会产生大量的能量输出。由于雌激素、孕酮、黄体生成素和甲状腺激素分泌的减少，以及钙、维生素D和蛋白质的摄入减少，女运动员的能量不足会影响骨骼和生殖器官的长期健康。与男孩相比，女孩前交叉韧带受伤的风险更高的原因之一是睾酮增强了韧带的强度，而雌激素（或许还有其他激素）减弱了韧带的强度。当韧带中的成纤维细胞暴露于睾酮时，它们会增加胶原蛋白的产生，从而增强韧带的强度，而其暴露于雌激素会减少胶原蛋白的产生。其他使女孩前交叉韧带受伤的风险增加的因素包括股四头肌和腘绳肌力量的差异，以及女孩在跳跃后落地的生物力学差异。出于这些原因，对年轻女孩的训练应强调腿部力量练习和正确的落地技巧，尤其是在篮球、足球、垒球、长曲棍球和曲棍球等运动中。

女性在怀孕期间应该进行训练吗

只要没有与健康有关的禁忌证，美国运动医学会（ACSM）鼓励妇女在怀孕期间保持体育锻炼。在正常怀孕期间定期锻炼可以降低母亲和婴儿的健康风险，而且伴随怀孕的生理变化（例如血容量增加）有助于持续进行体育锻炼。应该修改孕妇的训练计划，以适应每个孕妇的兴趣、能力和症状，并避免出现发育中的胎儿体温过高、氧气和碳水化合物供应受限的情况，防止出现流产、胎儿的出生体重低或异常发育。

孕妇锻炼前应该咨询医生，以获得关于正确锻炼计划的个人建议。

本章小结

- 在儿童期和青少年期，生长和成熟的速度并不总是相似的。
- 对骨骼施加压力和应力的体育活动（例如跑步和跳跃）有助于骨骼形成和变强壮。
- 峰值骨密度通常出现在30岁之前，此后缓慢下降，女性在绝经后骨质的流失开始加速。
- 在生命早期形成强壮的骨骼有助于预防生命后期的骨质疏松症。
- 神经的髓鞘形成贯穿整个儿童期，通常在性成熟期前后完成。
- 在青春期之前，力量训练的重点应该放在使用非常轻的重量，以发展适当的技术上。
- 儿童有短距离冲刺的代谢能力（足够的肌细胞PCr和ATP含量），但由于无氧糖酵解能力较低，他们承受高强度间歇训练的能力受到限制。
- 训练给儿童带来的适应与成年人产生的适应在方向上是相似的。
- 女运动员月经初潮推迟很可能是由于体形小、体脂较少和能量摄入受限，而不是由于某项运动的严酷性。
- 怀孕期间定期进行体育锻炼可以降低母亲和婴儿的健康风险。
- 避免在怀孕期间进行可能会限制氧气或碳水化合物的供应、限制血液流动或使发育中的胎儿体温过高的体育锻炼。

复习题

1. 区分发育、生长和成熟这3个术语。
2. 确定主要负责骨骼生长的一些变化。
3. 解释儿童的髓鞘形成与运动技能发展之间的关系。
4. 描述儿童和成年人对运动的生理反应的两个区别。

|老年人训练

学习目标

- 了解一生中定期进行体育锻炼如何帮助降低全因死亡风险和延长寿命。
- 了解老龄化如何影响老年人的健康和身体机能。
- 体会力量训练的众多好处及其改善健康和保持独立的能力。

据估计，只有不到30%的老年人听取了美国卫生与公众服务部"2018年体育锻炼指南"咨询委员会的建议，即每周进行150分钟的中等强度体育锻炼，每周至少进行2天的力量训练。

从好的方面来看，数十年的研究已清楚表明，随着年龄增长而发生的身心能力的变化，这些变化的发生速率以及发生的程度，都可以通过健康的生活方式（包括定期进行体育锻炼和营养饮食）得到积极改善。同样积极的影响是，定期进行体育锻炼可以改善各种健康状况，这些健康状况对老年人尤其重要。

随着年龄的增长，训练会有什么变化

在老龄化过程中会发生各种变化，如图12.1所示。对于一些老年人来说，这些变化是如此重要，以至于干扰到了日常生活活动，即一些简单的任务，例如打开罐子、提起食品杂货、走楼梯、轻松地从椅子上站起来，以及保持平衡。虽然随着年龄的增长有些变化是不可避免的，但大多数变化都会受到营养饮食、定期体育锻炼和适当训练的积极影响。在这里，体育锻炼指的是任何消耗能量的身体活动，例如步行、爬楼梯、在院子里干活、与孙子玩耍或在附近骑自行车等。相比之下，练习包括有组织的、有计划的、反复的活动，活动目标是改善身体素质的某些方面。尽管存在区别，但美国绝大多数老年人都缺乏体育锻炼和练习。

例如，由于日常体育锻炼的减少和能量摄入的增加，许多人在25岁后体重往往会增加。65岁以后，由于食欲下降和体育锻炼减少，肌肉量加速减少，许多老年人的体重往往也逐渐降低。但是，对那些久坐不动的人，肌肉量的减少可能会提前几十年开始。

从运动的角度来看，一个人的表现能力在20多岁到30多岁是最佳的，之后开始逐渐下降。25岁以后，距离跑和短跑成绩平均每年下降约1%。70岁以

定期进行体育锻炼给老年人带来的健康益处*

- 提升完成日常生活活动的能力
- 改善睡眠质量、身体机能和增强幸福感
- 改善生活质量
- 增加脂肪的损失量
- 预防或减少体重增加
- 降低跌倒和相关损伤的风险
- 加强对虚弱和肌肉减少症的预防或治疗
- 降低患心血管疾病的风险
- 降低患骨关节炎的风险
- 改善患多发性硬化症的人的身体机能
- 改善与记忆、处理速度、注意力

- 和执行任务相关的功能（任务启动、情绪控制）
- 减轻抑郁症状
- 减轻焦虑症状
- 降低患痴呆症的风险
- 降低患乳腺癌、结肠癌、膀胱癌、子宫内膜癌、食管癌、肾癌、肺癌和胃癌的风险
- 降低患糖尿病（和部分糖尿病治疗）的风险
- 降低患高血压（和部分高血压治疗）的风险
- 改善患帕金森病的人的身体机能
- 改善有脊髓损伤的人的身体机能

*源自：2018 Physical Activity Guidelines Advisory Committee Scientific Report.

从 35 岁左右开始，身高随着年龄的增长而下降。 > 这是由于椎体间的凝胶状椎间盘受到压迫。

力量和神经肌肉功能会随年龄的增长而退化。 > 这些变化最终会干扰日常活动。

> 随着年龄的增长，一些 II 型纤维会随着衰老而消失，尽管定期训练可以阻止或减缓这些变化。

肌肉量从 30 岁开始减少，这通常是由于体育锻炼减少。活动减少还会促进体内脂肪的增加。 >

最大心率会随年龄的增长而降低，以每年 1 次/分的速度下降。 > 这主要是由于心肌细胞的固有激发速率降低。

最大每搏输出量随年龄的增长而略有下降。 > 这是因为左心室僵硬和大动脉增大。

由于每搏输出量和最大心率的降低，最大摄氧量随着年龄的增长而下降。 > 定期运动可以减缓这种衰退。

随着骨骼合成的减缓和骨骼吸收的增加，骨矿物质含量下降。负重体育锻炼有助于减缓骨质流失。 >

随着年龄的增长，反应变慢，运动单位的激活下降。 > 两者都可以通过定期进行体育锻炼来预防。

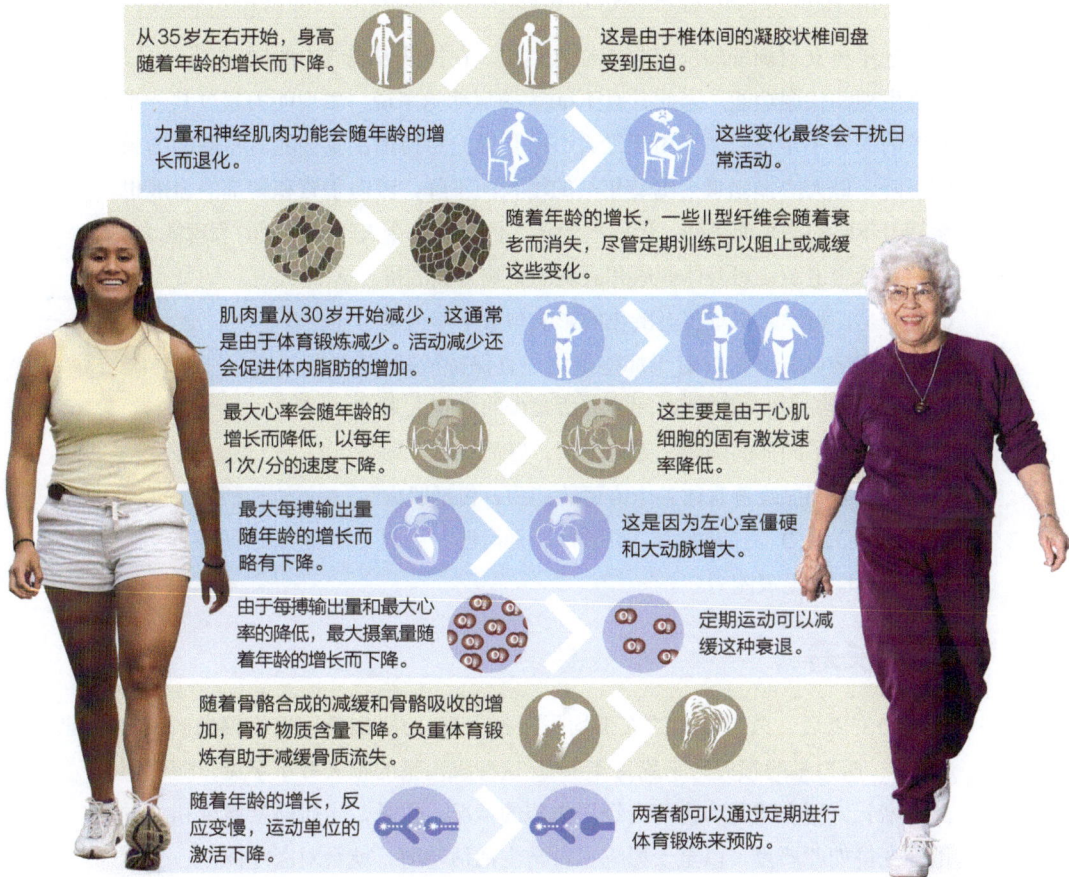

图12.1　在衰老过程中，身体会发生各种各样的变化。对于久坐不动的人来说，健康和健身的负面变化往往比那些保持体育锻炼的老年人更为明显

后，出于某些尚不清楚的原因，运动能力的下降速度增加到每年 2%。运动能力的下降与衰老导致的力量和有氧能力下降有关。尽管随着年龄的增长，不可避免地会出现运动能力下降，但这种下降的速度可以通过定期训练来减缓。实际上，一些老年人的运动表现可以与许多年轻人相当甚至超过他们。

运动表现营养要点

老年人应该摄入更多能量、蛋白质、维生素 D 和维生素 B_{12}、ω-3 脂肪酸和抗氧化剂，这些都可以通过天然食物（水果和蔬菜）获得。营养饮食和定期体育锻炼有助于随着年龄的增长而维持肌肉量和神经肌肉功能。

运动训练对老年人有何益处

老年男女对训练的反应与年轻人类似，在提升表现能力的同时，还可以增强生理和代谢功能。因此，对于60岁的运动员来说，表现能力超过其一半年龄的人并不罕见。虽然由于最大心率和最大每搏输出量会随着年龄的增长而下降，最大心输出量会随着年龄的增长而下降，流向手臂和腿部的血液也会随着年龄的增长而下降，但一些老年人仍能保持令人印象深刻的表现能力。

在确定老龄化对身体健康和表现的影响方面的挑战之一是，科学家很难将老龄化的影响与数十年久坐不动的影响区分开来。对于那些虽然一直保持活跃，但多年来训练强度和持续时间都有所减少的老年人来说，也出现了同样的问题。无论如何，好消息是，适当的训练能明显改善身体各个方面的能力，包括肌肉量、力量、耐力、有氧能力、灵敏性、平衡性、协调性、柔韧性和无氧能力。

60岁以后，打开罐盖的失败率就会明显上升。力量下降和肌肉量减少的原因为：合成代谢信号减少、肌肉分解代谢增加、体育锻炼减少，以及蛋白质摄入不足。

强者长寿

40岁以后，久坐不动的人平均每年损失1%的肌肉量（每年损失0.5%~1.2%），而力量的损失为平均每年3%。这种肌肉量的损失并不罕见，随着年龄的增长，所有哺乳动物都会经历类似的情况。但是，当肌肉量减少和力量下降变得如此严重，以至于影响了日常生活活动时，就会对医疗保健、生活条件、疾病和损伤产生重大负面影响。肌肉量和功能性力量的严重丧失与老龄化和久坐不动的生活方式有关，这被称为肌肉减少症。这个词是在1988年被创造出来的，在希腊语中表示"肉体的贫乏"。肌肉减少症的发生是运动神经元及其相关运动单位的丧失，加上肌肉蛋白分解的增加和肌肉蛋白合成的减少，导致肌肉量和力量逐渐丧失。

老年人肌细胞中的蛋白质合成对膳食蛋白质摄入和正常运动刺激不太敏感。这种合成代谢抗性是肌肉衰老的特征之一，它使许多老年人容易患上肌肉减少症。

运动表现营养要点

除了有助于维持老年人的肌肉力量和肌肉量，高蛋白饮食（例如，每天每千克体重摄入0.5克蛋白质）还有利于减轻体重、减少脂肪和维持瘦体重。

力弱症是指过度肌肉无力。幸运的是，即使对于年龄很大（例如，超过90岁）的成年人，定期进行训练和体育锻炼也可以大大降低肌肉量、力量和神经肌肉功能的衰退速度。

图12.2展示了力量训练对中年后期肌肉量的影响，这是一个很好的示例。力量训练还可以减缓Ⅱ型纤维的损失，而包括负重练习［例如跑步和跳跃（冲击练习）］的体育锻炼有助于减缓骨质流失。减少衰老过程中肌肉力量、肌肉量和骨骼量的损失，对于保持独立生活的能力、降低意外跌倒的发生率、促进伤病的更快恢复，以及提高整体生活质量至关重要。

未经训练　　　　进行游泳训练　　　　进行力量训练

图12.2 对三名体重相近的57岁男性的上臂进行扫描：白色环是骨头，灰色区域是肌肉，黑色区域是皮下脂肪

经许可转载自：W.L. Kenney, J.H. Wilmore, and D.L. Costill, *Physiology of Sport and Exercise*, 7th ed. (Champaign, IL: Human Kinetics, 2020), 66.

运动表现营养要点

退休后，许多老年人搬到气候温暖的地方，在那些地方，保持充足的水分可能会是一个挑战。日复一日的脱水，即使是轻微的脱水，也会损害认知功能，并增加患慢性肾病的风险。

随着年龄的增长，肌肉量与肌肉力量之间的正常密切关系会发生改变，许多老年人会失去大量肌肉。但如果训练得当，可以保持足够的肌肉力量，从而保持功能能力和独立性。老年人保持肌肉耐力也很重要，因为腿部肌肉疲劳会迅速提高跌倒的风险。同样，提高肌肉爆发力和爆发力产生率的训练不仅可以降低摔倒的风险，还可以帮助老年人毫不费力地从椅子上站起来、爬楼梯，并加快他们的行走速度。肌肉量的积极变化以及神经系统的适应性（可能更重要），可以提高老年人的力量。

适当的力量训练可提高老年人主动使用和激活相应的肌肉、失去活性的拮抗肌肉，以及使协同肌肉更好地同步化。老年人肌肉力量、耐力和爆发力的提高有利于维持其独立生活、完成日常生活活动、更快地从疾病和损伤中恢复，并降低跌倒的风险。

与跌倒相关的损伤会导致人暂时无法动弹，老年人跌倒可能产生灾难性后果。"分解代谢危机"可能随着跌倒相关损伤和不能动弹而出现，通常会引发肌肉减少症和随后的虚弱，增加死亡的风险。定期进行体育锻炼（包括力量训练）可以使老年人跌倒的风险降低30%~40%，并将导致严重跌倒损伤的风险降低40%~65%。除了每周至少进行两次力量训练外，老年人还应该进行多种体育锻炼，例如瑜伽、太极、舞蹈、手球、网球和篮球，这些锻炼可以增强耐力、力量、柔韧性、平衡能力、灵敏性和协调性。在提升老年人的整体功能表现方面，这些活动比单纯的力量训练要好。

耐力训练对肌肉量随着年龄增长而减少的影响不大。随着年龄的增长，只有进行力量训练才能保持肌肉量。但是，耐力训练确实有助于减缓最大摄氧量随年龄增长的下降（参见图12.3）。进行有氧运动训练的老年人与年轻人一样，最大摄氧量通常会增加10%~20%。最大心率随着年龄的增加而下降，并且不能通过训练增加，因此，每搏输出量和动脉血氧含量与静脉血氧含量之间的差值的增加（由于肌细胞中氧化酶活性的增加）导致了最大摄氧量的增加。

保持身体健康还可以降低心脏病（心肌梗死）发作的风险。心脏病发作后，心肌细胞（以及其他组织中可能暂时缺氧的细胞）会立即出现缺血再灌注损伤，因为缺氧的细胞会突然暴露于含氧量较高的环境中，从而导致炎症和氧化损伤。定期进行体育锻炼可以降低心脏病发作后心肌细胞的死亡率，并降低潜在危险性心律失常的发生率。有氧训练和高强度间歇训练在增加血管数量、改善血管功能及为心肌细胞提供抗氧化保护方面优于单独的力量训练。

体育锻炼有助于保持线粒体的活性。此外，从活跃肌肉中释放出来的一些肌动蛋白似乎可以促进大脑的神经形成，并提高记忆力。

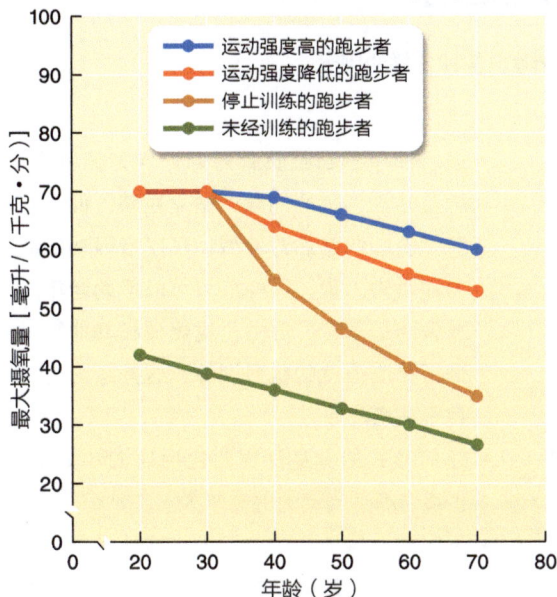

图12.3　那些在年轻时期有较高水平有氧运动能力，并且随着年龄的增长继续进行定期训练的跑步者，即使随着年龄的增长他们的最大摄氧量总体上在逐渐下降，也会降低运动强度或停止训练，但他们的健康水平仍然高于从未受过训练的人

经许可源自：W.L. Kenney, J.H. Wilmore, and D.L. Costill, *Physiology of Sport and Exercise*, 6th ed. (Champaign, IL: Human Kinetics, 2015), 471.

　　定期进行体育锻炼可以降低暴露于冷热环境中带来的风险。对于老年人，尤其是那些容易生病或健康水平很低的人，热应激可能是一个问题。当老年人处于热应激状态时，皮肤的血流量和出汗都比年轻人少，从而导致核心温度上升更快。幸运的是，有氧运动可以提高皮肤的血流量，增加出汗，并改善皮肤、活动肌肉和内脏器官之间的血液分配。这些适应性改善了老年人的耐热能力。在寒冷环境中，老年人皮肤的血管收缩较少。因为肌肉量通常较少，老年人产生热量和保持体温的能力较低。这些变化使得老年人更容易受到寒冷的影响。在户外进行锻炼时，老年人可能需要添加更多的衣服并适当地休息。暴露于高海拔环境中给老年人和年轻人带来了同样的挑战，对高海拔的适应似乎没有因为年龄的增长而受到阻碍。

游泳运动员和自行车运动员的骨密度较低，似乎是由于在训练期间骨吸收的增加（矿物质从骨骼转移到血液中），以及缺乏足够的应力和应变刺激骨骼形成。负重活动更有利于骨骼健康，因为骨骼要承受更多的应力和应变，这刺激了成骨细胞的活动。

运动表现营养要点

　　老年人的肌细胞对饮食所提供的氨基酸变得不那么敏感（合成代谢抵抗），与年轻人相比，其肌肉蛋白的合成往往更少。因此，老年人在运动后应摄入40克优质蛋白，以优化肌肉蛋白的合成。

老年人的训练应该考虑哪些因素

在为老年人创建和定制训练计划时，应考虑各种各样的因素。

为老年人设计训练计划时考虑的因素

- 老年人的训练计划应该强调身体健康的各个方面，包括基本的有氧训练、增加肌肉力量和肌肉量的练习，以及增强柔韧性、平衡性和灵敏性的活动。
- 理想情况下，老年人每周至少应该完成150分钟的中等强度运动（例如快步走），以及至少两节旨在锻炼所有主要肌群的某种力量训练课程。
- 那些能够应付更剧烈的运动的人可以尝试完成至少75分钟的运动（运动强度应类似于慢跑或跑步），再加上每周两次的力量训练。
- 老年人还可以将高强度间歇训练作为改善有氧健身能力的一种方式。
- 如果定期（例如每周3天）进行锻炼，即使白天进行短暂的快速爬楼梯运动（例如，爬楼梯20秒，然后休息2分钟，如此重复3次），也能改善有氧能力。许多老年人可能会发现，"活动零食"是一种增加体育锻炼和改善整体健康状况的便捷方法。
- 步行、骑自行车、游泳和其他持续性活动是改善有氧能力的好方法。在所有活动中，与持续时间相比，运动强度对改善身体机能和健康状况更为重要。例如，研究表明，步行速度应该大于3千米/时，这样才能获得与健康和健身相关的效益。

- 进行简单的自重负荷练习，例如俯卧撑、脚趾站立、坐位伸膝、站立屈膝、仰卧骨盆倾斜和俯卧后背伸展，可以增强功能能力和肌肉力量。这些练习可以帮助老年人准备用运动带、自由负重器械和其他器械进行更高强度的抗阻训练。这些练习也可用于在家锻炼。
- 任何形式的健身课程，包括瑜伽和太极，也适合有适当动力的老年人。
- 不习惯力量训练的老年人应该从轻量级训练开始，以帮助发展适当的运动技巧，并刺激进行渐进式超负荷训练所需的肌肉和结缔组织的重建。
- 老年人的力量训练应该模仿其日常活动中使用的动作。因此，建议使用加重的袋子、弹力带和哑铃，而不是杠铃。
- 刚开始接受力量训练的老年人，或者数十年没有接受过力量训练的人，可能会发现，在增强力量和遵守训练方案方面不断取得成功的方法是，在0~10的范围内，以小于8的RPE进行锻炼，其中10代表"非常困难"，8代表"困难"。
- 除了增强肌肉力量和功能能力，力量训练还可以改善老年人的有氧能力，尤其是那些很少进行有氧运动的老年人。
- 多部位活动有助于提高灵敏性、平衡性和协调性，这是3个无法通过耐力或力量训练得到太大改善的特征。

本章小结

- 40岁以后，经常久坐不动的人的有氧能力和神经肌肉功能（例如，肌肉量、力量、运动神经元激活）每年下降1%~2%。
- 有氧运动能力的逐渐下降，主要是最大心率和每搏输出量降低使最大心输出量降低导致的。
- 随着年龄的增长，神经肌肉功能的丧失是由于运动神经元的募集减少、肌肉分解代谢增加（肌肉蛋白合成减少，肌肉蛋白分解增加）、膳食蛋白质摄入不足，以及体育锻炼减少。
- 通过适当训练，老年人可以改善身体各方面的健康状况，虽然不能达到他们年轻时可以达到的水平。
- 老年人患肌肉减少症会提高疾病发生率和死亡率，但可以通过适当的饮食和锻炼来扭转这种局面。
- 对于无法遵守当前每周体育锻炼准则的老年人，可以定期（例如每周3天）进行一些短时间的活动，例如爬楼梯或快步行走，这些活动也可以为健身和健康带来益处。
- 涉及许多肌群并要求全身运动的多部位活动，可以提高老年人整体的适应性，并显著降低老年人跌倒的风险。

复习题

1. 总结一下随着年龄的增长，力量、爆发力、耐力和肌肉量会如何变化。
2. 能降低老年人跌倒的风险的体育锻炼类型有哪些？
3. 描述运动强度和持续时间之间的关系。
4. 总结随着年龄的增长神经肌肉功能丧失的原因。
5. 定义肌肉减少症并描述它如何影响老年人的健康。

| 读者常见问题

一般生理

是什么让肌肉产生收缩？（参见第1章）

神经如何与肌肉进行沟通？（参见第1章）

为什么拉伸肌肉时会感到紧绷？（参见第1章）

为什么一些人更擅长短跑，而另一些人更擅长耐力运动？（参见第1章）

运动时感到疲劳的原因是什么？（参见第4章）

为什么在锻炼后的第二天会感到酸痛？（参见第1章）

乳酸真的会引起疲劳吗？（参见第4章）

有氧代谢和无氧代谢有什么区别？（参见第2章）

氧气是如何进入血液的？（参见第3章）

运动时血压会发生怎样的变化？血压会随着训练而变化吗？（参见第3章）

是什么将杰出的运动员和普通人区分开来？（参见第1章）

随着年龄的增长，体能的丧失是不可避免的吗？（参见第12章）

是什么导致肌肉痉挛？（参见第1章）

计划设计

为什么相同的训练计划对不同的人有不同的影响？（参见第1章、第5章和第9章）

什么是好的训练计划？（参见第5章）

如果停止训练，会失去在健身方面的所有收获吗？（参见第5章）

什么是过度训练？（参见第4章和第5章）

如何知道自己是否训练过度了？（参见第4章和第5章）

应该进行交叉训练吗？（参见第8章）

在运动方面，儿童和成年人有何不同？（参见第11章）

老年人应该像年轻人一样锻炼吗？（参见第12章）

女性在怀孕期间应该进行锻炼吗？（参见第11章）

力量训练与肌肉肥大

力量训练会使身体发生什么变化？（参见第1章）

为什么训练时，肌肉会变得更强壮？（参见第1章）

是什么使得肌肉变大？（参见第1章）

是什么决定了肌肉量？（参见第6章）

举重会让女性拥有大而笨重的肌肉吗？（参见第6章）

应该多久进行一次力量训练？做几组练习？（参见第6章）

如果我只有很短的时间来锻炼，可以增强力量吗？（参见第6章）

哪种器械最适合力量训练？（参见第6章）

肌肉损伤会导致力量增加吗？（参见第1章）

类固醇对身体有什么影响？（参见第6章）

耐力运动员应该进行力量训练吗？（参见第9章）

食用哪些补充剂可以让人变得更强壮？（参见第1章和第6章）

耐力训练

在做有氧训练时，身体会有什么变化？（参见第1章、第3章和第9章）

有氧健身是否有助于长期健康？（参见第9章）

为什么目标心率和最大心率会随着年龄的增长而下降？（参见第3章）

什么是最大摄氧量？（参见第3章）

最大摄氧量和耐力表现之间有什么关系？（参见第9章）

什么是乳酸阈？（参见第9章）

应该如何针对耐力比赛制订训练计划？（参见第9章）

通过训练，耐力还能持续提高多久？（参见第3章）

耐力训练会带来更多的红细胞吗？（参见第9章）

耐力对团体运动和非耐力运动项目的运动员重要吗？（参见第9章）

为什么东非跑步者能在如此多的耐力比赛中获胜？（参见第9章）

如何通过提高肌糖原储存量来提高耐力？（参见第2章和第9章）

耐力运动员应该进行力量训练吗？（参见第6章和第9章）

无氧和间歇训练

在做无氧训练时，身体会有什么变化？（参见第1章）

什么是间歇训练？（参见第8章）

如何将间歇训练融入锻炼中？（参见第8章）

是否应该进行高强度间歇训练（HIIT）？多久进行一次？（参见第5章）

高强度间歇训练能提高耐力吗？（参见第9章）

快速伸缩复合训练的好处是什么？（参见第8章）

什么是弹震式训练？（参见第8章）

在体育比赛中，爆发力到底意味着什么？（参见第8章）

多摄入蛋白质可以帮助提高速度和爆发力吗？（参见第2章、第6章和第8章）

可以服用补充剂来减少乳酸带来的负面影响吗？（参见第8章）

减肥和新陈代谢

为什么减肥很困难？（参见第7章）

每天需要摄入多少热量？（参见第7章）

哪些因素会影响一天消耗的热量？（参见第7章）

日常体育锻炼会消耗多少热量？（参见第7章）

在锻炼过程中消耗热量是否会破坏减肥的效果？（参见第7章）

保持低热量饮食是快速减肥的最佳方法吗？（参见第7章）

怎样才能减掉脂肪而不损失肌肉呢？（参见第7章）

减掉腹部脂肪的最佳方法是什么？（参见第7章）

燃烧脂肪的最佳运动强度是怎样的？（参见第7章）

我可以服用补充剂来增加脂肪燃烧吗？（参见第7章）

如果在禁食或保持低碳水化合物饮食的同时进行锻炼，会燃烧更多的脂肪吗？（参见第7章）

新陈代谢快意味着什么？如何才能加快新陈代谢？（参见第3章）

在尝试减肥的时候，如何做才能避免肌肉损失？（参见第6章和第7章）

静息代谢率是多少？（参见第7章）

什么是氧亏？锻炼后还在消耗额外的热量吗？（参见第3章）

什么是棕脂肪和米色脂肪？（参见第7章）

儿童应该节食吗？（参见第11章）

安全和环境问题

如何避免肌肉痉挛？（参见第1章）

为什么天热的时候锻炼会变得更加困难？（参见第10章）

高温下锻炼会有什么危险？（参见第10章）

在高温下锻炼时应采取什么预防措施？（参见第10章）

适应高温环境会改善运动表现吗？（参见第10章）

在运动期间，往头部和颈部倒冷水可以帮助保持凉爽吗？（参见第10章）

为什么补水很重要？（参见第2章、第4章和第10章）

有没有可能饮水太多？（参见第2章）

在寒冷天气下进行运动时，可以饮水吗？（参见第10章）

为什么在高海拔地区时会觉得虚弱？（参见第10章）

海拔越高，氧气是否就越少？（参见第10章）

什么样的海拔高度会影响运动表现？（参见第10章）

在高海拔地区训练能否改善在海平面地区的表现？（参见第10章）

如果要在高海拔地区待上几天，是否应该在饮食上做些改变？（参见第10章）

月经会影响运动表现吗？（参见第11章）

运动训练对儿童的成长有害吗？（参见第11章）

年轻运动员应该不吃早餐吗？（参见第11章）

儿童进行力量训练安全吗？（参见第11章）

儿童可以安全摄入咖啡因吗？（参见第11章）

成年人是否应该随着年龄的增长而降低运动强度？（参见第12章）

年龄的增长会带来什么样的变化？（参见第12章）

哪些营养对老年人最为重要？（参见第12章）

为什么老年人有肌肉量减少的风险？（参见第12章）

老年人如何降低跌倒的风险？（参见第12章）

营养、水合作用和补充剂

碳水化合物、脂肪和蛋白质在人体内起什么作用？（参见第2章）

摄入碳水化合物后会发生什么？（参见第2章）

摄入脂肪后会发生什么？（参见第2章）

摄入蛋白质后会发生什么？（参见第2章）

每天需要摄入多少蛋白质？（参见第2章和第6章）

锻炼后应该摄入蛋白质吗？（参见第2章和第6章）

如果在锻炼过程中摄入碳水化合物，可以避免疲劳吗？（参见第4章）

能量饮品会改善运动表现吗？（参见第2章）

每天需要喝多少水？（参见第2章）

脱水会有什么影响？（参见第4章）

应该服用高剂量的维生素和矿物质补充剂吗？（参见第2章）

铁在人体内的作用是什么？铁摄入量不足会有什么影响？（参见第3章）

哪些膳食补充剂可以提高速度和爆发力？（参见第8章）

哪些补充剂可以帮助减肥？（参见第7章）

如果肌肉使用ATP来提供能量，是否应该服用ATP补充剂？（参见第2章）

鲍勃·默里（Bob Murray），PhD，美国运动医学会会员，曾是佳得乐运动科学研究所（GSSI）的联合创始人，并于1985—2008年担任该研究所的所长。默里在运动科学和运动营养领域开展了广泛的基于GSSI和大学的研究，为基于科学的产品功效设定了行业标准和消费者期望。

默里是匹兹堡人，在滑石大学获得了体育教育学士学位和医学博士学位。1974—1977年，他曾在纽约州立大学奥斯威戈分校担任体育助理教授和首席游泳教练，之后获得了俄亥俄州立大学的运动生理学博士学位。1980—1985年，他曾在博伊西州立大学担任体育助理教授和副教授，后来迁居芝加哥。2008年，默里创立了体育科学洞察有限责任公司（Sports Science Insights LLC），这是一家咨询公司，致力于帮助客户开展运动科学和运动营养方面的项目。默里是众多科学文献和期刊文章的作者，并受邀在世界范围内的专业会议上演讲。他是美国运动医学会的会员，也是营养与饮食学会的荣誉会员。默里和他的妻子琳达（Linda）居住在伊利诺伊州的水晶湖。

W. 拉里·肯尼（W. Larry Kenney），PhD，美国运动医学会会员，FAPS，是宾夕法尼亚州立大学的生理学和运动机能学教授。肯尼博士因其研究贡献而被宾夕法尼亚州立大学授予学院学者奖章。他发表了220多篇期刊文章，并参与撰写了数十本书，涉及的主题包括人类对运动的反应、冷热应激、脱水，以及人类与环境之间热交换的生物物理学。1986—2015年，他一直获得美国国立卫生研究院（NIH）的资助，这是R01资助时间最长的项目之一。多年来，他指导了38名硕士、博士研究生，8名博士后和众多的本科生。

肯尼博士是 *Physiology of Sport and Exercise* 一书的主要作者，这是一本畅销的运动生理学教科书，现已出版第7版，且被翻译成12种语言。2003—2004年，肯尼博士担任美国运动医学会（ACSM）的会长，并于2008年获得该组织的表彰奖。他还是美国生理学会的会员，并于2017年获得该组织颁发的阿道夫杰出演讲奖。他是佳得乐运动科学研究所（GSSI）的前任主席，并在许多科学咨询小组中任职。

马新东，博士，清华大学长聘教授，博士生导师，清华大学体育部体能训练和康复研究中心主任。

担任教育部首届全国高校健康教育教学指导委员会教学指导组组长，全国体育学专业学位研究生教育指导委员会委员，中国生理协会运动生理学专业委员会副主任委员，中国生物物理学会运动与公共健康分会副会长，中国体育科学学会国际交往工作委员会副主任委员。

马新东教授近年来先后主持包括国家社科基金等课题20余项，在SCI、SSCI期刊，以及《体育科学》等国内外重要学术刊物和国际重要学术会议发表论文80多篇，出版专著、教材8部，翻译著作2部。担任教育部学位中心评审专家和科技部重大专项课题评审专家。

研究领域包括：

1.人类全生命周期的健康干预：不同人群的日常身体活动、睡眠和认知的关系；

2.身体活动和环境污染对于认知功能的影响；

3.运动对脑健康影响的机制：从分子层面研究运动对于认知功能影响的神经生理学机制。